审计英语翻译理论与实践

杜 佳/编 著

东南大学出版社
SOUTHEAST UNIVERSITY PRESS
·南京·

内容提要

本书旨在通过对审计英语翻译的理论与实践的深入分析,揭示审计英语翻译中的难点与挑战,探索适用于审计英语翻译的理论框架与翻译策略,为翻译实践提供理论支持与实际指导。书中不仅对审计英语翻译中涉及的专业术语、复杂句法、语言风格等问题进行了详细讨论,还结合大量的翻译实例,系统地分析了翻译过程中的具体操作技巧,尤其是在处理审计领域特有的语言特征、法规差异和跨文化因素时,提出了切实可行的解决方案。

本书不仅是一本面向实践的翻译工具书,更是学术研究的重要参考书籍。它通过对审计英语翻译中的复杂问题进行剖析,为审计翻译实践提供了全面的指导,推动了翻译学与审计学的深度融合,也为全球审计行业的规范化和国际合作提供了有力的支持。

图书在版编目(CIP)数据

审计英语翻译理论与实践 / 杜佳编著. --南京：东南大学出版社，2025. 3. -- ISBN 978-7-5766-2037-5

Ⅰ. F239

中国国家版本馆 CIP 数据核字第 2025NZ4084 号

责任编辑:刘　坚(635353748@qq.com)　　　　**责任校对:**张万莹

封面设计:王　玥　　　　**责任印制:**周荣虎

审计英语翻译理论与实践 Shenji Yingyu Fanyi Lilun Yu Shijian

编　　著	杜　佳
出版发行	东南大学出版社
出 版 人	白云飞
社　　址	南京市四牌楼 2 号(邮编:210096　电话:025 - 83793330)
经　　销	全国各地新华书店
印　　刷	广东虎彩云印刷有限公司
开　　本	787 mm×1 092 mm　1/16
印　　张	13.25
字　　数	260 千
版　　次	2025 年 3 月第 1 版
印　　次	2025 年 3 月第 1 次印刷
书　　号	ISBN 978-7-5766-2037-5
定　　价	69.00 元

本社图书若有印装质量问题,请直接与营销部调换。电话(传真):025 - 83791830

PREFACE 前言

　　审计英语翻译作为一种特殊的翻译领域，涉及的翻译任务不仅有语言的转换，还包括审计知识、法规制度和文化背景的传递。随着全球化进程的加快，国际经济一体化推动了跨国公司的发展，审计英语的翻译需求日益增长。审计报告、审计标准、财务报告等文本的准确翻译，不仅影响到跨国企业的财务透明度和公司治理，也对全球审计行业的规范化与国际合作起着至关重要的作用。然而，审计英语的翻译难度较大，主要源于其高度专业化的术语、复杂的句法结构、正式的语言风格以及涉及的多领域知识。在这种背景下，审计英语翻译的研究逐渐成为翻译学和审计学交叉领域中的重要课题。

　　《审计英语翻译理论与实践》的编写旨在通过对审计英语翻译理论与实践的深入分析，揭示审计英语翻译中的难点与挑战，探索适用于审计英语翻译的理论框架与翻译策略，并为翻译实践提供理论支持与实际指导，为审计领域的专业人士、翻译工作者及学习者提供较为系统、全面的翻译指导与实践框架。

　　本书精心编排，共分为五章，每一章都紧密围绕审计英语翻译的核心问题展开，力求理论与实践并重，既深入探讨理论基石，又紧密结合实际操作，以期为读者搭建起一座连接审计专业知识与英语翻译技能的桥梁。

　　第一章"审计英语翻译理论阐释"，旨在奠定审计英语翻译的理论基础。通过对翻译学基本原理的回顾，结合审计学科的特点，深入剖析了审计英语翻译的独特性与复杂性。

　　第二章"审计英语词汇特点及翻译"，聚焦于审计英语词汇的特殊性，详细分析了审计术语的构成规律、来源及演变，以及这些术语在不同语境下的具体含义。通过大量实例，展示了如何准确、恰当地翻译这些专业词汇，同时强调了保留原文专业精度的同时，要兼顾目标语言读者的可接受性。

　　第三章"审计英语句法特点及翻译"，深入探讨了审计英语句法的典型特征，如长句、复合句、被动语态及名词化结构的广泛使用，并针对这些特点提出了相应的翻译策略。通过对比分析中英文句法结构的差异，本章指导读者如何在保持原文信息完整性的基础上，实现句法结构的自然转换，提升译文的可读性。

　　第四章"审计英语语篇特点及翻译"，着重分析了审计英语语篇的结构布局、连贯机制及信息组织方式，并探讨了这些特点对翻译实践的影响。通过实例解析，强调了翻译过程中需注重保持原文的篇章逻辑、信息层次及文体风格，确保译文既忠实于原文，又符合目标语言的表达习惯。

第五章"审计英语翻译的挑战及未来方向",不仅总结了当前审计英语翻译实践中遇到的主要问题,还探讨了借助现代信息技术、加强跨学科合作等可能的解决路径,为审计英语翻译的未来发展指明了方向。

本书结构清晰,通过全面、系统的阐述,帮助读者掌握审计英语翻译的核心技能,提升翻译质量与效率,促进审计领域的国际交流与合作。我们相信,本书的出版将为审计英语翻译的教学与研究注入新的活力,为推动审计行业的国际化进程贡献力量。通过学习,读者能够深入理解审计英语翻译的理论基础及其研究背景,掌握审计英语翻译的基本要求和方法。

鉴于学识水平有限,书中疏漏和错误之处在所难免,敬请读者不吝赐教。

CONTENTS 目录

第四章　审计英语语篇特点及翻译　131

第五章　审计英语翻译的挑战及未来方向　163

第一章

审计英语翻译理论阐释

第一节 引 言

随着全球化进程的不断推进,跨国公司和国际合作日益增加,审计领域的英语应用需求也显著增长。审计工作作为经济全球化的重要产物,其准确性和规范性直接影响到财务信息的透明度和可靠性。在这一背景下,审计英语的翻译不仅仅是语言层面的转换,更是文化、专业和技术层面的复杂交织。审计英语翻译的理论和实践,作为一项特殊的语言转换工作,要求翻译人员既具备深厚的语言能力,又具备扎实的审计专业知识和敏锐的跨文化意识。

审计英语翻译的研究不仅具有深刻的学术价值,还在经济和社会层面发挥了重要作用,成为现代国际经济交流与合作中的关键环节。在学术层面,审计英语翻译研究涉及翻译理论、语篇分析、语言学和审计学等多个领域的交叉。它不仅推动了翻译理论的实践化与专门用途英语(English for Specific Purposes,ESP)的研究深化,还促进了翻译方法的创新。此外,审计英语翻译研究为国际法律语言的规范化和翻译方法的创新提供了重要参考,尤其是在国际审计标准的推广与应用中,为翻译质量标准和策略提供了理论依据。审计英语翻译研究在国际法律语言的规范化中扮演了重要角色,通过分析法律语言的严谨性和术语的标准化,为翻译提供了理论指导。其研究帮助明确了法律文本中模糊性和文化差异的处理方法,确保翻译的准确性和一致性。特别是在法律与财务领域的跨学科语境中,丰富了翻译策略和技巧的应用范畴,为其他领域的翻译实践提供了宝贵经验。此外,在经济和社会层面,高质量的审计翻译是跨国企业合规经营的基石,也是跨国审计机构、高管及投资者之间顺畅沟通的保障,有助于降低法律风险、提高企业国际声誉,并促进投资者对国际审计信息的理解和信任。同时,审计英语翻译可以推动国际准则的传播和实践,为全球经济治理的透明化、规范化做出重要贡献,是连接语言、文化和经济的重要桥梁。

本章将从审计英语翻译的理论框架出发,探讨其翻译过程中的关键要素和挑战,分析语言、文化与专业知识之间的互动关系,并提出有效的翻译策略与技巧。通过对审计英语翻译理论的系统阐释,旨在为审计翻译实践提供理论支持,并帮助翻译人员在面对复杂的审计术语和情境时,能够做出准确、规范的翻译决策,确保翻译结果的专业性和实用性。

第二节　审计英语翻译研究的背景与意义

一、背景

在国外,审计英语翻译的研究起步较早且成果丰硕。在语言学领域,学者们从词汇、句法、语篇等层面深入剖析审计英语的语言特征,如精确性、专业性和规范性,为翻译实践提供了坚实的语言基础。从文化视角来看,研究强调文化差异对审计英语翻译的影响,探讨如何在跨文化交流中避免因文化因素导致的误译,从而使译文更贴合目标受众的文化背景和认知习惯。同时,随着翻译技术的发展,利用计算机辅助翻译工具和语料库提高审计英语翻译效率与质量的研究也不断涌现,推动了翻译实践的现代化进程。

国内对于审计英语翻译的研究也在逐步深入。一方面,在借鉴国外语言学和翻译理论的基础上,结合国内审计行业的实际需求,对审计英语的词汇构成、术语翻译方法以及句式结构的转换进行了系统研究,旨在建立符合国内审计实践的翻译规范和标准。另一方面,针对审计英语翻译中的难点问题,如长难句的拆解与重组、隐喻和模糊语言的处理等,提出了相应的解决策略,以提升译文的准确性和可读性。然而,目前的研究仍存在一些不足之处。例如,在多学科融合的深度上,研究有待进一步加强;对于新兴审计业务和技术带来的语言变化,关注程度仍显不足;此外,在实际应用策略的系统性和可操作性方面,仍有较大的提升空间。

（一）全球经济一体化的推动

随着全球化进程的不断加速,经济活动的国际化特征愈加明显。跨国企业的崛起和国际贸易的繁荣,使得全球经济联系更加紧密。在此背景下,审计作为企业管理、财务监管和风险控制的重要环节,其重要性日益凸显。审计过程不仅涉及企业内部的财务核查,还直接影响到企业外部的利益相关者,如投资者、债权人和监管机构。因此,审计信息的透明化和国际化成为企业建立信任、确保合规经营以及实现可持续发展的重要途径。审计英语作为跨国经济活动中的专业语言,其翻译的准确性和有效性在促进信息交流与合作中扮演着至关重要的角色。

审计报告、审计合同和相关法规等文件是企业间交流的重要工具,也是法律和经济活动的主要载体。这些文件的翻译不仅需要精确传递原文的财务信息,还需要保证法律条款的清晰与合规性。高质量的翻译能够帮助跨国企业打破语言障碍,明确商业意图,规避法律风险,从而促进企业间合作关系的稳固。反之,不准确的翻译可能导致合同纠纷、财务误解,甚至对企业的声誉造成不可逆转的损害。因此,审计英语翻译已经成为全球经济交流的关键一环,是连接国际企业的重要桥梁,也是确保全球经济合作顺利进行的重要保障。

(二) 国际审计准则的普及

国际审计准则(International Standards on Auditing,ISA)和国际财务报告准则(International Financial Report Standards,IFRS)的推广标志着审计领域国际化进程的一个重要里程碑。这些准则旨在通过统一的标准规范全球范围内的财务报告和审计行为,以增强企业财务信息的透明性和可比性。非英语国家的企业和审计机构在采纳和实施这些国际标准时,必须依赖审计英语翻译,以准确理解准则内容并将其应用于实际业务中。因此,翻译质量的高低直接影响到企业对国际审计标准的实施效果,以及财务信息在全球市场中的可信度。

准确性和一致性是国际审计准则翻译的核心要求。这些准则中涉及大量法律术语和技术表达,翻译不仅需要传递语义,还必须保留原文的逻辑性和法律效力。如果翻译不准确,可能导致审计程序的错误执行或对法律法规的误解,从而引发企业合规性问题,甚至面临法律风险。同时,翻译的一致性对于多语言环境中的企业至关重要,因为不一致的翻译可能导致各利益相关者之间的理解偏差,进一步影响决策的科学性和投资者的信任。因此,高质量的翻译不仅是非英语国家企业融入全球经济的重要手段,也是国际审计准则得以顺利实施的基础。

(三) 复杂专业术语的使用

审计英语是一种高度专业化的语言,其包含大量技术性强的专有名词和表达方式,如财务术语、法律用语以及行业特定的术语。这些术语的使用贯穿于审计报告、财务分析和相关法律文件中,具有固定性和权威性。与普通英语相比,审计英语的语体风格更加正式、逻辑性更强,同时在表达上也更加简洁严谨。因此,对这些术语的精准翻译是确保审计文件在国际化背景下有效沟通的关键。

然而,专业术语的复杂性也为翻译工作带来了巨大的挑战。首先,许多审计术语具有专属的行业含义,难以用普通词汇直接对应。例如,术语"going concern"(持续经营)和"internal control"(内部控制)等,它们在审计语境中有着明确的定义和应用,不能简单地通过字面翻译进行传递。"going concern"指的是企业能够在可预见的未来继续运营。然而,这一概念在不同语言和文化中可能没有直接对应的表达,因此需要特别的解释或注释,以确保其准确性。其次,不同国家和地区的语言表达习惯可能导致同一术语的翻译呈现出多样性甚至矛盾性,这对翻译者的专业知识和语言能力提出了很高要求。此外,某些术语在原语言中的隐喻或文化背景,也可能在翻译过程中丧失或被误解。因此,如何在保持术语准确性的基础上,同时保证译文的流畅性和可读性,是审计英语翻译理论和实践中需要重点解决的问题。

（四）文化与法律差异的影响

审计英语翻译不仅是语言层面的转换，更涉及不同文化和法律体系的深度交融。由于各国在法律法规、会计制度和文化语境方面存在显著差异，审计英语翻译在忠实原文的基础上，还需要充分考虑目标语言的文化和法律环境。这种双重需求使得审计英语翻译成为一项高度复杂且具挑战性的工作。

文化差异对审计英语翻译的影响主要体现在语言表达和语境理解方面。例如，英语作为审计英语的基础语言，其句法结构和表达方式与中文存在较大差异。在翻译过程中，译者需要灵活调整句式和词汇，以符合目标语言的表达习惯，同时避免曲解原文的核心含义。此外，不同文化对于法律术语和专业表达的接受程度不同，这也要求译者在翻译时精准权衡直译与意译的适用性，以便在忠实原意的同时提高译文的适用性。

法律差异则是审计英语翻译的另一重要挑战。各国法律体系对审计要求和术语定义可能存在根本性差异。例如，在普通法体系与大陆法体系中，"liability"一词可能在法律文书中的适用范围和含义各不相同。翻译时，译者需要深刻理解这些法律概念，并结合目标法律环境进行适当的调整。这种跨文化和跨法律体系的适配工作，不仅需要译者具备扎实的语言能力，还需要对审计行业的专业知识和目标市场的法律框架有深入的了解。因此，文化与法律差异的交织对审计英语翻译提出了更高的理论研究和实践需求，也促使翻译领域朝着更为精细化和专业化的方向发展。

二、 意 义

（一）学术意义

1. 丰富翻译理论研究领域

审计英语翻译研究将多种翻译理论应用于特定领域，有效扩展了翻译理论的应用范围，特别是在专门用途英语（ESP）翻译研究中的重要性日益凸显。这一研究首先体现了翻译理论在特殊语域中的适用性，例如功能对等理论强调译文应在目标语言中再现原文的功能。审计英语作为一种技术性语言，其核心在于精确传达信息，而功能对等理论能够指导译者确保译文在法律性、严谨性和专业性上与原文保持一致。例如，审计报告中"material misstatement"这一术语在目标语言中的翻译必须既符合语义对等，又兼顾法律和行业背景，这正是功能对等理论在实践中的体现。

同时，语篇分析理论也在审计英语翻译中发挥了重要作用。语篇分析不仅关注单一的词汇和句法，还研究语言在具体语境中的连贯性和信息结构。在审计文本中，段落之间的逻辑关系和信息递进是语篇分析理论的重要研究点。例如，在审计意见段落的翻译中，需要特别注意因果关系和递进关系的表达是否符合目标语言的惯用逻辑，否则会导致译文失去权威性。这种语篇层面的研究进一步拓展了翻译理论的深度，使其不再局限于字词层面的对等,而是涵盖了语言使用的更高层次。

翻译目的论在审计英语翻译中同样具有指导意义,尤其是在跨文化的翻译实践中。审计英语的主要目标在于传递财务信息,而翻译目的论强调译文的功能和预期效果,因此可以灵活调整翻译策略以满足特定目标群体的需求。例如,针对非专业读者的审计翻译可以适当增加注释和背景信息,以提高文本的可理解性,而针对专业人士的翻译则应更加注重术语的精准性和表达的严谨性。翻译目的论的灵活性使其在审计英语翻译中得到了广泛应用,为复杂文本的翻译提供了多样化的路径。

知识翻译理论在审计英语翻译中具有独特的适用性,它关注的是如何通过翻译实现知识的有效传播和转移。审计英语文本不仅是语言的表达,更是专业知识的载体,尤其是在财务报告和审计意见中,包含大量高复杂度的信息。知识翻译理论强调在翻译过程中保留知识内容的完整性和精准性,同时根据目标受众的认知能力对信息进行适当的重构。

此外,审计英语翻译还需兼顾跨文化语境中的知识适应问题。例如,在目标语言中补充特定术语的定义或注释,以帮助受众更好地理解原文信息。在知识翻译理论的指导下,审计英语翻译不仅是语言的转化,更是专业知识的再创造,从而提升了翻译的实用性和传播效能,为国际审计标准的推广和实施提供了坚实的知识保障。通过这些理论的结合,审计英语翻译研究不仅丰富了翻译理论的实际应用,还推动了 ESP 翻译研究的深入发展。ESP 翻译研究通常集中在技术、医学或法律语言,但审计英语作为一个独特的语域,其研究进一步扩展了 ESP 翻译的范畴。总之,审计英语翻译研究通过理论与实践的结合,为翻译理论提供了新的视角和实践案例,同时促进了翻译研究向更深层次和更广领域的延伸。

2. 推进多领域交叉研究

审计英语翻译研究作为一个跨学科领域,涉及语言学、会计学、审计学和法律等多个学科,为学科交叉研究提供了丰富的素材和新的视角。在现代学术研究中,跨学科研究被认为是解决复杂问题的重要途径,而审计英语翻译正是这一理念的具体体现。首先,语言学为翻译研究提供了理论框架。例如,语义学、句法学和语用学理论可以帮助分析审计英语中的语言特征。审计英语的术语高度专业化,其句法结构复杂,常包含长句和被动语态。通过语言学的视角,研究者可以深入探讨如何将这些复杂的语言结构清晰地转换为目标语言,从而实现信息的高效传递。

其次,会计学和审计学是审计英语翻译研究的核心背景知识。这些学科中的术语和概念是翻译实践的基础,例如"fair value accounting"(公允价值会计)或"internal control"(内部控制)。译者不仅要理解这些术语的表面含义,还需掌握其在财务报告和审计实践中的具体应用。这种背景知识使得翻译过程不再是单纯的语言转换,而是深度的信息再造。在这方面,审计英语翻译研究有助于揭示学科知识与语言表达的互动关系,为翻译理论注入新的内容。

此外,法律作为审计活动的重要组成部分,也在翻译中占据重要地位。审计英语文本通常涉及法律责任和合规要求,特别是在审计报告的"法律诉讼事项披露"部分,其翻译必须考虑到目标语言国家的法律文化和术语习惯。例如,"compliance with applicable laws and regulations"指的是企业或组织遵守所有适用的法律、法规和相关规定的情况。在审计过程中,审计师需要评估企业是否按照所在国家或地区的法律要求,正确地履行其义务,并确保其财务报表和业务操作符合相关的法律法规。这一表达在翻译成非英语国家的语言时,需要明确目标语的法律背景和适用范围,从而避免产生歧义。这种法律和语言的结合进一步提升了翻译研究的复杂性和学术价值。

通过跨学科视角,审计英语翻译研究能够打破学科壁垒,为翻译理论和实践提供新的研究范式。例如,研究可以探索审计语言与法律语言在逻辑结构上的异同,为跨学科语言研究提供经验。此外,多学科的整合还可以帮助培养具有语言能力和审计知识的复合型翻译人才,适应国际化发展的需求。因此,审计英语翻译研究不仅深化了翻译学科内部的理论研究,还促进了不同学科间的深度融合,为未来的学术研究和实际应用提供了重要参考。

(二) 实践意义

1. 提升审计翻译质量

审计英语翻译研究的核心目标之一是提升翻译质量,这在国际化交流和合作中至关重要。审计英语具有术语复杂、逻辑严谨、信息密集等特点,其翻译要求不仅包括语言的准确性,还包括专业术语的标准化处理和语篇连贯性。例如,"reasonable assurance"作为审计报告中的核心术语,译文需要准确传达其在国际审计准则中的特定含义,同时避免模糊或误解,若误解为"绝对保证",可能导致投资者对风险判断的偏差,损害企业形象,正确的表达应为审计师通过其审计程序所获得的证据足以表明,财务报表没有重大错报,且这些错报不会影响财务报表的公正呈现,它强调的是一种高而非绝对的保证。通过研究审计英语的语言特点与翻译策略,可以明确如何在保留原文核心意义的同时,使译文符合目标语言的习惯表达。

此外,针对审计报告、审计合同和法律文书等不同类型文本,制定具体的翻译方法也能提高文本的可读性和应用价值。例如,对于审计报告中的技术性内容,需确保术语的统一性和文体的正式性;而对于法律文书,则需特别关注法律措辞的严谨性。高质量的翻译不仅能准确传递信息,还能帮助不同语言背景的读者快速理解关键内容,从而满足国际化交流的需求。

高质量的翻译是企业跨国经营、审计机构国际合作的基础。审计英语翻译研究为翻译质量的提升提供了理论支持和实践指导,推动了审计翻译在技术性和实用性方面的进步,为企业和审计机构的国际化发展提供了重要保障。

2. 助力国际审计合作与沟通

在国际审计合作的广阔舞台上，高质量的审计英语翻译扮演着无可比拟的关键角色。审计机构、企业以及监管部门往往来自不同的文化与语言背景，而翻译则宛如一座桥梁，助力各方跨越语言障碍，实现信息的无缝对接与顺畅沟通。然而，语言差异如同鸿沟，加之法律文化的多元性，一个小小的翻译失误，便可能如蝴蝶效应般引发信息的曲解，甚至升级为棘手的法律纠纷。翻译的不准确性不仅可能导致审计结论的误解，还可能对跨国公司与监管机构之间的信任关系造成严重损害。因此，审计英语翻译的质量直接关系到全球审计工作中的信息流通效率和合作顺畅度。深入探究审计英语翻译的策略与方法，恰似精准施策，能够有效规避这些风险，使得国际合作高效透明。首先，翻译人员必须对审计领域的专业术语和规范有深刻理解，并能够在不同语言之间传递出精准的含义。例如，国际审计准则中对"independence"（指审计师在执行审计工作时，必须保持独立的立场，不被审计单位影响，以确保审计结果的客观性和公正性）这一概念的理解，不同国家可能有不同的文化背景和法律解释。如果翻译不够准确或清晰，可能导致监管机构或合作伙伴误解独立性的范围和要求，从而影响审计报告的可信度和有效性。审计英语翻译研究通过明确术语的具体含义以及文化适应性，可以帮助不同背景的审计机构更好地理解彼此的工作方式和标准，消除文化和语言差异带来的沟通障碍。

此外，高质量的翻译还能促进多方的信任和合作。对于跨国公司而言，准确的审计报告翻译是向国际投资者和监管机构展示透明度的关键；对于审计机构而言，翻译是参与国际审计项目、实现技术共享和标准统一的重要工具。通过高质量的翻译，国际审计合作能够更加顺畅，进而推动全球经济的健康发展。在这一过程中，翻译的策略和方法尤为重要。例如，在面对不同法律体系时，翻译人员不仅要关注语言的转换，更要理解法律术语的深层次含义及其适用范围。此外，文化敏感性也是翻译工作中不可忽视的因素。翻译人员需要掌握目标语言国家的法律文化、商业习惯以及审计准则，确保翻译文本能够与目标受众的理解和需求相契合。这样才能最大程度上提高翻译的准确性和实用性，为跨国审计合作提供坚实的语言保障。

总之，审计英语翻译不仅是跨国审计合作中的桥梁，也是国际审计标准统一、信息透明以及全球经济健康发展的推动力。通过不断优化翻译策略与方法，审计英语翻译将为全球审计行业提供更为精准、高效的语言支持，进一步促进国际审计合作的深化与发展。

3. 培养专业翻译人才

审计英语翻译研究在翻译人才的培养中具有重要意义，尤其是在全球化和国际化进程不断加快的背景下，市场对复合型翻译人才的需求持续增长。尤其是在技术语言和法律术语的翻译领域，审计英语翻译研究为培养具有专业知识和翻译技巧的翻译人才提供了理论和实践支持。这不仅有助于满足市场对高水平翻译人才的需求，还能促进审计行业的标准化和国际化发展。

系统研究审计英语翻译理论,可以为翻译教育和培训提供坚实的基础。通过设计专业课程和培训计划,学员可以深入了解审计行业的核心概念、语言特点以及相关的法律文化,全面提高翻译的准确性和专业性。除了学习如"compliance audit"(合规审计)、"inherent risk"(固有风险)等审计领域的关键术语外,课程还应着重培养学员在复杂语言结构中的应对能力,如长句结构、被动语态及法律表达等。这样的培训可以帮助学员掌握审计英语的语言特色,从而更好地应对实际翻译中可能遇到的挑战。

此外,审计英语翻译研究的实际应用也至关重要。例如,通过案例分析和模拟翻译,学员不仅能够在实际语境中训练翻译技能,还能学会如何在不同文化和法律语境下调整翻译策略。这种实践经验有助于学员理解翻译中的文化适配问题,并学会如何在复杂的审计文本中处理法律和财务语言,确保翻译的高效与准确。与此同时,模拟翻译也能让学员提前体验跨国审计项目的实际翻译任务,熟悉国际审计准则和行业标准的应用。

通过这一系列的教育培训和实践指导,学员可以逐步成为具备语言能力和审计专业知识的复合型人才。这样的复合型人才不仅能够满足日益增长的专业翻译需求,还能在跨国审计项目中发挥关键作用,推动审计行业标准的统一与提升。更重要的是,这些人才的培养有助于提高全球审计合作的效率,促进信息透明和国际审计规范的统一,进而推动全球经济的健康发展。最终,审计英语翻译研究为学员提供了一个理论与实践相结合的框架,使他们能够在面对复杂审计文本时,保持高度的专业性和翻译技巧,进而为国际审计合作、跨国公司和监管机构之间的顺畅沟通提供强有力的语言支持。

(三) 社会意义

精确的审计英语翻译对于提升企业形象和增强其在国际市场中的信任度和竞争力具有重要意义。在全球化经济环境下,跨国企业必须通过高质量的审计报告向投资者、监管机构和合作伙伴展示其财务透明度和管理合规性。审计报告作为企业财务状况的权威性文件,其翻译质量直接影响企业在国际市场中的信誉。准确传达审计英语中的复杂术语和专业表达,不仅能避免因翻译错误引发的法律纠纷,还能展现企业的专业能力和国际化水平。

此外,高质量的审计翻译不仅能够消除语言障碍,还在促进国际交流与合作方面发挥着至关重要的作用。随着全球化进程的不断加深,国际投资者和监管机构通常依赖审计报告来评估企业的投资价值、财务状况和风险管理能力。准确的审计翻译为跨国企业和投资者提供了一个可靠的信息平台,帮助他们做出更加明智的决策。通过精确的翻译,企业能够在多语言、多文化的交流环境中传递清晰的信息,从而在全球竞争日益激烈的市场中获得竞争优势。审计英语翻译不仅是一个技术性任务,更是提升企业国际竞争力、拓展海外市场、赢得潜在合作伙伴信任的重要战略工具。

审计英语翻译在推动国际审计准则(ISA)和国际财务报告准则(IFRS)的传播中,扮演着至关重要的角色。作为全球经济治理的重要组成部分,国际审计准则和国际财务报告准则为全球审计实践提供了统一的框架,然而各国在语言、文化以及审计环境方面的差异,给这些国际准则的有效执行带来了挑战。高质量的审计翻译能够精准地将这些复杂的国际准则和财务报告要求传达至非英语国家,使各国审计机构能够更好地理解和执行这些标准。例如,在翻译"going concern"(持续经营)这一概念时,如果处理不当,可能导致企业对其持续经营能力的评估出现误解,从而影响财务报告的质量与决策的准确性。

审计英语翻译在促进不同文化背景下审计实践的协调与合作方面,也发挥着至关重要的作用。随着全球经济一体化,跨境交易和投资愈发频繁,统一的审计语言和标准能够减少不同国家之间的文化差异和语言障碍,从而提高信息流动的透明度。通过确保各国审计报告的格式和内容的一致性,审计英语翻译有助于解决国际贸易中的信息不对称问题,进而促进全球资本市场的健康发展。透明的审计报告能够有效增强跨国投资者的信任,提升国际市场的投资吸引力。

第三节　审计英语翻译

一、审计英语的语言特点

审计英语作为一种高度专业化的语言体系,具有鲜明的语言特点,这些特点体现在术语使用、句式结构、表达方式及语言的正式性、客观性和精确性等多个方面。审计英语的这些特点要求翻译者不仅要具备扎实的语言基础,还要深入理解相关领域的专业知识,以确保准确传达复杂的法律、财务和会计信息。由于审计英语与财务、会计、法律等领域紧密相连,它不仅要求在表达上保持高度的专业性和准确性,还必须确保信息传递的高效性。尤其在跨国审计的背景下,审计报告的语言必须能够跨越文化和语言的障碍,实现无误的沟通与理解。审计英语不仅是审计工作中的工具,更是确保审计结论得以准确理解和有效执行的关键。审计报告的精确翻译和表达,不仅有助于推动全球审计标准的统一,还能提升跨国审计工作的沟通效率,确保审计意见的法律效力,从而增强各方对审计报告的信任。有效的翻译和表达能够确保各方对审计结果的共识,减少因语言不通而可能引发的误解和纠纷,进一步促进国际审计合作与透明度。以下详细探讨审计英语的语言特点,分析其在实际应用中的重要性以及其对审计工作中的沟通效率和法律效力的影响。

（一）高度专业化的术语

审计英语最显著的特点之一是使用大量的专业术语，这些术语不仅在日常审计工作中至关重要，而且具有高度的技术性和行业专属性。审计英语中的专业术语，通常来源于法律、财务、会计等领域，这些术语在审计过程中起着沟通和规范的作用，确保审计人员能够准确传达其审计结论和分析结果。由于这些术语通常有着非常特定的含义，它们在不同语境下的定义也可能有所不同。例如，"materiality"这一术语在普通语境中意为"重要性"，但在审计中却特指对财务报表影响显著的事项，是衡量财务报表中的错误或遗漏是否足以影响财务报表使用者决策的关键概念。审计人员需要根据被审计单位的规模、性质和具体情况，评估其财务报表中的任何偏差或遗漏是否具备重要性，是否影响了报表的公正性和准确性。另一个常见的术语是"audit opinion"（审计意见），这是审计人员在审计过程中做出的专业判断，通常以四种类型呈现：无保留意见、保留意见、否定意见和无法表示意见。审计意见的准确性和清晰性对于确保财务报告的可信度至关重要，它直接影响到公司管理层、股东以及其他利益相关者的决策。因此，审计英语中的专业术语不仅具有高度的专业性，而且对审计报告的合法性、透明性和可信度有着直接的影响。

除了上述提到的常见术语，审计英语中还包含了大量与审计方法、审计程序以及审计目标密切相关的专业术语。例如，"sampling"（抽样审计）是指审计人员在审计过程中，依据一定的统计原理和审计准则，从审计对象的全体数据中抽取部分样本进行检查和分析，以此推断全体数据的情况。另一个常见的术语是"internal control"（内部控制），它指的是企业为了确保财务报告的准确性、合法性及运营效率所采取的一系列控制措施和程序。审计人员需要评估内部控制的设计和执行是否有效，是否存在重大缺陷，是否能够保障财务报表的真实可靠。还有"audit trail"（审计追踪）这一术语，它涉及审计人员如何跟踪和验证财务数据的来源和变化过程，以确保财务报表的真实性和完整性。这些术语在审计报告和审计文献中频繁出现，它们的使用不仅体现了审计工作的专业性和严谨性，还保障了审计过程中信息传递的准确性和一致性。对于非专业人士来说，这些术语可能显得复杂难懂，甚至可能导致误解或歧义。因此，审计英语特别强调术语的精准使用，要求审计人员在报告和沟通中保持一致性和规范性，以避免任何可能引发误解的模糊表达，从而确保审计结果和结论能够被各方清晰理解，达成有效沟通的目的。

（二）语言的精确性和规范性

审计工作对细节的核查和表述有着严格的要求，因此审计英语的语言特点之一就是其高度的精确性。审计报告不仅是审计人员对财务报表真实性、准确性及合规性的专业判断，它通常还涉及法律事务、经济决策以及公司治理等重要领域。作为正式的专业文献，审计报告的语言必须具有高度的精确性，以确保审计结果和建议能够被清晰、明确地传达给利益相关者。由于审计报告往往具有法律效力，在某些情况下，它甚至可能成为法律诉讼中的关键证据之一,任何语言上的模糊不清或表述不准确,都可能导致信息的误解或歧义,进而影响审计报告的公信力和有效性。因此,审计英语要求用词严格、规范,审计人员必须尽可能避免使用模棱两可的表达,确保每个结论都具有明确定义和界定。精确的语言不仅有助于避免法律风险,也能够提升审计报告的透明度和可信度。例如,在表达审计结果时,审计人员会使用明确的术语,如"unqualified opinion"(无保留意见)或"qualified opinion"(保留意见)。这些术语是审计人员根据审计工作所取得的证据和信息,对财务报表所做出的专业判断。这些术语有着明确的定义,能够在法律和财务领域内达成共识,避免了任何模糊或含糊不清的情况,从而确保审计报告传达的信息准确、无误地为所有利益相关方所理解。通过使用这些标准化的术语,审计人员能够为法律、投资者、公司管理层等各方提供明确的决策依据,并最大限度地降低误解和争议的风险。

此外,审计英语的规范性不仅仅体现在术语的精确使用上,还体现在对语言结构和语言使用的严格要求上。审计报告作为一份正式的法律文件,必须遵循严格的语言规范和结构要求,确保每一份报告都能够准确地表达审计工作的成果,并符合行业标准和法律要求。审计人员需要熟练掌握行业惯例和规范,严格遵循一定的语言格式,以使报告内容具有一致性、清晰度和规范性。例如,审计报告通常会包含特定的结构,包括审计范围、审计目标、审计方法、审计结论以及相关的建议等部分。每个部分的内容都必须遵循统一的格式进行陈述,确保报告的逻辑性和可读性。此外,审计英语还要求审计人员在表述审计结果时做到简洁明了,避免使用冗长或复杂的句子,确保每一项审计发现都能够被清晰理解。为了达到这一点,审计人员需要根据具体的审计环境和受众需求,灵活调整语言的使用方式,既要符合专业标准,又要便于各类受众理解。尤其是在涉及财务报表细节、财务分析结果以及审计发现时,审计英语的语言必须精确到位,任何不准确的表述都可能影响报表的解读和使用。因此,审计人员在撰写报告时,必须遵循严格的语言规范,不仅要关注术语的使用,还要注重语言表达的清晰度、简洁性和法律合规性,以确保审计报告能够在各类正式场合中起到其应有的作用,传递审计工作成果并有效支持决策。

(三) 结构严谨的句式

审计英语在句式结构上的特点是追求简洁、严谨和清晰,尤其在审计报告中,语言表达必须精准且高效,以确保信息能够被快速且准确地传达给相关方。审计报告通常是审计人员在完成复杂的审计程序后,向利益相关者提供的正式、权威的文献。因此,报告的句式通常较为简练,避免过多的修饰性语句和复杂的结构。这种简洁的表达方式,能够让受众在较短时间内抓住报告的核心信息,减少可能的理解障碍。在描述审计结果时,审计英语常常采用直接而简明的表达方式,避免使用过多修饰词,以降低语句产生歧义的可能性和复杂度。例如,审计人员在总结审计结论时,往往会以结论性的话语开头,如

"we concluded"(我们得出结论)或"we found"(我们发现),这种结构简洁明了,能够迅速让读者了解审计人员的判断或发现。紧接着,审计报告会详细列出具体的审计结果或审计发现,确保每一个结论都有充分的事实和证据支持,这种结构使得审计报告具有高度的逻辑性和条理性,确保所有信息都能在准确的框架内得到清晰表达。

这种简练、严谨的句式结构不仅能帮助提高报告的可读性,还具有更深远的实际意义。首先,它避免了过于复杂或冗长的句子结构可能引起的信息混淆。在审计过程中,审计人员需要处理大量的财务数据和法律信息,审计结果和审计发现的准确传达至关重要。若句子过长或结构过于复杂,可能导致信息传递时产生歧义,或者使受众对审计结果产生误解。通过简洁的句式,审计人员能够确保每个审计结论都直接指向其发现的核心内容,而不被复杂的修饰性语句所干扰。其次,这种简洁性和严谨性有助于提高审计人员与其他利益相关者之间的沟通效率。在审计报告的撰写过程中,审计人员不仅需要面对公司管理层、董事会成员,还可能需要向股东、审计委员会,甚至监管机构提交报告。每个受众对报告的关注点不同,报告中的简洁性和逻辑性能够帮助不同的读者迅速抓住重点,避免不必要的解释和重复。通过简洁而明晰的句式,审计人员能够在最短的时间内传达出审计工作的重要成果和发现,确保各方能够高效地获取所需的信息,做出基于事实的决策。因此,审计英语中的句式结构不仅是表达的工具,它还承载着提高沟通效率、确保信息准确无误传达的关键功能,进而提升审计报告的实际价值和影响力。

(四)被动语态的广泛使用

审计英语中被动语态的使用非常普遍,且有着极其重要的作用。审计报告作为一份正式且权威的文件,其语言表达必须具备高度的客观性和中立性,以确保报告内容不会受到个人意见或情感色彩的影响。在审计过程中,审计人员通常会对大量的财务数据进行核查,最终通过各种审计程序得出结论。因此,审计报告中的语言需要强调审计过程和审计结论本身,而非审计人员的主观意图或行动。被动语态的使用恰恰提供了这种语言的转变,它将重点放在审计结果和事实本身,而不是执行审计任务的个人。例如,常见的审计报告表达方式如"the financial statements were audited"(财务报表已被审计),而非"we audited the financial statements"(我们审计了财务报表)。通过这种表述方式,审计报告的语言更加客观,突出的是审计活动的执行情况和结果,而不是审计人员的具体行为。这种被动语态的结构有助于减少审计报告中的主观性,确保报告能够从一个更加公正、理性和事实驱动的角度来呈现审计工作,避免任何可能的偏见和情感色彩。尤其是在法律和财务信息高度敏感的审计领域,保持语言的客观性至关重要,而被动语态恰好为此提供了有效的语言工具。

被动语态的使用不仅仅是一种语言选择,更是一种审计职业规范的体现。在审计工作中,审计人员的职责是对财务报表及其他相关文件进行独立的审查和评估,从而确保报告的公正性和可靠性。使用被动语态能够有效地减少审计人员个人偏见或主观看法的介入,保证报告内容具有更高的公正性和专业性。特别是在涉及重大审计发现或潜在问题的报告中,审计人员往往必须以中立、客观的态度呈现这些信息,以确保审计结果能够准确反映事实,而非偏向某一方的意见。被动语态的结构可以帮助将审计报告的焦点集中在审计结论和发现本身,而非审计人员的参与。这种结构强调的是审计程序和审计工作的结果,减少了审计人员在报告中扮演的角色,使得报告更加正式和权威。例如,在发现财务报表存在重大错报时,使用被动语态表述为"a material misstatement was found"(发现了重大错报),而不是"we found a material misstatement"(我们发现了重大错报)。这种表述不仅符合专业标准,也能够更好地维护审计报告的中立性和公正性。因此,被动语态的使用有助于增强审计报告的客观性和专业性,它避免了主观情感的干扰,使得报告内容更加符合审计工作的高标准要求,也让审计人员能够更清晰、有效地传达审计结论和建议。

(五) 简洁明了的表达方式

审计英语要求语言简洁明了,避免冗长的表达,这一特点在审计报告中尤为突出。在审计工作中,报告的主要目的是准确传达审计结论、发现及建议,以便相关利益方迅速理解审计的核心信息并做出决策。为了确保信息的快速传递,审计报告中的语言必须高效且直观,避免过多冗长的解释或修饰性语言。审计报告通常涉及大量的财务数据、审计程序和专业术语,但为了让报告保持简洁性,审计人员需要精准地提炼出最为关键的信息,而非用繁复的句式或修饰词来描述细节。这种简洁明了的表达方式能够让报告的核心结论和建议一目了然,减少不必要的阅读负担,也确保了报告在较短的时间内能够高效传递关键信息。尤其是在涉及财务决策、企业运营、股东权益等重要问题时,审计报告的简洁性能够让管理层、审计委员会、股东以及监管机构迅速了解最重要的审计发现,从而帮助他们做出及时有效的决策。简洁明了的语言风格使得报告内容更加精练,不仅提高了信息传递的效率,也确保了读者能够快速抓住报告的核心内容,减少了信息传递过程中可能出现的任何延迟或混乱。

此外,简洁的语言有助于减少信息中的歧义和误解,确保报告的准确性和清晰度。在审计报告中,清晰的表达尤为重要,因为审计的结论和建议往往会直接影响公司的财务管理、决策过程乃至法律责任。如果报告的语言过于冗长或复杂,可能会导致一些关键点被忽略或误解,进而影响决策的有效性。简洁的表述不仅使得审计结论更为直接,也确保了每一项审计发现都能通过精练的语言传递给报告的读者。例如,在报告的结尾部分,审计人员通常会用"it is concluded that"(得出结论为)这一简洁明确的表达来总结审计结果,而非采用冗长的句式或不必要的解释。这种简洁的语言确保了审计结果的核心信息能够不加修饰、直截了当地传递给受众。通过这种方式,审计人员能够在不引起混淆或歧义的情况下,有效传达审计的结论和建议。此外,简洁语言的使用也有助于提升报告的专业性。避免冗长的表达和复杂的句式结构,让审计报告既能高效传递信息,又符合审计行业高标准、简洁明了的写作要求。因此,审计英语中的简洁性不仅仅是语言上的一个特点,它还承载着确保审计报告高效、清晰、无歧义地传递关键信息的功能,使得审计人员能够在合法性、准确性和有效性方面达到最佳的平衡。

(六) 正式性和客观性

审计英语的正式性和客观性是其另一大显著特点。审计报告作为一份具有法律效力的正式文件,语言必须保持高度的正式性,避免使用口语化或非正式的表达方式。这种正式性不仅体现在语言风格的严谨性上,还表现在语言的结构和词汇选择上。在审计英语中,常常使用专业的术语和特定的行业词汇,这些术语不仅具有明确的定义,还遵循严格的使用规范,以确保报告内容在技术层面上的精确性和一致性。例如,诸如"material misstatement"(重大错报)和"audit opinion"(审计意见)等术语,均有固定的法律和财务含义,且在审计报告中具有特定的使用场景和标准。这些专业词汇的使用使得审计报告的语言更为规范,也有助于提高报告的权威性和公信力。因此,审计英语在语言表达中要求高度规范化,避免任何不必要的随意性或模糊性。审计人员必须遵循这种语言规范,使用既专业又准确的术语,从而保证审计报告在法律、财务和专业领域的有效性。

此外,审计英语的客观性是其核心特征之一。客观性不仅仅体现在避免主观情感的干扰,还体现在语言的中立性和事实导向性上。在审计报告中,审计人员的任务是依据事实和证据进行独立判断,而不是表达个人意见或情感。因此,审计报告强调的是事实的呈现和证据的支持,而非个人的主观看法。例如,在表达审计结论时,审计人员通常使用"it is concluded that"(得出结论为),而非"we believe"(我们认为)。后者可能会让人觉得含有审计人员的主观看法或个人判断,而前者则直接陈述审计结果,体现了更加客观和中立的立场。这种语言上的客观性确保了审计报告的公正性,避免了任何可能因个人立场或情感因素而影响报告结论的情况。审计报告的语言通常避免使用诸如"we feel"或"we think"这样的表达,因为这些表述带有明显的情感色彩或主观判断,而审计报告的核心是通过数据和证据来支持结论,而不是基于个人的意见。

总的来说,审计英语的语言特点体现了审计工作对精确性、规范性、客观性和正式性的严格要求。在审计报告中,专业化的术语、严谨的句式结构、精准的语言表达以及被动语态的使用都是为了确保信息的清晰传递和沟通效率。这些特点确保了报告内容的准确性和一致性,使得审计报告能够有效地在法律和财务框架内进行沟通,并符合行业标准和法律规定。通过使用简洁而不冗长的语言,审计英语不仅能够传递关键的审计结论,还能避免信息中的歧义和误解,从而提升报告的可信度和法律效力。与此同时,审计报告的正式性和客观性使得报告具备了高度的公信力,增强了其在法律诉讼、财务决策及监管审核等各方面的有效性。因此,审计人员必须深入理解审计英语的语言特点,并熟练掌握这些语言工具,以确保审计报告的准确性、清晰性和适用性,同时确保报告符合严格的法律和财务要求,最大限度地提升报告的专业性和影响力。

二 审计英语翻译的理论基础

(一) 语言学理论的应用

语义学作为语言学的重要分支,着重研究语言的意义。在审计英语翻译中,语义学理论发挥着关键作用,尤其是在词汇层面。审计英语拥有大量专业术语,这些术语的语义精准性直接关乎翻译的质量。例如,"audit"与"inspection"在日常英语中都有"检查"的含义,但在审计专业语境下,"audit"更侧重于对财务报表、账目等的系统审查,以确定其准确性和合规性;而"inspection"则更强调对具体事物、流程或操作的查看,检查其是否符合特定的标准或要求。在翻译"internal audit report"(内部审计报告)时,就不能将"audit"替换为"inspection",否则会改变原文的专业语义,造成信息传达的不准确。这体现了语义场理论的应用,即词与词之间存在着语义关联,通过分析词汇在特定语义场中的位置和关系,能够更准确地把握其在审计英语中的含义,从而选择恰当的中文词汇进行翻译,确保专业信息的精确传递。

转换生成语法理论为审计英语句子结构的翻译提供了重要的指导原则。审计英语中常出现复杂的长难句,包含多层从句和修饰成分,这与中文的句子结构存在较大差异。在翻译时,需要依据转换生成语法,按照目标语言(中文)的语法规则对句子结构进行调整和转换。例如,对于含有定语从句的句子"The auditor, who is responsible for examining the financial statements, should possess professional qualifications."(负责审查财务报表的审计师应具备专业资格。),在翻译过程中,需要将定语从句"who is responsible for examining the financial statements"的内容提前,调整为符合中文表达习惯的"负责审查财务报表的审计师",使译文更通顺自然,符合中文的句法结构。这种句子结构的转换遵循了目标语的语法规则,同时确保了原文信息在译文中的完整和准确呈现,体现了句法学理论在审计英语翻译中的应用价值,有助于译者处理复杂的句子结构,提高翻译的准确性和可读性。

(二) 文化理论的关联

文化差异在审计英语翻译中扮演着重要角色,深刻影响着对审计概念的理解与翻译的准确性。以中西方审计文化中对"独立性"这一核心概念的理解差异为例,西方审计文化强调审计师在组织、经济和精神层面的高度独立,旨在确保审计过程不受任何利益相关方的干扰,从而能够客观、公正地对财务报表等进行审查和评价。这种独立性的内涵在英语中通过一系列专业术语和表达得以体现,如"independence in appearance"(形式上的独立)和"independence in fact"(事实上的独立),这些术语有着明确而细致的界定和区分,各自代表了独立性在不同维度的要求和体现。

然而,在中国的审计文化中,"独立性"的概念虽然也强调客观公正,但在具体的理解和侧重点上与西方存在一定差异,这种差异源于不同的法律体系、企业治理结构以及社会文化背景等因素。在翻译过程中,如果仅仅按照字面意思将西方的"independence"相关术语直接生硬地翻译成中文,而不考虑中国文化背景下对这一概念的独特理解和认知习惯,就很可能导致中国读者对这些术语的理解产生偏差或模糊不清,无法准确把握其在西方审计文化中的精确含义和重要性。因此,译者需要深入了解中西方审计文化在这一概念上的差异,通过适当的注释、解释性翻译或采用符合中国审计文化习惯的表达方式,来准确传达"独立性"这一概念在西方审计文化中的内涵,避免因文化差异而造成的误解,使译文能够被中国读者准确理解和接受,从而实现审计概念在跨文化交流中的有效传递。

跨文化交际理论中的信息等效原则对于审计英语翻译具有重要的指导意义,尤其是在处理审计文化隐喻等具有文化特色的语言现象时。审计英语中常常会运用一些隐喻来表达特定的审计概念或流程,这些隐喻往往蕴含着丰富的文化内涵,且与源语文化紧密相连。例如,在英语审计文本中,"audit trail"(审计追踪)这一隐喻将审计过程比作一条"路径"或"轨迹",形象地表达了通过追踪一系列财务交易和记录来进行审计审查的含义。然而,对于不熟悉西方审计文化的中国读者来说,如果直接将其翻译为"审计轨迹",可能无法完全传达出其在英语文化中的隐喻意义和所蕴含的审计方法与逻辑。

在翻译此类具有文化隐喻的审计术语时,译者需要遵循跨文化交际的信息等效原则,充分考虑目标语读者的文化背景和认知能力,尽可能寻找在目标语文化中具有相似功能或形象的隐喻表达,或者采用解释性翻译的方法,将隐喻背后的审计概念和逻辑清晰地阐述出来。例如,可以将"audit trail"翻译为"审计追踪(如同追踪财务交易留下的路径)"。通过括号内的补充说明,帮助中国读者更好地理解这一术语在西方审计文化中的隐喻含义,从而实现文化信息在源语与目标语之间的有效传递,使译文既能准确传达原文的审计专业内容,又能让目标语读者理解其中的文化隐喻,达到跨文化交际的目的,确保审计英语翻译的质量和效果,促进国际审计交流与合作中的信息准确流通。

三、 审计英语翻译的理论研究

(一)功能对等理论与审计英语翻译

功能对等理论(Functional Equivalence Theory)是由著名翻译学者尤金·奈达(Eugene Nida)提出的翻译理论,它强调在翻译过程中,译文应尽可能在功能和效果上与原文相等,而非仅仅追求形式上的对等。这一理论主要应用于语言学、文学及跨文化翻译等领域,特别适用于需要跨语言和文化背景传达信息的翻译工作。在审计英语翻译中,功能对等理论具有重要的应用价值。审计报告的翻译不仅需要准确传达财务和审计专业的具体内容,还必须确保信息在目标语言中具有相同的法律效力和商业价值。因此,审计英语翻译不仅仅关注语言层面的词汇和句法对等,更注重如何传达原文信息的功能和意图，以便使目标读者在文化、语境和专业背景上能正确理解翻译内容。审计英语翻译应用功能对等理论时，译者需考虑以下几点：

1. 语言的精确性与清晰度

审计报告中的术语、专业概念必须清晰且精确地传达。审计报告作为专业的财务文书，其语言的准确性和严谨性直接影响到其法律效力和财务报告的可信度。以"audit opinion"为例，在翻译为"审计意见"时，翻译者不仅要忠实于原文的字面意思，还要确保其在中文语境下能够被法律和财务领域的专业人士准确理解。审计意见是审计师对财务报表是否公允反映企业财务状况和经营成果的专业判断，因此翻译时需要特别关注这一术语在审计行业中的广泛使用及其在中国法律体系中的含义。在不同语言和法律环境中，某些术语可能会有细微差别，因此翻译不仅要考虑字面上的准确性，还要确保目标语言读者能够充分理解术语背后的专业内涵和法律效力。这要求翻译者具备深厚的审计、法律及财务知识，确保术语的精准表达。

2. 文化适应性

由于审计报告涉及的法律框架和商业实践在不同国家和地区可能存在差异，翻译时要考虑目标文化的接受度。审计报告不仅是一份财务文件，更是依据特定法律规定和行业标准进行评估和表达的专业文书。因此，翻译者在处理跨文化的审计报告时，必须关注目标国家或地区的法律体系、审计标准及商业惯例。在某些情况下，直接翻译可能无法传达原文的准确含义，或者会导致误解。例如，英语中的"qualified opinion"通常指审计师在某些特定情况下对财务报表发表的保留意见，这种意见表明审计师在审计过程中发现了某些限制或不符合标准的事项。在中国的审计标准下，可能需要对这一术语进行适当调整，采用更符合中国审计法律体系和实际操作的表述方式。这样做不仅有助于确保目标读者准确理解"qualified opinion"在特定审计环境中的含义，还能避免由于语言差异和文化背景导致的理解偏差。因此，翻译者在面对此类术语时，应深入了解目标文化中的相关法律框架和审计惯例，并通过适当的文化调适，确保翻译的准确性和可接受性。

3. 语境的传达

审计英语翻译不仅要关注单一词汇的翻译，还要充分理解整个报告的背景和语境，确保译文能够在相同的专业环境中发挥类似的功能。审计报告通常包含大量专业术语、法律条款和行业惯例，这些内容需要在翻译过程中得到精确传达，以确保目标语言的读者能够准确理解报告的核心信息。尤其是在翻译审计报告中的风险评估部分时，翻译者不仅要关注单词或句子的字面意思，还要充分理解这些内容对目标语言读者的实际意义。例如，风险评估部分可能涉及企业面临的财务、运营、合规等方面的风险，并根据这些风险对审计程序进行相应调整。翻译者需要深入理解审计师对风险的评估标准以及这些评估在目标文化中的法律和行业背景，而不仅仅是简单的文字转换。在不同的国家或地区，审计标准、法律规定、商业风险等因素可能存在显著差异，因此翻译者必须确保这些专业内容的转化能够有效传达原文的意图,并确保译文在目标语言环境中具有相同的功能和效果。为了达到这一目标,翻译者需要具备扎实的审计专业知识,灵活处理语言转换与文化适配的关系,确保翻译结果既忠实于原文,又能充分满足目标语言读者的理解需求。

4. 法律与商务语言的规范性

审计报告是法律文件,翻译时必须确保译文具备正式性、规范性和法律效力。审计报告不仅是财务数据的呈现,还包含了对公司运营、风险管理、合规性等方面的专业判断,因此其翻译不仅要具备高度的精确性,还需要符合目标语言的法律要求和行业标准。在这种情况下,功能对等不仅要求翻译准确无误,还要求语言形式符合目标语言的法律和商业惯例。这意味着,翻译者需要深入理解目标文化中的法律体系、审计标准、商业惯例及相关法律效力,以确保译文在功能上与原文等效,且在法律语境中具备同样的权威性。

在审计英语翻译中,功能对等理论的核心思想是确保译文在目标语言中产生与原文相同的效果和功能,而不只是追求形式上的对等。翻译不仅要忠实于原文的字面意义,还要尽可能地传达其潜在的法律和财务内涵。例如,在审计报告中,某些术语或表达可能在不同法律体系下有不同的解读,因此翻译时需要考虑如何调整语言,以确保在目标语言中同样能达到原文所要表达的法律效果。这不仅涉及语言的准确性,还需要考虑文化、语境、法律效力等多个层面,确保翻译能够满足审计报告在不同文化背景下的实际需求。在某些文化和法律环境中,某些审计术语或措辞可能没有直接的对应词或相同的法律效力,翻译者此时可能需要采取解释性翻译或术语的适应性转化,以确保译文能准确传达审计报告的意图,并为目标读者提供清晰、有效的信息。因此,翻译者不仅要具备审计和法律专业知识,还要有深刻的跨文化理解和灵活的翻译技巧,以保证审计报告在国际化背景下的精确性和适用性。

(二) 翻译目的论与审计英语翻译

目的论(Skopos Theory)是翻译理论中的一种重要思想流派,由德国学者汉斯·弗米尔(Hans Vermeer)提出。它强调翻译的目标(或目的)应当决定翻译的策略和方法。根据这一理论,翻译不仅仅是语言之间的对等转换,更是基于特定目标的文化和功能传递。在审计英语翻译中,目的论可以提供一种框架,帮助翻译人员确定翻译应当传达的功能性和目标。审计领域涉及大量专业术语和法律条文,翻译不仅要确保信息准确,还要考虑到受众的背景知识、文化差异以及翻译文本的实际应用。因此,审计英语翻译常常需要根据目标受众的需求来调整表达方式。目的论在审计英语翻译中的应用体现在以下几点:

1. 功能性要求

审计报告的翻译不应仅仅是逐字翻译,而是需要确保目标语言的读者能够理解并能够根据这些信息做出决策。审计报告通常是高层次的专业文书,涉及复杂的财务数据、风险评估和合规审查,目的是为利益相关者提供透明和可靠的信息。在这一过程中,翻译者的角色不仅仅是语言的转换者,更是文化和知识的桥梁。因此,翻译时必须考虑到目标语言受众的背景、理解能力及其文化认知,确保信息能够准确传达,并在目标文化和法律框架下发挥相同的作用。

例如,审计报告中的术语可能需要根据不同国家的审计标准进行调整,以使其符合目标语言受众的理解框架。不同国家的审计标准、法律要求和行业惯例可能存在显著差异,某些术语在源语言中可能有特定的法律或财务含义,但在目标语言的文化背景下可能没有直接对应的词汇或概念。因此,翻译者不仅要忠实于原文,还要根据目标国家的审计实践和标准对术语进行适当的调整和解释。例如,某些国家可能使用"审计意见"这一术语,但其法律含义和影响可能与其他国家不同,翻译时可能需要通过注释或补充说明来帮助目标读者准确理解该术语的具体含义和实际应用。

此外,审计报告中的语言风格、表达方式和句法结构也需要根据目标语言的语言习惯和法律要求进行适当的调整。某些语言可能倾向于使用更为简洁的句子结构,而另一些语言则可能更倾向于使用复杂的法律表述,翻译时要确保既保留原文的精确性,又能确保翻译后的文本流畅且符合目标语言的使用习惯。这种对语言细节的敏感处理,确保了审计报告在跨文化和跨法律环境中的有效性,使得目标读者能够依据翻译后的信息做出符合其法律和商业实践的决策。

2. 受众导向

审计报告的受众可能包括审计人员、企业管理层、投资者等。不同的受众对信息的需求不同,因此翻译时需要根据受众的需求调整语言风格和表达方式。审计报告作为专业文书,其内容涉及复杂的财务信息、风险分析和审计结论,不同受众对这些信息的理解和需求各异,因此翻译时应充分考虑目标读者的背景和理解能力。对于非专业受众,如企业管理层或投资者,翻译可能需要更通俗易懂,避免过多使用晦涩的专业术语,而应使用清晰明了的语言进行表达,以确保这些读者能够快速理解报告中的关键要点,并能够据此做出决策。例如,审计报告中涉及的某些技术性术语,如"审计范围限制"或"审计意见类型",在翻译时可以加以解释或使用更为简化的表达方式,以帮助非专业读者消化复杂的信息。

而对于专业审计人员、会计师或其他财务专家等受众,则可以保留更多的专业术语和技术性内容。这类读者通常具备较强的审计和财务背景,他们能够理解和处理高度专业化的术语,因此翻译时可以更注重术语的准确性和法律效力,避免过多的解释性调整。此外,审计报告中的某些细节和技术性内容对于专业审计人员至关重要,翻译应确保这些内容的完整性和精确性,以便审计人员能够依此做出专业判断或进一步的审计决策。

这种根据受众调整语言风格和表达方式的策略,不仅有助于提升审计报告的可读性和有效性,还能确保信息的传达更具针对性和实用性,从而满足不同受众的需求,提高审计报告在各个领域的影响力和实用价值。

3. 文化适应性

审计翻译不仅要传递信息的准确性,还需要考虑到不同文化背景下对审计内容的理解差异。审计报告具有专业性和法律性。由于不同国家和地区的法律框架、审计标准以及行业惯例可能存在显著差异,审计报告的格式、结构和术语使用也会受到影响。例如,某些国家可能在审计报告中采用特定的格式,强调某些部分的内容,如风险评估、审计结论和管理建议;而其他国家可能更侧重于其他方面,如审计程序的详细描述或财务报表的具体审查。翻译时,除了忠实于原文内容,还需要根据目标国家的审计标准和习惯进行适当的调整和本地化处理,确保翻译后的报告符合目标文化的语言习惯和审计惯例。

例如,某些国家的审计报告中,审计意见的表述可能更加简洁,而其他国家则可能采用更为详细和正式的语言来表达同样的审计结论。因此,在翻译时,译者需要对审计报告的语言进行灵活处理,使其既能保留原文的法律效力和专业性,又能符合目标语言读者的认知习惯。此外,某些国家的审计报告可能使用的术语在其他国家可能并不常见或具有不同的法律解释。翻译者在此类情况下需要特别注意,确保目标语言的受众能够理解这些术语在原文中的真正含义,并根据当地的法律和行业惯例进行适当的解释或调整。

通过这种本地化处理,审计翻译不仅能确保信息的准确传递,还能帮助目标语言的读者更好地理解审计报告的核心内容,从而提高报告的有效性和针对性。

4. 语境影响

审计英语翻译通常会涉及大量的法律文本、财务数据和审计标准。根据目标语言的使用环境(如是用作国际报表还是内部参考文档),翻译策略可能有所不同。审计报告在不同的文化和法律环境中使用时,其功能和效果可能会有所不同。例如,国际报表需要确保所有相关方(如跨国企业、投资者、监管机构等)都能准确理解其内容,因此翻译时不仅要忠实于原文,还要考虑到目标语言受众的文化背景和法律体系。而如果是内部参考文档,翻译可能更侧重于精准传递信息,甚至可以采用更简明的语言和术语。因此,翻译策略的选择应根据报告的具体用途、受众的需求以及语言的文化适配性来进行调整。

目的论为审计英语翻译提供了一种灵活且多元化的思维框架。根据目的论,翻译不再仅仅是语言间的转换,而是一个根据具体目的、受众和文化背景来调整翻译策略和方法的过程。审计报告的翻译需要考虑不同的受众群体,如审计人员、企业管理层或投资者,他们对于报告的需求和理解会有所不同。目的论强调翻译过程中对这些因素的考量,认为翻译的目标应该根据具体情境进行灵活调整,而不仅仅是追求形式上的对等。例如,在翻译审计报告中的法律条款时,翻译者可能需要对目标语言的法律环境进行充分研究,以确保术语的法律效力和准确性,确保译文符合当地的法律要求和行业惯例。

通过目的论的指导,翻译人员能够更好地处理审计翻译中的文化差异、术语适应性以及语言的准确性。目的论要求翻译人员在翻译过程中既要关注语言的准确性,也要确保翻译后的文本能在目标文化和语言环境中发挥相同的功能。这种方法尤其有助于解决审计翻译中常见的挑战,如何在不同文化背景下调整专业术语的使用、如何处理文化差异对信息解读的影响以及如何确保翻译能够满足不同受众的需求。通过这一理论框架,翻译者可以在审计英语翻译中更加灵活地应对各种复杂的语言和文化问题,确保翻译成果的高效性和准确性。

(三) 语篇分析理论与审计英语翻译

语篇分析理论(Discourse Analysis Theory)是语言学中的一个重要分支,研究语言单位(如句子、段落等)之间的关系,强调语篇的整体性、连贯性与语境对语言使用的影响。该理论认为,语言不仅仅是由单独的句子构成的,而是由多个句子、段落甚至篇章构成的一个综合体。在翻译实践中,尤其是专业领域的翻译(如审计英语翻译),语篇分析理论为翻译提供了有力的工具,使得翻译不仅关注单个词汇或句子的转换,更关注语言的流畅性和连贯性,确保信息的准确传达和语境的恰当表达。在审计英语翻译中,语篇分析理论的重要性尤为突出。审计报告、财务报表等文本通常具有高度的专业性和复杂性,其语言结构往往密切依赖于语境、术语、惯用表达及其背后的文化和法律框架。因此,语篇分析能够帮助翻译者在整体语境中理解源语言的含义,并通过恰当的结构调整确保目标语言的准确性和逻辑性。语篇分析理论在审计英语翻译中的应用体现在以下几点:

1. 整体理解和语境分析

审计英语翻译不仅仅是逐句翻译,而是需要理解整篇报告的意图和结构。审计报告往往有一定的结构,如背景、审计方法、审计结果、结论等,这些内容需要通过语篇分析来确保逻辑顺序和内容的准确传递。在翻译过程中,翻译者不仅要关注单一的语言单位(如词汇、短语或句子),还要考虑整篇报告的语言流畅性和结构完整性。审计报告的结构通常遵循一定的标准化模式,旨在清晰地传达审计的目标、过程和结果。因此,翻译者必须熟悉这种结构,确保各部分内容之间的衔接和逻辑关系得以保持,以避免翻译过程中出现信息丢失或误解。

在翻译过程中,翻译者需要分析语境,理解审计报告的背景(如审计的目的、目标受众等)和语篇类型(如审计审查报告、财务报告等)。不同类型的审计报告可能会有不同的结构和表达重点,翻译者应根据具体报告的特点调整翻译策略。例如,在财务报告中,翻译者可能需要更多关注数据的精确表达,而在审计审查报告中,则需要着重处理审计方法和审计结论的阐释。因此,了解审计报告的背景和目标受众对于确保译文的准确性和可理解性至关重要。如果目标受众是专业审计人员,翻译可能需要保留更多的专业术语和技术细节;而如果受众是管理层或投资者,翻译则应注重简洁和易懂,确保复杂信息能够清晰传达。

通过这种语篇分析,翻译者能够确保翻译内容具有一致性和连贯性。每个部分的内容应当紧密衔接,并且整体结构应符合目标语言的表达习惯。在翻译过程中,译者还需要根据原文中的语气和语境调整翻译风格,确保报告的整体效果和功能不受损害。这种语篇层面的考虑有助于提升审计报告翻译的专业性和精确性,使其不仅仅是语言的转换,更能发挥报告在目标语言文化背景下的实际功能。

2. 连贯性和衔接关系

审计报告中,往往包含了大量的术语和法律语言,这些术语的使用不仅需要翻译准确,还需要确保文本的连贯性和衔接性。例如,审计中常见的"财务报表"、"审计范围"以及"审计意见"等术语之间的关系需要得到妥善处理,确保其在目标语言中具有同样的衔接效果。在审计报告中,术语之间通常存在紧密的逻辑关系,它们构成了报告的核心内容和分析框架。因此,在翻译过程中,不仅要关注单个术语的翻译,还要注意其在报告中的整体连贯性和逻辑结构。例如,"审计范围"这一术语与"财务报表"及"审计意见"的关系非常密切,翻译时需要确保它们之间的逻辑关系在目标语言中也能得到清晰呈现。若翻译者忽视了这些关系,可能会导致译文在语义上不连贯,进而影响审计报告的有效性和可靠性。

语篇分析理论强调如何通过连接词、指代、同义替换等方式增强语篇的连贯性,这对审计报告翻译至关重要,尤其是在处理长篇报告时。审计报告的内容通常包含多个层级的信息和细节,翻译时需要确保各部分之间衔接自然,逻辑清晰。连接词如"因此""例如""然而"等,能够帮助明确句子之间的逻辑关系,增强语篇的流畅性和可读性。此外,指代的使用可以有效避免重复,使得翻译更加简洁和流畅。对于复杂的术语和概念,翻译者可以使用同义替换或解释性翻译,确保在不同部分之间保持一致的表达,并使目标语言的读者容易理解。在长篇审计报告中,这种语篇层面的处理尤为重要,因为报告通常包含大量的细节和专业信息,翻译者必须确保信息的传递不受到语篇结构的影响,而保持整体的连贯性和逻辑性。

通过有效的语篇分析,翻译者能够在保持术语准确性的同时,增强报告的逻辑结构和信息流畅性,确保审计报告在目标语言中既具备法律效力,又便于不同受众的理解和应用。

3. 跨文化的适应性

审计报告不仅是技术性和法律性的文本,还涉及具体的文化背景。在不同文化和法律体系下,审计标准和要求存在差异。因此,语篇分析理论帮助翻译者理解和适应不同文化之间的差异。例如,在翻译时,翻译者可能需要考虑目标文化中如何理解"独立审计"的概念,是否需要加以解释或提供背景信息。在某些文化背景下,"独立审计"这一概念可能被认为是理所当然的,而在另一些文化和法律体系中,可能需要特别说明或解释这一概念的含义和其在审计中的重要性。因此,翻译者不仅要传递原文的法律和技术信息,还需要确保目标读者能够理解这些概念,并正确解读审计报告的内容。

对于不同国家的审计报告,翻译者应根据语篇分析理论调整语言策略,确保目标读者能够正确理解并根据翻译报告做出相应的决策。在多文化背景下,审计报告的翻译不仅仅是语言的转换,还需要考虑到文化差异和法律背景。例如,在某些国家和地区,审计报告可能侧重于财务信息的透明度,而在其他地区,报告的重点可能放在合规性和风险管理上。翻译者需要意识到这些差异,并根据具体的文化和法律环境调整翻译策略。这可能包括调整术语的使用、句子结构的变化,或在翻译中加入额外的解释,以帮助目标读者理解在源语言文化中可能具有不同解释的审计概念。

语篇分析理论提供了一个框架,帮助翻译者在考虑文化差异的同时,仍然保持报告的专业性和准确性。通过对语境、语篇结构和文化背景的深入分析,翻译者能够更好地适应目标文化的需求,确保审计报告在不同文化和法律体系下的有效传达。这不仅仅是语言的转换,更是对不同文化和法律体系之间的桥梁搭建,确保目标读者能够准确理解报告中的每一项审计结论,并做出合理的决策。

4. 术语的规范化和一致性

审计报告中常出现专业术语,翻译者必须确保这些术语的一致性和规范化。审计报告涉及大量的专有名词和技术性术语,如"审计意见"(audit opinion)、"财务状况"(financial position)等,这些术语通常具有特定的法律和财务含义。翻译者需要确保在整篇报告中这些术语的一致性,以避免因不同的翻译版本而产生理解上的混淆。此外,术语的规范化也是至关重要的,这不仅有助于确保术语在目标语言中得到准确传达,还能够增强报告的专业性和权威性,避免任何歧义或误解的发生。翻译者必须根据目标语言的表达习惯和法律文化进行适当的调整,确保这些术语在目标语言环境中被接受和理解。

语篇分析理论中的"术语衔接"和"词汇选择"有助于解决审计英语翻译中的术语问题。术语衔接是指通过使用一致的术语和相关词汇来保证语篇的内在连贯性。在审计英语翻译中,术语衔接能够帮助建立不同部分之间的逻辑联系,确保整个报告的内容在目标语言中保持一致的表达。例如,"审计意见"和"财务状况"等术语,在不同章节或段落中出现时,必须使用相同的词汇或短语进行翻译,以便读者能够顺畅地理解报告的不同部分之间的联系。词汇选择则是指在翻译过程中,翻译者需要根据目标语言的语境和受众特点,选择最合适的词汇和表达方式。这不仅仅是字面意义上的翻译,更是对文化和行业背景的深刻理解。例如,某些审计术语在目标语言中可能没有直接对应的词汇,这时翻译者可能需要使用注解或解释性翻译来确保术语的准确传递。

通过有效的术语衔接和词汇选择,翻译者可以确保审计报告在目标语言中准确、清晰地传递原文信息,同时保持报告的专业性和一致性。这样,不仅能够使报告符合目标语言的语言规范,还能够增强报告的可读性和理解性,使其在不同的文化和法律环境中都能有效发挥作用。

5. 文体和语言风格

审计英语具有严谨、正式的文体特征,因此,翻译者需要保持这种正式、客观的语气。审计报告的目的在于精确传达审计工作中所涉及的财务信息、审计方法和结论,因此其语言风格必须严谨、客观且无偏差。在翻译过程中,翻译者不仅要确保语言的准确性,还需要通过恰当的语言选择和语法结构,确保译文能够传达出与原文一致的专业和正式语气。语篇分析理论帮助翻译者分析文体要求,并在翻译中保持语言的规范性和专业性。通过语篇分析,翻译者能够更加敏锐地识别文本中的关键元素,如句型结构、时态使用、语法关系等,确保这些元素在目标语言中得到妥善保留,以满足审计报告严谨、专业的文体需求。

语篇分析理论为审计英语翻译提供了有效的框架,通过分析语篇的整体结构、衔接性、文化适应性和语言风格,翻译者能够更加精准地传达源文本的含义,确保翻译作品的逻辑性、专业性和连贯性。通过分析语篇结构,翻译者可以识别报告中各部分之间的逻辑关系,确保信息的顺序和衔接符合目标语言的语言习惯,避免因结构不当导致理解上的歧义。同时,语篇分析理论帮助翻译者理解文化适应性,尤其是在处理某些特定术语或概念时,能够根据目标文化的理解框架进行恰当调整,确保信息在不同文化背景下得到准确传达。

在审计报告等具有高度专业性的文本翻译中,语篇分析不仅能够提升翻译的质量,还能帮助翻译者应对跨文化和跨语言的挑战。审计报告常常涉及复杂的法律术语、财务指标和审计方法,而这些内容在不同语言和文化环境下可能具有不同的解读方式。通过应用语篇分析理论,翻译者能够深入理解和处理这些挑战,确保翻译作品在目标语言中既忠实于原文,又能满足不同文化和语言环境下的专业需求。这样,翻译者不仅能确保报告的准确性,还能增强其可读性和影响力,为目标读者提供清晰、规范和具有法律效力的翻译文本。

(四) 知识翻译理论与审计英语翻译

知识翻译理论(Knowledge Translation Theory)是近年来逐渐发展起来的一个重要翻译理论,它的核心思想是强调翻译不仅仅是语言的转换,更是知识的传递与再创造。该理论源自医学、社会学和教育学领域,特别强调如何有效地将源语言中的知识、信息、技能或经验传递到目标语言文化和受众中,尤其是在不同领域的专业知识传播过程中。这一理论的应用,强调翻译过程中知识的准确性、有效性以及文化适应性。知识翻译理论具有重要的意义。审计本身是一种高度专业化的活动,涉及财务、法律、管理等多个领域的专业知识,翻译不仅需要语言准确,还必须传递深刻的专业知识和实际操作方法。由于审计报告常常涉及复杂的数据分析、审计程序、财务规范等内容,翻译者只有具备一

定的审计知识背景,才能在翻译中准确传达审计活动所涉及的知识和信息。知识翻译理论在审计英语翻译中的应用体现在以下几点:

1. 专业知识的准确传递

审计英语翻译要求翻译者不仅具备良好的语言能力,还必须具备审计和财务领域的知识。知识翻译理论强调,翻译者在处理具有高度专业性的文本时,必须保证知识的准确传递。这种准确传递不仅是语言的转换,更涉及对源文本中隐含的专业知识的深刻理解。在审计报告中,包含财务分析、风险评估、合规性检查等内容。翻译者需要深入理解这些内容,才能确保在目标语言文本中准确无误地传达相关知识。审计报告的准确翻译需要翻译者具备良好的财务分析能力,以便理解复杂的财务数据和分析过程,并准确地将其转化为目标语言。此外,翻译者还需了解不同审计标准和合规性要求,确保译文符合目标地区的法律和审计惯例。

比如,审计报告中的“资产负债表”(balance sheet)、“审计意见”(audit opinion)、“控制环境”(control environment)等专业术语,翻译者必须理解其具体含义和上下文,而不仅仅是对词汇的直接翻译。对于这些专业术语,翻译者需要了解它们在审计领域的具体定义以及如何在报告中应用。例如,“审计意见”不仅仅指一份简短的结论,它包含了对财务报表是否公正、合规的正式评估,翻译者需要确保该术语在目标语言中准确传达这一法律和审计的严肃性。同样,“资产负债表”不仅是列举公司资产与负债的表格,它也代表了公司财务状况的整体视角,翻译时要特别注意该概念在目标语言文化中是否有类似的定义。因此,翻译者不仅需要具备良好的语言能力,还必须掌握一定的审计和财务知识,才能确保翻译的准确性和专业性。

2. 文化适应性与本地化

审计报告传递的不仅是技术性和法律性的知识,往往还涉及不同国家和地区的法律、财务和审计制度。因此,翻译者需要根据目标文化对相关知识进行适当的调整,以确保译文能够在不同法律和财务框架下被准确理解。例如,某些国家或地区可能有不同的财务报告标准或审计法规,翻译者应当根据目标文化的背景进行适当的文化适应性处理。不同国家可能会有各自独特的财务报告格式、会计准则和审计要求,因此翻译者不仅需要理解这些文化和法律背景,还需要在翻译中做出调整,使报告符合目标读者的理解习惯和法律要求。例如,某些审计方法和标准在不同国家间可能有所不同,因此翻译者需要特别留意翻译时可能产生的法律或财务概念偏差,确保信息在目标文化中能够准确、无歧义地传达。

3. 知识的传播与再创造

知识翻译不仅仅是“搬运”知识,而是在新的文化和语言环境中重新创造和表达这些知识。在审计英语翻译中,翻译者需要根据目标受众的背景、需求以及翻译的目标,重新组织和表达源语言中的知识。这就需要翻译者不仅具备专业知识,还能够灵活运用语言表达,使翻译结果既准确又易于理解。审计报告中的内容通常涉及复杂的财务数据、风险评估以及合规性分析,这些内容在不同文化和语言环境下可能有不同的表达方式,因此翻译者需要考虑如何使这些信息在目标语言中保持清晰和易懂。在翻译复杂的审计过程和审计意见时,翻译者需要考虑如何使目标受众清楚地理解其中的每一个步骤和结论,这对于确保报告的有效性至关重要。审计报告中的专业术语和技术性内容,可能对于非专业的读者来说难以理解,因此翻译时可能需要对某些概念进行详细解释或补充说明。此时,翻译者不仅需要忠实地传递原文的信息,还应考虑读者的理解能力和需要,适当调整语言和表述方式,以确保报告的核心信息能够被准确、清晰地传达给目标读者。

4. 术语的标准化和一致性

知识翻译理论强调术语的标准化与一致性,尤其在技术性强的文本翻译中,保持术语的一致性至关重要。审计英语翻译中,许多专业术语有固定的翻译规范,遵循这些规范有助于保证译文的准确性和专业性。翻译者应参考相关领域的标准译法,以避免歧义和误解,同时确保译文在不同文化和法律环境中的有效性。对于审计报告中的术语,翻译者不仅要关注术语本身的翻译,还应考虑目标语言中这些术语的接受度和习惯用法,从而提高翻译的流畅度和适用性。

例如,"审计证据"(audit evidence)、"控制活动"(control activities)等审计术语在不同语言之间可能有不同的表达方式,翻译者需要确保这些术语的一致性,并根据具体上下文调整其翻译。对于具有法律效力和技术性要求的审计术语,翻译者要特别注意确保其在目标语言中的精准传递。审计报告中这些术语的使用通常与审计流程、评估标准和合规要求密切相关,任何翻译不当都可能导致信息的误解或歧义。因此,翻译者应通过对相关领域知识的深入理解,结合专业资源和标准,确保术语的一致性,并在必要时进行术语的注释或说明,以帮助目标读者准确理解审计报告的内容。

5. 翻译质量的评估

知识翻译理论认为,翻译质量不仅取决于语言的准确性,还取决于知识传递的有效性和可理解性。在审计英语翻译中,翻译的质量评估标准应考虑到目标受众对审计报告的需求,确保译文能够达到预期的功能和效果。例如,审计报告的翻译质量不仅取决于是否准确传递了源语言中的所有信息,还在于目标读者是否能理解和应用这些信息,特别是在不同文化背景下对财务、法律和审计术语的理解差异。在处理复杂的审计内容时,翻译者需要确保术语、数据和审计结论在翻译中得到清晰的呈现,避免任何可能导致理解偏差或混淆的表达。此外,翻译质量的评估还应考虑目标读者的专业水平,非专业读者可能需要更加简明的表达方式,而对于专业审计人员,则要求更高的技术性和准确性。通过综合考虑这些因素,翻译者能够确保翻译作品不仅符合语言标准,还能有效地传递审计报告的核心信息和价值。

6. 适应目标文化的表达方式

知识翻译理论要求翻译者根据目标文化对知识进行适应。在审计翻译中,翻译者不仅要确保信息的准确传递,还需要调整某些表达方式,使其更加符合目标文化的接受方式。例如,不同地区的审计标准和法律体系不同,翻译时可能需要对某些专业术语进行本地化处理,以便使目标读者能够更好地理解。例如,在某些国家,审计报告中的"控制环境"(control environment)可能需要根据当地的合规性和审计标准进行调整,以符合目标语言文化和法律环境的具体要求。不同地区的法律体系可能影响审计报告中某些术语的翻译方式,因此翻译者需要深入了解目标文化中的相关法律法规,确保翻译不仅在语言上准确,还能在文化和法律背景下被正确解读。这种本地化处理不仅限于术语,还可能包括对报告结构、格式甚至表述方式的调整,使其更加适应目标文化的表达习惯和理解框架。

7. 信息结构的重组与优化

审计报告通常具有严格的结构,翻译者在进行翻译时,需要注意源语言信息的结构是否适应目标语言的表达方式。根据知识翻译理论,翻译者应根据目标受众的需求,合理调整信息的传递顺序,确保目标语言的流畅性和易读性。在审计报告中,信息往往是通过层次分明、逻辑清晰的方式传达的。因此,翻译者需要仔细分析源语言的结构和顺序,确保翻译后的内容不仅符合目标语言的语法和表达习惯,还能够有效传达原文中的专业信息。例如,某些复杂的审计术语或表达方式可能需要通过改写或添加解释性语言来帮助目标受众更好地理解,从而避免信息传递中的歧义或误解。

知识翻译理论为审计英语翻译提供了一种更为深刻的视角,强调翻译过程不仅仅是语言层面的转换,更是专业知识和文化的有效传递与再创造。在审计英语翻译中,翻译者不仅需要精通语言,还必须具备深厚的审计领域知识,并能够根据目标语言文化进行适当的调整。由于审计报告涉及大量的专业术语、行业规定以及法律要求,翻译者必须精准地理解这些术语的实际含义,并能够根据目标语言文化的特点进行适当的语言调整。这种调整不仅体现在语言表层,更应包括对审计理念、程序和文化差异的深入理解,以确保翻译的准确性与规范性。在知识翻译理论的指导下,审计报告的翻译能够更加精准、规范,并且更好地满足目标受众的需求。这不仅增强了信息的可理解性,也提升了跨文化交流的有效性。

四 审计英语翻译中的难点

审计英语作为一种专业领域的语言,具有高度的精确性、规范性和复杂的语法结构,这使得它在翻译过程中常常面临诸多挑战。审计英语的语言特点包括丰富的专业术语、严格的语法要求以及高度正式和客观的表达方式,这些都要求译者不仅具备扎实的语言基础,还需对审计领域的专业知识有深刻的理解。审计报告中的每个术语、表达和结论都有其特定的法律和财务含义。因此,审计英语的翻译不仅仅是语言转换的过程,更是对原文专业内容的准确再现。对于译者来说,翻译时不仅要忠实于原文的字面含义,还要确保译文在目标语言中的准确性、流畅性和法律合规性。审计英语的翻译难度在于,它不仅涉及语言本身的转换,更涉及对审计领域特定概念和术语的深刻理解,并在此基础上进行有效的再现。这要求译者具有跨学科的知识背景,并能理解原文中涉及的财务、法律及审计实践的细节,从而确保译文能够精准反映审计报告的核心内容和意图。通过对这些翻译难点的深入探讨和解决思路的总结,审计英语翻译的质量将得到有效提升,不仅能够确保信息传递的精确性,还能为国际审计合作提供更加可靠的语言支持。以下将深入探讨翻译审计英语时常遇到的主要难点,并提供一些解决思路和方法。

(一)专业术语的准确翻译

审计是一个高度专业化的领域,涉及许多特定的术语和表达方式,这些术语不仅有其法律和技术背景,还需要根据不同国家的法律体系和审计标准来理解和翻译。审计报告中所使用的术语大多具有明确的法律和财务含义。因此,翻译时需要特别关注这些术语的准确性和适应性,以避免出现误解或偏差。

例子:

• audit opinion:审计意见。指审计师对公司财务报告的专业意见。审计意见分为几类,如无保留意见、保留意见、否定意见和无法表示意见。翻译时需要确保其法律和会计含义得到准确传达,特别是在不同的法律体系和审计标准下,审计意见的表达方式可能有所不同,译者应根据目标语言的审计习惯选择合适的术语。

• internal control:内部控制。指公司为确保财务报告的可靠性、防止舞弊、确保资产安全和合规性等方面设立的一系列控制机制。这个术语的翻译不仅要准确传达其定义,还需要考虑到不同国家对内部控制的法律框架和规范。例如,在美国,内部控制的概念通常与萨班斯法案(SOX)相关联,而在其他国家则可能有不同的法律要求,因此在翻译时,译者需要根据目标语言的审计标准来调整翻译。

• fraud risk:舞弊风险。指由于管理层或员工故意舞弊而导致财务报表不准确的风险。翻译时要特别注意法律背景下的舞弊定义和其可能涉及的法律责任,确保术语在目标语言中的法律含义得到正确传达。

这些术语的准确翻译不仅依赖于译者的语言能力,还需要其深入理解审计的具体内容和相关的法律、财务背景。由于各国审计标准和法律体系的不同,译者必须具备相关领域的专业知识,才能确保翻译的审计报告在目标语言中的法律效力和准确性。

(二)会计准则和审计标准的差异

不同国家和地区的会计准则(如国际财务报告准则和美国公认会计准则)存在差异,而审计师的职责、审计方法和报告标准也各有不同。因此,在翻译审计报告时,译者需要根据具体的准则和标准进行调整,确保翻译既符合目标语言的审计惯例,又能传达原文中的精确含义。

例子：

• materiality：重要性。在国际审计标准下，这一概念指的是财务报表中可能对使用者决策产生影响的误差或遗漏的程度。在不同的审计环境中，重要性的评估标准可能会有所不同。例如，在中国的审计中，审计人员可能更加强调"重要性"这一术语的应用，而在国际审计中，则可能侧重于如何确定这些误差或遗漏是否会影响报表使用者的经济决策。翻译时，需要根据目标语言的审计规范来调整对"materiality"的理解，确保译文既能传达出其核心含义，又符合目标国家的审计惯例。

• going concern：持续经营。这个术语在不同国家的审计报告中有不同的含义。在国际财务报告准则（IFRS）下，"going concern"主要指公司有能力在可预见的未来继续运营下去，而不需要进行重组或清算。在美国公认会计准则（GAAP）下，这一概念的内涵也类似，但在审计过程中，审计师可能会更多强调公司是否面临经营困境。翻译时，英语中的"going concern"可能需要根据目标语言的习惯用语进行调整。例如，在中文中，可能需要用"持续经营能力"来表述，以更准确地传达审计师对公司未来经营能力的评估。

• deferred tax：递延税项。这个术语在不同国家的审计报告中有不同的处理方式。在 IFRS 下，递延税项的确认和计量有着严格的规定，特别是在税收负担的处理上。而在 GAAP 下，递延税项的处理方式可能更加复杂，特别是在税率变化和税务规划的背景下，递延税项的估算可能会有所不同。翻译时，需特别注意不同准则下对"deferred tax"的处理方式，以确保译文符合目标国家的审计和会计实践。

这些翻译不仅要求译者具备良好的语言能力，还需要其深入了解各国不同的审计准则和会计规则。译者必须能够准确理解术语在不同准则下的具体含义，并根据目标语言的审计惯例进行相应调整，以确保翻译后的报告在法律和会计层面上具有一致性和有效性。

（三）法律语言和审计语言的交叉

审计报告往往具有法律效力。因此，翻译时需要特别注意处理法律语言与审计语言之间的关系。这种关系不仅体现在审计报告的术语和表达上，还涉及如何准确传递审计结果、判断及其法律后果。审计报告常常需要判断客户是否遵守了相关法律和法规，以及其财务状况是否符合合法性要求。由于审计报告的法律效力，译者必须确保在翻译过程中准确表达这些判断，避免产生任何法律上的歧义。

例子：

• non-compliance with laws and regulations：不遵守法律和法规。这个术语通常用于表述客户在某些行为中没有遵循相关法律和法规。然而，在某些特定的法律语境下，翻译时可能需要更精确的表述，特别是在涉及具体违法行为时。例如，如果审计报告涉及某个具体的违法行为或行政处罚，可能更适合翻译为"未能遵守法律规定"或"违反法律法规"。这种翻译方式能够更准确地反映出审计报告中对具体违法行为的指控,从而增加法律表述的严谨性和准确性。

• legal and regulatory compliance:法律与监管合规性。在审计报告中,审计师常常需要评估公司是否遵守了所有相关的法律、监管规定和标准。这一术语通常翻译为"法律与监管合规性",但在某些情况下,若上下文涉及具体法规或法律条文,可能需要更为具体的翻译,如"遵守相关法律法规"。译者需要根据审计报告的具体内容进行适当调整,以确保翻译的准确性和法律效力。

• legal status:法律地位。在一些审计报告中,审计师可能需要对公司的法律地位进行判断,尤其是当公司涉及破产、合并、收购等法律事务时。翻译时,必须确保"legal status"准确传达公司在法律上的状态,可能的翻译有"法律身份"或"法律状态",具体取决于上下文和目标语言的法律用语。

这些翻译不仅要求译者具备专业的审计和法律知识,还需要理解不同国家和地区的法律体系和审计标准。因为审计报告的内容可能会对法律责任产生直接影响,翻译的准确性尤为重要。译者在翻译过程中需要根据具体的法律和审计背景,调整术语的翻译,以确保报告内容在目标语言中的法律效力和公正性。

(四) 动词时态的选择

审计报告中常常使用不同的时态来描述过去、现在和未来的情况,翻译时需要特别注意时态的准确转换。不同的时态能够准确地表达审计工作、审计结果以及未来可能采取的行动。尤其在描述审计师的工作范围、审计结果和对财务报表的评价时,时态的转换必须符合目标语言的语法和语境要求。

例子:

• We have examined the financial statements. :我们已经审计了财务报表。在这句话中,使用了现在完成时"have examined",表示审计工作在过去完成,但与现在仍然有联系,通常是因为审计结论仍然有效。根据中文的语法习惯,翻译时可以使用"已经"来表示这个时间的延续性,这样能够准确地传达出原文中的含义,尤其是表明审计工作已经完成,并且这一结果与当前的审计结论依然相关。

• The financial statements are presented fairly. :财务报表被公平地呈现。这个句子使用了现在时和被动语态,表示的是一个事实或恒常的状态。在审计报告中,这样的表达通常指财务报表是否公正地反映了公司的财务状况。翻译时,在中文中可以根据语境调整为"财务报表公允地反映了",这样更符合中文的审计报告常用表达方式,既保持了客观性,又更清晰地表达了财务报表所呈现的公允性。

• We will conduct further investigations. :我们将进行进一步调查。这里使用了将来时"will conduct",表明这是未来将要进行的审计工作。翻译时需要注意,中文中没有将来时的专门词形,因此可以使用"将"来表示未来的行动,从而清晰表达审计计划或行动的时间性。

在审计报告的翻译过程中,准确地转换时态不仅有助于清晰表达审计工作的时间性,还能确保译文的逻辑性和流畅性。由于审计报告的时效性较强,时态的使用往往能够对报告的有效性、结论和建议的时限性产生直接影响,因此在翻译时需要特别注意与目标语言的语法和习惯的匹配,确保其在法律和审计的语境中具有准确的意义。

(五) 文化差异的处理

在审计过程中,不同国家和地区的文化差异可能会对审计实践和报告产生重要影响,尤其是在涉及商业习惯、法律规定或道德标准时。在翻译时需要特别注意这些文化差异,确保翻译既能传达准确的审计内容,又能符合目标语言的法律、会计环境以及文化惯例。

例子:

• management representations:管理层声明或保证。在审计中,"management representations"通常指管理层对财务报告和其他重要信息的声明或保证。根据不同国家和地区的法律和会计环境,这一术语的翻译可能会有所不同。例如,在某些地区,翻译时可能使用"管理层确认"或"管理层声明",特别是在强调管理层对信息真实性和完整性的责任时。在某些法律体系中,管理层的声明可能具有法律效力,因此翻译时应当注意这一点,以确保翻译能够反映出其法律后果和责任。在中国,可能更加倾向于使用"管理层确认"来表述,突出管理层的责任和义务;而在美国或英国,可能更常用"管理层声明"来强调正式和法律性。

• auditor's independence:审计师的独立性。在不同国家和地区,对审计师独立性的理解和规定可能有所不同。某些国家和地区可能会特别强调审计师的独立性与客观性,并在审计报告中明示审计师与客户的关系,以确保审计的公正性。在这些国家和地区的翻译中,通常会强调审计师"无利益冲突"或"无关联利益"。而在其他国家和地区,可能更侧重于审计师与客户之间不存在直接经济利益关系。在翻译时,可以使用"审计师独立性"或"审计师没有利益关联"等表述。要根据目标国家的审计规范和文化差异,调整术语和表达方式,以确保审计报告的准确性和合法性。

• related party transactions:关联方交易。关联方交易在不同国家的定义和监管要求可能有所不同。在某些国家,关联方交易必须公开披露,并且受到严格审查,而在其他国家,可能对此没有强制性要求。在翻译时,可以使用"关联方交易"或"关联方往来",根据目标语言国家的法律规定和审计要求来调整翻译。这不仅有助于确保审计报告的准确性,也能确保其符合当地的审计和法律环境。

总的来说,审计翻译时需要密切关注不同国家和地区在文化、法律和审计标准上的差异。译者需要结合目标语言的语境和审计环境进行适当的调整,确保翻译后的报告能够准确传达原文的审计信息,同时符合目标国家的法律要求和文化习惯。通过这种文化调整,能够确保审计报告在不同国家和地区具有合法性、准确性和公正性。

(六) 缩写和简称的处理

在审计这一专业性极强的领域中,充斥着大量形形色色的缩写和简称,而在将其翻译为其他语言时,如何确保读者能够精准理解便成了关键所在。以审计报告为例,其中诸多专业术语往往都具备固定的缩写形式,这些缩写在中文语境或者其他目标语言里,时常难以找到直接对应的、一目了然的对等翻译。

例子:

• GAAP (Generally Accepted Accounting Principles):一般情况下,我们将其译为"公认会计准则"。然而,鉴于不同地区、不同业务场景下该原则的适用细节存在差异,在特定情形下,为避免读者误解,便有必要进一步阐释其具体的适用范围,让读者清晰知晓这一原则在何种情况下有效,如何发挥作用。在某些情况下,译者甚至需要补充说明该准则与其他国家或地区的会计准则的差异,以便读者更全面地理解这一术语。

• IFRS (International Financial Reporting Standards):通常直译为"国际财务报告准则",可仅仅这样简单的翻译,对于一些非专业出身或者初次接触该领域的读者而言,或许依旧一头雾水。所以在翻译时,译者必须结合上下文以及受众的知识背景,审慎考虑是否需要追加解释,比如简要说明该准则的制定背景、涵盖的主要领域以及在全球范围内的影响力等,以便读者能全方位、深层次地理解其内涵。此外,有时还需要根据读者的文化背景调整表达方式,避免使用过于专业或难以理解的术语,使其更易于接受。

这充分表明,审计领域缩写与简称的翻译绝非简单的文字转换,而是需要译者充分考量多方面因素,运用恰当的翻译策略,搭起专业知识与读者理解之间的桥梁,让审计信息得以在不同语言文化间畅通无阻地传递。在实际翻译中,译者应关注审计报告的目标读者,结合他们的背景知识与理解能力,决定是否需要进一步阐释某些术语,以确保信息准确无误且易于理解。

(七) 句式的复杂性

在审计领域,审计报告通常是高度正式、专业且法律效力强的文书。为了确保内容的权威性和准确性,审计报告常常使用长句、被动语态以及复杂的句式结构。这种写作方式不仅增强了报告的客观性和精确性,也使其符合法律和行业的标准,确保信息的清晰传达。然而,当这些审计报告需要翻译时,译者面临的挑战就变得尤为突出。译者需要在翻译过程中巧妙处理复杂的句式和被动结构,既要保留原文的法律严谨性和专业准确性,又要使目标语言的读者能够轻松理解。中文的句式结构通常较为简洁,语序也更为灵活,而长句的翻译可能会导致信息传达不清或语法不流畅。因此,翻译时往往需要调整句子的结构,使其既符合中文的表达习惯,又不失原文的专业性和法律严谨性。

例子:

• "The auditors have concluded that, based on the evidence obtained, the financial statements give a true and fair view. "。如果直接翻译为"审计师已经得出结论,基于所获得的证据,财务报表给出了真实和公允的视图",就显得过于生硬,且没有体现中文表达的流畅性。更合适的翻译是:审计师根据所获得的证据得出结论,认为财务报表公允地反映了公司的财务状况。这种翻译不仅符合中文的语法结构,还确保了原文的法律和专业性,避免了直译可能带来的误解。

在处理类似的翻译任务时,译者除了要注意语言的通顺易懂,还要确保准确传达原文中的专业术语和法律术语,同时考虑到目标语言文化背景的差异,以确保最终译文既有专业性,又具备可读性。

(八) 审计报告类型的翻译

在审计领域,不同类型的审计报告所表达的含义和审计师的立场具有重要的法律和财务意义,因此在翻译时必须准确传达其背后的专业意图。这些报告类型主要包括无保留意见、保留意见、否定意见和无法表示意见,每种意见类型都有其特定的含义和适用情境。准确翻译这些审计意见类型,不仅要求译者对审计领域的术语和概念有深刻理解,还需确保译文能够反映审计师对财务报表的真实评价和立场。

例子:

• unqualified opinion:无保留意见,意味着审计师认为财务报表在所有重大方面都公正、真实地反映了公司的财务状况,符合相关的会计准则和法律要求。在翻译时,需要特别注意传达出审计师对财务报表的完全认可和没有任何保留的意见。例如,"The auditors have issued an unqualified opinion on the financial statements. "可以翻译为:审计师对财务报表出具了无保留意见,认为其在所有重大方面都公正地反映了公司的财务状况。

• qualified opinion:保留意见,意味着审计师认为财务报表在某些方面存在问题,可能是由于会计处理或披露不符合相关标准,或者审计工作中存在某些局限性,但审计师认为在总体上财务报表仍然是可靠的。在翻译时,译者需确保译文表达出审计师对财务报表的部分认可,并明确指出有些方面存在问题。例如,"The auditors have issued a qualified opinion on the financial statements due to limited scope of audit. "可以翻译为:由于审计范围的限制,审计师对财务报表出具了保留意见。

总的来说,审计报告中的这些不同意见类型各自有着重要的法律和财务意义,译者在翻译时需要精确传达审计师的立场,并避免误解或遗漏,以确保译文符合目标语言的专业标准和表达习惯。

(九) 财务数据的翻译

在审计报告中,涉及的财务数据,如利润表、资产负债表、现金流量表等,通常会受到不同国家或地区会计准则和会计习惯的影响。因此,在进行翻译时,译者不仅需要确保翻译准确传达原文的含义,还需要考虑到目标语言的会计惯例、财务条目的表述方式以及当地的审计标准。特别是当涉及金额、汇率和财务条目时,翻译可能需要根据具体情况进行调整,以确保译文既符合会计习惯,又能让目标语言的读者准确理解相关财务信息。

例子:

• balance sheet:资产负债表。它是审计报告中常见的财务报表之一,几乎在所有国家和地区都存在相应的会计报表形式。在中国及其他中文地区,"资产负债表"是标准的翻译。然而,尽管这一术语在中文地区较为统一,不同国家的会计习惯中,资产负债表的结构和编制方法可能有所不同。例如,在某些国家,资产负债表可能更注重资产的流动性或负债的偿还期限,而在其他地区,则可能会采用不同的科目分类或披露要求。因此,在翻译时,译者不仅要确保翻译的准确性,还应了解目标国家或地区的会计准则,以便妥善处理可能存在的差异。

• cash flow statement:现金流量表。主要用于反映企业在一定时期内现金及现金等价物的流入和流出情况,也是审计报告中的重要组成部分。虽然"现金流量表"是标准翻译,但在不同地区可能会有一些差异。例如,在某些地区可能会使用"资金流量表"或"现金流量表报告"来表述这一财务报表。此外,不同国家的会计准则对于现金流量表的编制也可能有所不同,尤其是在现金流的分类(经营活动、投资活动、筹资活动)或现金流量的计算方法上。因此,译者需要依据目标地区的审计标准和会计惯例来决定最适合的表述方式。

• profit and loss statement/income statement:损益表。在翻译时,虽然"损益表"是最常见的中文表述,但不同地区的会计标准可能对损益表的编制有不同要求,尤其是在收入确认、费用列示等方面。某些地区的财务报告可能会使用"收入表"或"盈利表"等不同的表述方式。

审计英语翻译的难点主要体现在专业术语的精准传达、文化差异的考量、法律语言的处理以及时态和句式结构的调整。翻译者不仅需要具备良好的语言能力,还需要深入理解审计领域的知识和各国的审计实践。首先,审计英语中包含大量的专业术语,这些术语不仅在语言上有所区别,而且在不同国家和地区的审计标准下,可能有不同的含义和使用方式。因此,翻译者需要对这些专业术语有清晰的认识,并根据目标语言的背景和目标读者的需求,精确传达每个术语的含义和用法。审计英语翻译不仅要求译者具备高超的语言能力,还需要具备扎实的审计知识和法律理解。翻译者需要在精准传达专业术语的同时,考虑到文化差异和法律语言的特殊性,灵活调整时态和句式,最终确保审计报告能够在目标语言中准确、清晰地反映出审计师的专业判断和法律责任。

第四节　审计英语翻译工作者应具备的条件

一、通晓原作的语言

　　审计翻译工作者需具备扎实的英语语言基础,熟练掌握英语的语法、词汇和语用规则,尤其是审计领域的专业词汇和术语。能够准确理解英语审计文本中的复杂句子结构、逻辑关系以及隐含含义,精准把握词汇在特定审计语境中的语义,确保翻译的准确性和专业性。例如,对于"material weakness in internal control"这一短语,译者需准确理解其含义为"内部控制的重大缺陷",而不能望文生义地进行错误翻译。审计翻译中许多术语都具有特定的法律和财务意义,这就要求翻译者不仅需要具备基本的语言能力,还需对审计领域的相关知识有深入理解。这样才能在翻译过程中准确传达原文的意图,避免因不熟悉审计术语而出现误解。

　　同时,翻译者还要熟悉英语的语言习惯和表达方式,使译文符合英语的语言规范,避免出现中式英语的痕迹。例如,英语中常用被动语态来表示客观事实和避免主观判断,而中文在表达时则可能偏好使用主动语态。翻译者需在这些语言习惯差异之间找到平衡,确保译文既自然流畅,又能忠实传达审计报告中的法律和专业内容。此外,审计翻译还涉及复杂的句子结构和逻辑关系,英语中的长句和复杂从句常常被用来确保信息的精确表达。翻译者必须具备良好的分析能力,准确理解和拆解句子中的各个层次,确保译文逻辑清晰、条理分明。在翻译过程中,还需要避免过度简化或随意修改原文句式,以免损失原文中的法律严谨性或专业信息。

　　总之,高质量的审计翻译,不仅依赖翻译者的语言能力,更需要翻译者深入理解审计领域的专业知识和行业惯例。翻译者应在语言和专业知识的双重基础上,确保翻译结果准确、自然,同时符合目标语言的文化和表达习惯,从而为审计报告的跨语言传递提供有效支持。

二、要有一定的汉语素养

　　扎实的汉语功底是审计英语翻译的基石。译者须具备深厚的汉语词汇储备、精准的语法运用能力以及出色的文字表达能力,以确保译文准确、流畅,符合汉语表达习惯。只有具备扎实的语言基础,译者才能在复杂的审计英语文本中准确捕捉原文的精髓,避免词不达意或误解。在词汇方面,能够精准辨析近义词的细微差异至关重要。例如,"审核"与"审查"这对词汇,在审计语境中有所不同。具体而言,"审核"更侧重于对数据、账目等的细致核对,确保其准确性和完整性;而"审查"则更强调对事务的全面检查,包括合法性、合规性等多维度的考量。因此,在翻译过程中,译者需要根据原文的具体语境和含义,选择最合适的词汇进行传达,避免因近义词误用而导致的语义偏差。此外,译者还需注意审计领域术语的规范性和准确性,确保翻译结果不仅符合语言习惯,还能准确传递法律和财务信息的专业性。

在语法运用上,熟练掌握汉语的各种句型结构和语法规则,准确处理句子的主谓宾定状补等成分,使译文的句子结构清晰、逻辑连贯,是高质量审计英语翻译的关键。例如,在翻译含有多层修饰成分的英语句子时,译者应能够合理安排汉语的修饰语位置,使译文符合汉语的语法习惯,避免出现语序混乱的情况。特别是在审计英语中,句子结构往往较为复杂,包含大量的定语从句、状语从句以及多重修饰,译者必须根据上下文的语境,灵活调整句子的结构,使之既符合汉语表达习惯,又能保留原文的精确含义。同时,具备良好的文字表达能力,能够运用恰当的修辞手法和表达方式,使译文在准确传达原文信息的基础上,更加通顺、自然、富有文采,增强译文的可读性和吸引力。尤其是在处理审计报告或其他法律财务类文本时,译文的流畅性和可读性尤为重要,它能够帮助读者轻松理解译文内容,避免因语言的僵硬或不清晰而产生误解或困惑。因此,良好的文字表达能力不仅是语言能力的体现,更是实现审计信息在不同语言之间有效传递的必要条件。通过这些语言技巧,译者为审计英语翻译的质量提供了坚实的保障,满足审计行业对专业、准确、清晰翻译文本的需求,并为促进全球审计沟通与合作做出贡献。

三、 要有一定的审计专业知识

审计英语翻译工作者应具备扎实的审计专业知识,深入理解审计的概念、原则、方法以及审计流程中的各个环节,以便准确翻译审计英语文本中的专业内容。仅仅掌握语言技巧是不够的,译者还需了解审计的实际操作流程,掌握相关的审计标准和规范,这样才能在翻译过程中避免因理解不准确而导致的误译或漏译。例如,对于审计报告中的关键术语,如"material misstatement"(重大错报),译者需要清楚地知道其在审计准则中的定义和内涵,即财务报表中的错误或遗漏,其程度足以影响使用者的经济决策,从而准确地将其译为"重大错报",而不是简单地按照字面意思译为"实质性错误陈述",避免因专业知识不足而导致的翻译错误。这种专业性知识不仅体现在术语的精准翻译上,还体现在对审计报告中复杂分析的理解与转述上,确保翻译后的文本能够真实反映原文的意思,且符合相关审计准则。

在翻译审计法规条文时,译者需要运用专业知识,准确把握条文的逻辑关系,并通过合理的连接词和标点符号在译文中清晰地呈现出来。对于审计法规来说,条文的法律性和规范性要求译者不仅要理解语言的表层含义,还要准确捕捉其深层的法律意图。例如,对于含有条件关系的条文"If the auditor discovers any significant deficiencies in the internal control system during the audit，he/she shall report them to the management in writing and propose corresponding improvement measures."（如果审计师在审计过程中发现内部控制系统存在任何重大缺陷，他/她应书面报告给管理层并提出相应的改进措施。），译者应准确理解其中的条件关系，使用"如果……就……"的句式进行翻译，使译文逻辑清晰，符合汉语的表达习惯，同时保持原文的法律条文严谨性，让读者能够准确理解法规条文的要求和意图。这样的翻译方式不仅能确保审计专业知识在翻译过程中得到准确、完整的传递，还能保障审计法规的严密性和权威性，为审计工作的顺利开展提供可靠的语言支持，维护审计文本的专业性和权威性。此外，译者还需注重翻译中各类技术性、法律性术语的规范使用，避免因翻译不当引起对审计结论或法律效力的误解。

四. 要有一定的跨学科能力

审计英语翻译的难度不仅仅来源于语言的复杂性，还在于其所涉及的领域知识。为了高质量地完成审计报告的翻译，译者需要具备一定的跨学科能力。审计报告涉及的知识领域主要包括审计与会计知识、法律知识、跨文化知识等，译者需要具备这些方面的知识储备，以确保翻译的准确性和专业性。

审计报告中包含大量的会计和审计领域的术语、规范和流程，译者需要具备一定的审计与会计知识，特别是对审计过程、财务报表及相关准则（如 IFRS、ISA）有基本的了解。译者需要能够准确解读报告中涉及的审计程序、审计结论、财务状况等内容，确保翻译后的文本与原文一致。

审计报告具有法律效力。因此，译者在翻译过程中需要对与审计相关的法律框架有一定的了解。不同国家和地区的审计法律、财务报告规则以及审计责任等法律背景，会直接影响审计报告的内容和表述方式。了解这些法律背景能够帮助译者做出正确的翻译决策，避免法律层面的误译。审计报告通常在不同国家和地区之间流通，译者需要具备一定的跨文化敏感性。不同文化背景下，审计报告的结构、语言风格及其表达的细节可能有所不同。译者需要能够识别并适应这些文化差异，确保翻译内容符合目标语言的读者习惯和文化期望。

审计报告的内容通常较为复杂，翻译者需要具备批判性思维，能够识别并分析报告中的潜在问题和逻辑关系。例如，审计报告中的审计意见表述可能涉及对财务报表的"无保留意见"或"保留意见"，译者需要在翻译时充分理解这些术语背后的法律和审计含义，确保翻译后的表达能够准确传递源语言中的深层信息。

审计英语翻译是一项极为复杂且充满重重挑战的艰巨任务。译者置身其中，单单拥有深厚扎实的语言功底远远不够，还必须在审计、会计、法律等多个学科领域深耕，构筑起广博的跨学科知识背景，如同搭建稳固的基石一般。唯有如此，方能在面对审计英语翻译时，游刃有余地施展拳脚。凭借合理精妙的翻译策略与娴熟高超的技巧，译者得以在确保译文语言精准无误的根基之上,披荆斩棘,成功跨越语言与专业知识的双重障碍,圆满完成审计报告的翻译重任,进而为跨国企业在国际市场的纵横驰骋提供精准可靠的信息支撑与优质贴心的服务保障。在这一漫长且艰辛的翻译进程中,译者所扮演的角色举足轻重,绝不仅仅是搭建语言沟通桥梁的工匠,更是肩负着文化调适重任的使者以及专业知识的解读者。一方面,要巧妙化解源语言与目标语言背后的文化差异,让译文与目标受众的文化语境无缝对接,实现文化适应;另一方面,精准解读审计专业知识,确保审计信息在跨语言传递过程中不发生丝毫偏差,原汁原味地抵达受众手中。特别是在全球化背景下,审计信息不仅要准确无误地传达,还需要适应不同文化环境中对审计的理解和实践差异。这无疑对译者提出了极高的要求,鞭策译者持续不断地砥砺奋进,全方位提升自身的专业知识储备,磨砺翻译技巧使其臻于化境,锤炼跨文化能力以从容应对文化碰撞。唯有如此,方能顺应全球化时代的浪潮,满足高质量审计英语翻译的迫切需求,为全球审计领域的蓬勃发展注入源源不断的动力。面对这一挑战,译者不仅要具备卓越的语言能力,还要有跨学科的视野和深刻的文化洞察力,才能在全球审计市场中为企业提供无缝对接的语言服务,推动国际合作与透明度的提升。

第二章

审计英语词汇特点及翻译

第一节　引　言

一　审计英语词汇研究的重要性

审计英语词汇研究的重要性在于它不仅有助于提高审计英语翻译的准确性和专业性，还对跨文化的审计实践、国际间的审计合作及全球审计标准的统一具有深远影响。随着全球化进程的加速，跨国公司的审计活动日益频繁，审计英语作为国际审计交流的主要语言，承担着至关重要的角色。因此，深入研究审计英语词汇对于确保审计报告、财务文档和法律文件的精准表达和合法合规至关重要。

首先，审计英语包含大量特定的专业术语，这些术语不仅涉及审计程序、会计准则和财务报告规则，还涉及法律责任和风险评估等领域。翻译和理解这些术语的准确性对于审计工作的质量至关重要。例如，"materiality"在审计中指的是信息的重大性，它在不同语言中可能有不同的翻译，而正确的翻译能够确保审计意见的准确传递。因此，审计英语词汇的研究有助于翻译者、审计师以及学者更好地理解这些术语的含义，并在不同的文化和语言环境中保持一致性。

其次，审计英语词汇研究还能够促进跨国审计活动的顺利进行。随着国际化审计需求的增加，审计报告需要被翻译成不同的语言供全球各地的投资者、监管机构及利益相关者使用。如果翻译不准确或不一致，将可能导致误解、法律纠纷甚至财务风险。因此，研究审计英语的词汇不仅有助于提升翻译的质量，还能确保审计信息在不同国家和地区的法律和会计体系中的有效传递。这对于提高跨国审计的透明度、准确性和合规性至关重要。

再次，审计英语词汇的研究有助于推动审计行业标准的国际化和统一化。审计行业内的词汇往往受到各国审计准则和会计准则的影响。因此，词汇的精准理解和使用对于跨国审计合作、全球审计准则的适用和统一至关重要。通过对审计英语词汇的深入研究，能够进一步推动不同国家和地区审计准则之间的协调与融合，促进国际审计标准的统一，为全球审计体系的健康发展提供理论支持和实践指导。

最后，随着数字化时代和信息技术的迅速发展，审计工作逐渐向更加精准和高效的方向转型，审计英语中的新兴术语和技术术语不断出现。审计英语词汇的研究不仅需要关注传统的财务会计术语，还需要对新兴的技术词汇进行持续的关注和研究，以便适应现代审计工作的需求。这对于审计师、翻译者以及相关学者来说，是确保审计活动高效、准确和符合时代要求的重要保障。

综上所述,审计英语词汇研究的重要性体现在多个方面:它不仅有助于提高翻译质量,促进跨文化审计交流,还能够推动审计行业标准的国际化和统一化,适应现代审计技术发展的需求。深入研究审计英语词汇对于确保审计信息的精确传递、提升审计质量、实现全球审计合作和促进审计行业的健康发展具有深远的现实意义和理论价值。

二、 审计英语词汇研究的背景和意义

审计英语词汇研究的背景和意义随着全球化和国际化进程的不断推进,审计行业的跨国合作和跨文化交流日益频繁,这为审计英语词汇的研究提出了迫切的需求。在这一背景下,审计英语词汇不仅仅是传统审计领域中的术语翻译问题,更涉及跨国审计标准的协调、法律合规的保证以及审计信息传递的准确性。审计报告作为专业文献,包含了大量涉及财务、会计、税务、法律等多个领域的术语。因此,对审计英语词汇的研究,不仅有助于提高翻译的质量,还能增强审计实践的规范性和一致性。

首先,审计英语词汇研究的背景与全球经济一体化和跨国审计活动的增加密切相关。随着全球化的发展,越来越多的公司和组织从区域性扩展到国际化,跨国审计业务和国际审计合作成为常态。在这种背景下,审计英语作为全球审计交流的主要语言,承担着重要的沟通桥梁作用。在审计报告、财务审计和税务咨询等过程中,语言的准确性、专业性和规范性尤为重要,因为任何一个术语的误用或误解都可能导致审计结论的错误,进而影响到公司的财务报告、投资者的决策,甚至监管机构的判断。因此,审计英语词汇的研究不仅要关注原语言和目标语言之间的对等关系,更要深入探讨审计词汇的具体含义和实际应用,以确保审计结果在不同语言环境下的准确传达。

其次,审计英语词汇的研究在审计行业标准和审计准则的国际化过程中发挥着重要作用。不同国家和地区的审计标准、财务报告规范和税务规定各不相同,但随着国际化的审计需求增大,全球审计标准的统一成为趋势。审计英语作为跨国审计合作的共同语言,其词汇的规范性和一致性直接影响到审计工作的透明度和公信力。研究审计英语词汇不仅有助于促进不同国家和地区审计准则之间的协调,还能够为国际审计标准的制定和执行提供理论支持。例如,国际审计准则(ISA)和美国公认审计准则(GAAS)之间虽然存在一定差异,但对于核心审计术语的使用仍然有很高的一致性,这为审计词汇的研究和标准化提供了框架。因此,审计英语词汇的研究有助于推动全球审计行业标准化的进程,提高审计报告和审计结论的国际适用性和公信力。

再次,审计英语词汇研究的意义还体现在对审计信息的准确传递和合法合规性的保障上。审计报告往往承载着巨大的法律责任和经济影响,审计师通过审计报告向投资者、监管机构和公众传递审计结果和财务状况。这些报告和文件中使用的每一个术语、表达和符号都可能影响到审计的公信力和法律效力。例如,审计报告中的"true and fair view"是指审计师对公司财务状况的真实和公正的评价,翻译时若没有准确理解和翻译这一术语的法律意义,可能会导致法律责任的争议和风险。因此,审计英语词汇的研究不仅帮助翻译者和审计师理解和应用这些术语,也确保了审计报告在全球范围内的一致性和可接受性,避免了因语言差异而导致的法律风险。

最后,审计英语词汇研究的意义还体现在促进翻译准确性的提升。审计英语的翻译不仅是语言的转换,更是专业知识的传递。翻译者在处理审计报告、财务报表和审计意见等文本时,需要深入理解相关的审计流程、准则和法规,以确保翻译准确而不失其原意。审计英语词汇的研究有助于翻译者建立扎实的术语库,提高翻译效率和准确性,同时减少因术语不明确或翻译不当导致的误解和错误。随着审计行业的发展和新兴审计领域的出现,审计英语词汇的不断扩展和更新要求翻译者持续学习和掌握新的专业术语,以适应行业变化和翻译需求。

综上所述,审计英语词汇研究的背景和意义体现在多个方面:它不仅有助于提升审计翻译的质量,促进跨国审计合作和审计标准的国际化,还能保障审计报告的法律合规性、信息准确性和公信力。随着全球审计业务的扩展和审计领域不断发展的变化,审计英语词汇的研究将继续发挥着重要作用,为全球审计行业的健康发展提供理论支持和实践指导。

三　本章研究的目的与方法

审计英语词汇研究的目的与方法主要集中在提高审计翻译的准确性、规范性和专业性,以确保跨文化和跨语言的审计信息传递无误。在全球化日益加深的背景下,审计英语作为国际审计交流的主要语言,承担着重要的沟通职能。为了适应不同语言和文化背景下的审计工作,深入研究审计英语词汇具有重要意义。其核心目的在于推动审计语言的标准化,优化翻译流程,并提高审计报告、财务文档等专业文本的翻译质量,以确保审计信息的正确传达和法律合规性。

首先,研究审计英语词汇的目的是提高翻译的准确性和专业性。审计英语中包含大量涉及会计、法律、税务等专业领域的术语。由于不同语言在文化背景、语言结构等方面存在差异,这些术语在翻译过程中极易出现不一致的情况,甚至引发误解。通过对审计英语词汇的研究,可以建立起一个术语库,使翻译者在处理审计文本时能够准确选择合适的术语,避免因词汇不当或理解偏差而导致的信息失真或翻译错误。例如,审计报告中的"materiality"在不同语言中的翻译可能不同,理解其准确含义并选择恰当的翻译对于确保审计结果的合法性和公信力至关重要。

其次,审计英语词汇研究有助于推动审计行业术语的标准化。在全球审计业务日益增长的背景下,不同国家和地区的审计准则、财务报告规范和税务规定存在差异,然而一些核心审计术语和概念具有较强的共性。通过研究审计英语词汇,可以推动国际审计标准的统一和审计术语的标准化。例如,国际审计准则(ISA)中涉及的许多审计术语,在不同语言和文化中需要找到等值的表达方式,以便全球审计从业人员在跨国审计工作中能够更好地协作与沟通。

在研究方法上,审计英语词汇的研究通常采用定性分析和定量分析相结合的方式。定性分析侧重于审计英语词汇的含义解析、语境分析及其在不同语言中的应用差异,帮助翻译者深入理解审计术语的内涵。定量分析则侧重于通过语料库的构建和统计分析,研究审计英语词汇在实际文本中的使用频率和模式。这种方法可以帮助研究者发现词汇使用中的规律性,并在翻译过程中加以应用。此外,还可以通过比较法,分析审计英语词汇在不同语言文化中的差异与适应,尤其是在法律背景下对一些审计术语的翻译进行详细探讨,确保翻译结果符合目标语言的法律要求和行业标准。

语料库分析是另一种重要的研究方法。通过建立审计英语语料库,研究者可以分析大量审计报告、财务报表、税务文件等文本中的常用术语和表达方式。通过语料库的分析,研究者能够揭示术语在不同审计文献中的用法和变化,从而为审计英语翻译提供实践参考和理论依据。此外,跨文化对比分析也是一种有效的研究方法,通过比较不同语言和文化背景下的审计词汇使用差异,研究者可以更好地理解如何在翻译中处理文化差异,避免因文化偏差而导致的误译。

审计英语词汇研究的核心目的是提高翻译准确性、推动审计术语标准化、促进跨文化审计合作,并确保审计信息的传递无误。通过采用定性与定量相结合的分析方法、语料库研究以及跨文化对比分析等方法,审计英语词汇研究能够为审计翻译提供理论支持,并为审计行业的国际化和全球标准化发展贡献力量。审计英语词汇的研究方法种类繁多,涵盖了语料库分析、语义场分析、对比分析、案例研究、专家访谈、翻译批评等多种研究手段。这些方法并非相互独立,而是可以相互补充,形成一个多维度、多层次的研究框架,为审计英语翻译中的难点提供理论支持和实践指导。在实际应用中,研究者可以根据具体的研究目标、研究问题和翻译需求,灵活选择合适的研究方法,深入探讨审计英语词汇在翻译中的具体问题,从而解决翻译中的难点,优化翻译效果,提高审计报告的质量和准确性。

这些研究方法在审计英语翻译研究中具有重要的应用价值。每种方法都有其独特的优势和侧重点,研究者可以根据研究的具体需求和问题,选择最合适的方法进行分析。在实际应用中,这些方法不仅能够深入探讨审计英语词汇在翻译过程中的挑战,还能够帮助翻译者在解决翻译难点时,保持翻译的专业性、准确性和文化适应性,最终提升审计报告翻译的质量和效果。因此,综合运用这些方法为审计英语翻译研究提供了全面的理论支持和实践指导。

第二节　审计英语词汇特点分析

一、专业术语的高频使用

专业术语的高频使用是审计英语的显著特点。审计工作本身具有高度专业性,涉及会计、财务、税务、法律等多个领域。审计报告、审计程序以及财务报表中的大多数表达都依赖精确的专业术语。这些术语不仅体现了审计行业的技术性和规范性,而且在不同语言和文化背景中,对它们的正确理解与翻译也至关重要。

(一) 定义性术语

审计英语中的定义性术语是指那些具有明确、固定的专业含义的术语。这些术语通常在审计理论、审计实践和审计报告中被广泛使用,它们对理解审计工作和审计报告至关重要。准确理解这些定义性术语,能帮助翻译人员在审计报告翻译过程中做到精准无误。以下是一些常见的审计英语定义性术语及其解释。

Audit Opinion (审计意见)

• 定义:审计意见是审计师对被审计单位的财务报表是否公正、准确、合规的专业判断。审计意见通常分为无保留意见、保留意见、否定意见和无法表示意见。

• 例句:The audit opinion states whether the financial statements are presented fairly in accordance with accounting principles. (审计意见表明财务报表是否按照会计准则公正地反映。)

Audit Report (审计报告)

• 定义:审计报告是审计师对审计过程、审计发现及审计意见的正式书面说明。报告中包含了审计的范围、方法、结论及审计师的意见。

• 例句:The audit report includes the auditor's opinion on the financial statements and other relevant disclosures. (审计报告包括审计师对财务报表及其他相关披露的意见。)

Audit Evidence (审计证据)

• 定义:审计证据是审计师在审计过程中收集的所有信息,用于验证财务报表的准确性和公正性。这些证据可能包括文件、记录、访谈和实地考察等。

• 例句:The auditor gathered sufficient audit evidence to form an opinion on the financial statements. (审计师收集了足够的审计证据,以对财务报表发表意见。)

Audit Risk（审计风险）

• 定义：审计风险是指审计过程中审计师未能发现财务报表中的重大错报的风险。审计风险由固有风险、控制风险和检测风险组成。

• 例句：The auditor assesses audit risk to determine the nature, timing, and extent of audit procedures.（审计师评估审计风险，以确定审计程序的性质、时间和范围。）

Internal Control（内部控制）

• 定义：内部控制是组织在其运营过程中，为确保财务报告的准确性和防止舞弊行为而采取的各类措施和程序。

• 例句：Effective internal controls help mitigate the risk of fraud and misstatements in financial statements.（有效的内部控制有助于降低财务报表中的欺诈和错报风险。）

Misstatement（错报）

• 定义：错报是指财务报表中存在的错误或遗漏，可能是由于欺诈、错误或未能遵守会计准则。

• 例句：The auditor identified a material misstatement in the company's revenue recognition.（审计师在公司收入确认中发现了重大错报。）

Qualified Opinion（保留意见）

• 定义：保留意见是审计师在审计报告中所发表的意见，表示虽然存在一些问题，但这些问题不足以影响财务报表的整体公正性。保留意见通常与审计证据的局限性或被审计单位的某些特定事项有关。

• 例句：The auditor issued a qualified opinion due to a limitation in the scope of the audit.（由于审计范围受限，审计师发布了保留意见。）

Unqualified Opinion（无保留意见）

• 定义：无保留意见是审计师对财务报表的审计意见，表示财务报表在所有重大方面都公正地反映了公司的财务状况，并符合会计准则。

• 例句：The auditor issued an unqualified opinion, indicating that the financial statements were fairly presented.（审计师发布了无保留意见，表明财务报表公正地呈现了公司情况。）

Substantive Procedures（实质性程序）

• 定义：实质性程序是审计过程中为了验证财务报表的准确性和完整性，审计师所采取的具体测试或检查程序。实质性程序通常包括对交易、账户余额和披露内容的检查。

• 例句：Substantive procedures are used to obtain evidence regarding the completeness and accuracy of financial statements.（实质性程序用于获取关于财务报表完整性和准确性的证据。）

审计英语词汇特点及翻译

Fraud（舞弊）

• 定义：舞弊指的是通过欺诈、虚假陈述或其他不正当手段,故意操纵或伪造财务数据,目的是获取不正当的经济利益。

• 例句：The auditor is responsible for detecting fraud during the audit process.（审计师在审计过程中负责发现舞弊行为。）

Going Concern（持续经营）

• 定义：持续经营指的是在正常情况下,公司预计能够继续经营并履行所有的财务义务,而无须清算或停止经营。

• 例句：The auditor considered the company's going concern status before issuing the audit opinion.（审计师在发布审计意见之前,考虑了公司的持续经营状态。）

Audit Trail（审计追踪）

• 定义：审计追踪是指可以追溯到原始交易和账目记录的所有信息路径,审计师通过审计追踪来验证财务报表的准确性。

• 例句：The auditor reviewed the audit trail to ensure the accuracy of the recorded transactions.（审计师审查了审计追踪,以确保记录交易的准确性。）

Risk Assessment（风险评估）

• 定义：风险评估是审计过程中,审计师识别、评估和量化审计风险的步骤,以决定审计程序的重点和范围。

• 例句：The auditor performed a risk assessment to identify areas with a higher risk of material misstatements.（审计师进行了风险评估,以识别具有较高错报风险的领域。）

以上是一些审计英语中的核心定义性术语,它们是审计工作中必不可少的基本概念。准确理解并使用这些术语对于审计师的工作和审计报告的撰写至关重要,尤其是在翻译审计文献和审计报告时,这些术语的准确翻译有助于传达正确的审计信息,避免产生误解和歧义。

审计英语中的定义性术语具有极其重要的作用,这些术语不仅反映了审计工作的技术性和专业性,也直接影响审计结论的公正性和透明度。审计英语翻译者在处理这些定义性术语时,必须具备扎实的审计、会计及法律知识,以确保术语的精确传达。通过准确理解和翻译这些术语,可以有效避免由于词汇理解不当而导致的误解,保证审计报告在跨文化交流和国际审计中具有高度的规范性和一致性。

(二) 行业规范词汇

审计英语行业规范词汇是指在审计领域中,涉及审计实践、审计规范、标准和法律要求等方面的专业术语。这些词汇常常反映了审计的核心概念和方法,确保审计工作的一致性、透明度和公正性。在翻译审计文献或审计报告时,准确理解并正确翻译这些行业规范词汇对于确保翻译的准确性和专业性至关重要。

以下是一些常见的审计英语行业规范词汇及其解释：

Generally Accepted Auditing Standards（GAAS）（公认审计准则）

• 定义：公认审计准则是指一系列为审计师提供指导的标准和规定，以确保审计工作符合专业要求，通常由国家或国际审计标准制定机构发布。

• 例句：The auditor must conduct the audit in accordance with Generally Accepted Auditing Standards（GAAS）.［审计师必须根据公认审计准则（GAAS）执行审计工作。］

International Standards on Auditing（ISA）（国际审计准则）

• 定义：国际审计准则是由国际会计师联合会（IFAC）下属的国际审计与鉴证准则理事会（IAASB）制定的审计标准，广泛应用于全球的审计实践。

• 例句：The audit was conducted in accordance with the International Standards on Auditing（ISA）.［该审计是依据国际审计准则（ISA）进行的。］

Financial Reporting Framework（财务报告框架）

• 定义：财务报告框架是指一套用于准备财务报表的会计准则或规则，确保财务报表的格式和内容符合法定要求和行业标准。

• 例句：The financial statements were prepared in accordance with the relevant financial reporting framework.（财务报表是按照相关财务报告框架编制的。）

Substantive Procedures（实质性程序）

• 定义：实质性程序是指审计师为了验证财务报表中的账户余额、交易和披露信息的准确性和完整性，所采用的具体审计程序。

• 例句：The auditor performed substantive procedures to verify the accuracy of revenue and expenses.（审计师执行了实质性程序，以验证收入和费用的准确性。）

Fraud Detection（舞弊侦查）

• 定义：舞弊侦查是指审计过程中，审计师通过分析财务报表、交易记录及其他信息，识别潜在的舞弊行为。

• 例句：The auditor is responsible for detecting fraud and reporting it to management if detected.（审计师负责发现舞弊行为，并在发现时报告管理层。）

Audit Trail（审计追踪）

• 定义：审计追踪是指记录所有财务交易及其变动的详细路径，以便审计师能够追溯到每项交易的来源和处理过程。

• 例句：The auditor examined the audit trail to verify the accuracy of the reported transactions.（审计师检查了审计追踪，以验证报告交易的准确性。）

Risk-Based Approach（基于风险的方法）

• 定义：基于风险的方法是审计师根据对审计风险的评估，选择和安排审计程序的方式，确保审计资源优先用于高风险领域。

- 例句：The auditor adopted a risk-based approach to focus on areas with the highest risk of misstatement.（审计师采用基于风险的方法,将重点放在错报风险较高的领域。）

Professional Skepticism（职业怀疑态度）

- 定义：职业怀疑态度是审计师在审计过程中应保持的独立、客观的思维方式,不轻易接受任何信息,尤其是在发现潜在风险时。

- 例句：Professional skepticism is essential in identifying possible misstatements or fraud during an audit.（职业怀疑态度对于在审计过程中识别潜在错报或舞弊行为至关重要。）

External Audit（外部审计）

- 定义：外部审计是由独立的第三方审计公司或注册会计师进行的审计,通常针对企业的财务报表进行审查,确保其合规性和公正性。

- 例句：The company hired an external auditor to conduct an independent review of its financial statements.（公司聘请了外部审计师对其财务报表进行独立审查。）

Audit Evidence（审计证据）

- 定义：审计证据是审计师用来验证财务报表的准确性和公正性的所有信息,包括文件、记录、访谈和实地检查等。

- 例句：Audit evidence must be sufficient and appropriate to support the audit opinion.（审计证据必须足够充分且适当,以支持审计意见。）

这些行业规范词汇帮助审计人员在整个审计过程中保持一致的标准和方法,同时确保审计报告的透明度和公正性。理解和使用这些规范词汇是审计实践的基础,尤其是在跨国审计和国际合作中,规范术语的统一性和准确性显得尤为重要。

二、正式性与法律语言特征

用词的严谨与规范是审计语言中的一项重要特征,体现了审计活动对语言表达精确性和合法性的高度要求。由于审计工作涉及对财务状况的客观判断、对法律合规性的核查以及对企业运营透明性的考量,因此审计英语在用词上要求极其严谨和规范,以确保审计报告内容的准确性、公正性和权威性。审计语言的严谨性体现在其对每一个术语的准确选择和定义上,规范性则表现在所有审计报告中的表达必须符合国际审计准则、会计标准以及法律法规的规定。

(一) 避免模糊和歧义的表述

审计英语中强调用词的严谨,首先体现在避免使用任何含糊或可能引起歧义的词语。例如,审计师在报告中必须使用精确的词语来描述审计的结果、程序和意见,而不是使用可能导致不同解释的模糊词语。审计意见段落中通常会使用明确的词汇,如

"material misstatements"（重大错报）或"reasonable assurance"（合理保证），而不允许使用如"possible error"或"uncertain outcome"之类的含糊词汇，这样可以确保审计报告的表达清晰、无歧义。

例如，在审计意见段中，审计师通常会明确写道："我们认为，财务报表在所有重大方面都公正地反映了公司的财务状况。"这种表述避免了任何含糊的解释，直接传达了审计师的判断，从而确保了报告的严谨性和可信度。

（二）精准使用定义性术语

审计英语中的每一个专业术语都具有明确的定义和标准的使用情境，避免了自由表达和随意用词。例如，"audit risk"（审计风险）指的是审计师未能发现财务报表中的重大错报的风险，而"materiality"（重要性）则用于判断某一事项或错报是否会对报表使用者的决策产生重大影响。审计师必须严格遵循这些术语的定义，确保它们在报告中表达的意思与国际审计标准一致。任何偏离标准定义的用词都可能导致审计报告的误解或被认为不专业。

例如，"audit evidence"（审计证据）作为审计报告中的一个常用术语，要求审计师通过各种审计程序收集数据，以支持其审计结论。在翻译或使用该术语时，必须确保它的定义和实际含义与审计准则中的规定相符，而不能随意更改其表述或含义。

（三）遵循国际审计准则和会计准则

审计英语的用词不仅要符合语言上的严谨性，还必须遵循国际审计准则（ISA）和国际财务报告准则（IFRS）等相关法律法规和行业标准的规范。这些准则和标准为审计报告提供了统一的语言框架，确保所有审计工作在全球范围内具备一致性和可比性。例如，审计报告中的"going concern"假设和"true and fair view"原则是根据国际审计准则明确规定的，必须在报告中严格使用并且按其定义表达。

审计英语中的这些规范性词汇不仅具有法律效力，决定着审计报告的公信力，也确保了审计意见的专业性。例如，"going concern"术语在翻译过程中，翻译者必须严格遵守其在审计准则中的定义，而不能任意使用"continuity of business"或其他模糊的表述。

审计英语的规范性还体现在语言结构的标准化上。审计报告常使用标准化的格式和结构，这不仅体现在审计报告的段落划分上，也体现在词汇的使用上。例如，审计报告通常采用固定的模板，其中包括"审计范围段"（Scope Paragraph）、"审计意见段"（Opinion Paragraph）和"审计结果段"（Results Paragraph）等部分，每个部分都有对应的标准化用词和表达方式。这样的语言规范化确保了审计报告内容的清晰与一致，也便于不同审计机构和审计师之间的沟通与理解。

例如，在审计报告的"审计意见段"中，审计师常使用固定的句型："In our opinion, the financial statements give a true and fair view of the financial position..."（我们认

为,财务报表公正地反映了财务状况……),这种结构性表达使得报告具有规范性和可比性。

(四) 确保法律和财务合规性

审计英语的用词还必须遵守法律和财务规定,确保报告中的每一项表述都具有合法性和合规性。审计报告不仅需要满足审计行业的内部标准,还必须符合相关国家和地区的法律要求。例如,审计师在报告中提及公司的财务状况时,必须遵循特定的法律术语,如"financial position"(财务状况)、"financial performance"(财务表现)、"compliance with laws and regulations"(遵守法律法规)等,确保审计报告的内容符合法律要求,且审计过程不会违反相关法律规范。

总的来说,审计英语词汇的严谨与规范是审计工作中至关重要的特点。审计师在编写报告时,必须使用经过精确定义和规范化的词汇,以确保信息传递的准确性、法律的合规性以及审计工作的公正性。审计语言的严谨性和规范性不仅为审计报告的使用者提供了可靠的信息依据,也有助于确保审计结果能够被各方理解和采纳。在翻译审计英语时,翻译者需要特别关注这些专业术语和规范性词汇的准确性和一致性,以避免因用词不当导致的误解和法律纠纷。

三. 词汇的简洁性与精确性

(一) 缩略词与术语的广泛使用

在审计英语中,缩略词与术语的广泛使用是其简洁性与精确性特点的体现。审计领域涉及大量的专业术语、法规条文、国际标准等复杂概念,为了提高语言表达的效率和准确性,审计英语中广泛采用了缩略词、缩写和专门术语。这样做不仅有助于简化表达,还能确保审计报告内容在高效传递的同时保持严谨性和专业性。

1. 缩略词的使用

审计英语中的缩略词广泛应用于简化表述,尤其是在涉及复杂的法规、审计标准和财务术语时。缩略词能够有效地节省篇幅,提高阅读效率,同时减少重复表达。例如,常见的审计英语缩略词包括:

- ISA(International Standards on Auditing,国际审计准则)
- IFRS(International Financial Reporting Standards,国际财务报告准则)
- GAAP(Generally Accepted Accounting Principles,美国公认会计准则)
- CFO(Chief Financial Officer,首席财务官)

这些缩略词在审计报告中经常出现,它们代表了特定的国际标准或职称角色。使用这些缩略词,可以避免长篇幅的重复解释,同时确保报告内容的精确性和标准化。

又如,在审计报告中,审计师可能会写道:

"In accordance with ISA 700, the auditor is required to form an opinion on whether the financial statements present a true and fair view of the entity's financial position."

在这里,使用缩略词 ISA 代替完整的 International Standards on Auditing,让句子更为简洁,且不影响专业性和精确性。

2. 术语的广泛使用

在审计英语中,专业术语的广泛使用是审计工作能够高效、准确进行的重要保障。这些术语通常涉及复杂的财务、会计、税务及法律等领域的概念,不仅用于描述审计的过程和结果,还为审计工作提供了统一的语言标准。审计专业术语的广泛使用使得不同地区和不同语言背景的审计师、监管机构以及其他利益相关方能够有效沟通,确保审计报告的准确性和一致性。

首先,审计报告是审计工作的核心产出,它通常包含大量的专业术语。例如,"financial statement"(财务报表)是最基本的术语之一,几乎所有审计工作都围绕财务报表展开。财务报表本身包含多个子项目,如"balance sheet"(资产负债表)、"income statement"(损益表)和"cash flow statement"(现金流量表)等,这些术语是财务报告的标准组成部分,也是审计师评估财务状况的基础。每一个术语背后都涉及具体的会计处理原则和财务衡量标准,确保了审计工作的专业性和系统性。

其次,在审计过程中,还广泛使用如"audit risk"(审计风险)、"inherent risk"(固有风险)、"control risk"(控制风险)等术语。这些术语帮助审计师在审计计划阶段评估风险,并在整个审计过程中进行合理的风险管理。例如,"audit risk"是指审计师未能发现财务报表中重大错报的可能性。为了控制审计风险,审计师会将其细分为固有风险和控制风险,其中,"inherent risk"指的是在没有考虑内部控制的情况下,某些特定因素(如行业特征、经济环境等)导致的财务报表错报的自然发生概率,而"control risk"则是指企业内部控制不足,导致财务报表错报未被及时发现的风险。这些术语的精确使用能够帮助审计师制定合理的审计策略,确保审计结果的准确性。

另一个常见的术语是"substantive procedures"(实质性程序),这一术语用于描述审计师在审计过程中所采取的程序和措施,旨在获取足够的审计证据以支持审计意见。实质性程序包括"test of details"(详细测试)和"analytical procedures"(分析程序)。例如,在审计应收账款时,审计师可能会进行详细测试,检查每笔交易的合同、发票和收款凭证等,以确保账面余额的真实性和准确性。通过"substantive procedures"获取的证据是审计结论的重要依据。

此外,审计中还使用一些关于审计报告类型的术语,如"unqualified opinion"(无保留意见)、"qualified opinion"(保留意见)、"adverse opinion"(否定意见)和"disclaimer of opinion"(无法表示意见)。这些术语表明审计师对财务报表的审查结果。例如,若审计师认为财务报表在所有重大方面都公正反映了企业的财务状况和经营成果,则会出具"unqualified opinion"(无保留意见);如果发现财务报表存在某些偏差,但总体仍然能够反映企业的财务状况,审计师可能会出具"qualified opinion"(保留意见);而当审计师认为财务报表存在重大错报,且这些错报无法通过调整修正时,会出具"adverse opinion"(否定意见);如果审计师由于某些限制无法获取足够的证据来形成意见,则可能会出具"disclaimer of opinion"(无法表示意见)。这些术语在审计报告中具有重要的法律和财务意义,任何误用或理解上的偏差,都可能影响审计报告的法律效力和公众的理解。

再次,审计英语中还有一些与审计程序密切相关的术语,如"sampling"(抽样)、"materiality"(重要性)和"internal control"(内部控制)。例如,审计过程中常常使用抽样技术来检查一部分交易记录,以推断整体财务报表的准确性。这是因为审计师通常不可能对所有交易进行全面检查,抽样的结果需要依据"materiality"(重要性)原则来判断,即选择对财务报表有重大影响的项目进行审计。如果某个项目的错报金额对财务报表的整体误差具有显著影响,那么这个项目就应被视为"material"并进行重点审计。此外,"internal control"(内部控制)指的是公司为了确保财务报表准确、合法而建立的管理制度和程序,审计师需要评估这些内部控制的有效性,以确定审计的重点和方法。

总之,审计英语中专业术语的广泛使用不仅是为了提高审计工作的效率和精确性,还在于确保不同审计主体之间的沟通无障碍。这些术语能够帮助审计师有效地执行审计任务,理解和评估被审计单位的财务状况,同时也确保审计报告在法律、财务和管理上的有效性。在跨国审计工作中,专业术语的精准翻译尤为重要,因为它们不仅涉及技术性操作,还可能影响到跨文化和跨法域的合法性和可执行性。

(二) 表达方式的精确性

审计英语词汇的准确性在审计过程中具有至关重要的作用,因为审计不仅涉及财务报告的准确性,还直接关系到审计结论的法律效力与可靠性。审计英语词汇的准确性要求每一个术语都能精确传达其在审计标准、会计准则以及法律框架中的特定含义。任何表达上的不准确或模糊,都会影响审计师对财务报表的评估,甚至可能导致审计报告的误解、错判或无效。因此,审计英语词汇的准确性不仅仅是语言层面的要求,更是确保审计过程合规、严谨和公正的基本保障。

首先,审计英语中的许多术语具有特定的法律与财务背景,它们的准确性对审计结论至关重要。例如,"audit opinion"(审计意见)是审计报告的核心内容,指审计师对财务报表是否公允反映被审计单位财务状况的正式评价。无保留意见(unqualified opinion)、保留意见(qualified opinion)、否定意见(adverse opinion)和无法表示意见(disclaimer of opinion)四种类型的审计意见,每一种都代表了审计师对财务报表的不同判断。审计意见的准确使用要求审计师在语言表达上非常严谨,因为每一种意见都具有法律效力,影响着财务报表使用者的决策。如果将"qualified opinion"误译为"合格意见",可能误导受众理解为财务报表"合格",而实际上它表示审计师对财务报表存在某些问题的确认,并不代表完全合规。因此,准确的术语使用至关重要,任何不恰当的翻译或表达都可能改变审计报告的实质内容。

其次,审计英语中常见的术语,如"audit evidence"指的是审计师通过各种审计程序(如实质性测试、分析程序、内部控制评估等)所获得的证据,这些证据支持审计师的审计结论。误将其翻译为"证明材料"或"数据证据"则可能无法体现其在审计中的专业性和系统性。因此,审计英语词汇的准确性是对审计过程和结果进行法律及技术规范性表达的基础。

另一个关键术语是"going concern"(持续经营),这是审计过程中判断公司是否有能力在未来 12 个月内继续运营下去的重要标准。如果审计师怀疑公司将无法继续经营,必须在审计报告中明确指出这一问题。准确使用"going concern"这一术语非常重要,因为它不仅涉及财务报表的编制基础,也有潜在的法律和金融影响。若误将其翻译为"持续运作"或"继续运营",会导致在审计报告中的法律解释出现偏差,无法准确传达审计师的判断。由于持续经营假设关系到审计意见的类型,任何语言上的不准确都有可能影响报告的法律效力和相关利益方的决策。

此外,审计英语中的"internal control"(内部控制)和"substantive testing"(实质性测试)等术语也要求精确的表达。内部控制是企业为确保财务报告的准确性、合法性及防范舞弊所采取的一系列程序和措施,而实质性测试则是审计师通过详细检查财务记录和交易进行的验证程序。这些术语具有明确的审计背景和技术内涵,因此在翻译时要避免使用过于宽泛的词汇,如"内部管理"或"细节测试",这些词汇可能会削弱术语的专业性和法律效力。

总之,审计英语词汇的准确性不仅关系到翻译的质量,也直接影响审计工作的公正性、准确性和法律有效性。每一个术语背后都有其特定的法律框架和财务标准,审计师必须在审计过程中精准使用这些术语,以确保审计报告中的信息能够被各方正确理解。无论是在跨文化的审计环境中,还是在不同法域的审计执行中,准确的语言表达都是审计工作得以顺利进行的基础。只有确保术语准确,审计报告才能有效传达审计师的独立判断,并保障相关方的利益。

四、 中英审计词汇表达的差异性

(一) 中文语言冗长与词义灵活性

中英文在审计词汇的表达上存在显著的差异,尤其是在语言的简洁性和词义的灵活性方面。中文语言的冗长性和词义的灵活性使得审计报告在中文表达中比英文更为复杂和灵活。这些差异不仅体现在单词和短语的选择上,还影响到整个句子的结构和语篇的流畅度。因此,在中英文审计报告的翻译过程中,需要特别关注这些文化和语言上的差异,以确保准确传达审计结果和结论。

在书面语中,中文常常使用复杂的修饰语、长句和多重定语来表达一个简单的概念。

在审计报告中,中文表达比英语更加依赖长句和修饰成分来描述审计过程和结果。这种冗长的特点,虽然能提供更多的背景信息,但也可能导致语言的复杂性和不必要的重复。例如,在英文审计报告中,表达某个审计结论时可能会非常简洁和直接,而在中文中,为了传递更多的背景信息或解释,可能需要使用更多的修饰性词汇或从句。

例如,英文表达"the financial statements present fairly"可能会在中文中被翻译为:这些财务报表从各个方面、公正且准确地呈现了公司的财务状况。这种冗长的表达不仅增加了翻译的复杂度,也使得中文审计报告在阅读时显得更为烦琐。

在审计英语词汇翻译中,词义的灵活性是一个不可忽视的因素。由于审计工作涉及复杂的财务、会计、法律及管理等领域,许多审计英语词汇的含义在不同上下文和语境中可能会有所变化。因此,在翻译时,译者必须灵活处理这些词汇的含义,以确保翻译能够精确反映其在特定语境中的真实意义。某些审计术语的词义灵活性还表现在复合词的翻译中。例如,"opinion"(意见)是一个具有灵活性的词汇。在审计领域,"audit opinion"指的是审计师对财务报表是否真实、公正地反映了公司财务状况的正式评价。这个术语在法律框架下有非常明确的定义,影响审计结论的权威性。然而,"opinion"在普通语境中可能仅指个人的看法或建议。因此,在翻译"audit opinion"时,如果简单地使用"审计意见",就可能无法充分表达审计报告的正式性和法律效力。在中文中,可能需要添加一些修饰词,如"审计师的正式意见",以帮助读者理解这一术语的法律背景。

再者,审计英语中还有一些表达本身具有灵活性。例如,全球各地的审计师都习惯使用"going concern"(持续经营)这一术语,指的是企业是否具备在未来 12 个月内持续经营的能力。这一术语无论是在美国的 GAAP(公认会计准则)下,还是在国际财务报告准则(IFRS)中,都有明确且一致的定义。在翻译成其他语言时,必须确保这一术语的固定翻译,避免因语言差异导致的理解偏差。如果将"going concern"错误地翻译为"持续运作"或"继续营业",就会失去其在审计中的特定含义,从而影响审计意见的传达。因此,翻译时需要灵活地判断是否需要更具体的描述,如"持续经营",以确保其在审计语境中的准确传达。

总之,审计英语词汇翻译中的词义灵活性要求译者根据具体语境判断术语的含义。审计术语常常具有专业性和法律效力,因此翻译时必须精确把握其在不同上下文中的具体含义,避免出现过于宽泛或不准确的翻译。翻译人员不仅需要具备良好的语言能力,还需要对审计领域的知识有深入了解,确保术语在中文中的准确表达,避免因词义不当而影响审计报告的清晰度、可靠性和法律效力。

(二)英文语言简洁与术语固定化

中英文在审计词汇表达上存在明显的差异,尤其体现在英文语言的简洁性与术语的固定化方面。英文审计语言倾向于追求简洁、直白和规范,避免冗长和复杂的结构,而中文则相对具有更大的表达空间,可以使用多种方式来传达同一概念。这种差异不仅表现在词汇和句法结构方面,还体现在审计报告的表达方式上,进而直接影响翻译过程中的策略选择和内容调整。

英文审计语言的简洁性体现在句子结构和词汇的使用上。在英文审计报告中,句子往往较短、直接,重点突出的信息通常放在句子的开头,避免冗余或不必要的解释。这种简洁的表达方式有助于确保信息的高效传递,并减少语言中的歧义。在审计英语中,尤其是涉及财务状况、审计程序和审计结论时,往往会采用简单、明了的表达,避免不必要的修饰或复杂句式。

例如,英文中常见的"the financial statements present fairly"直接表明了财务报表符合公正性标准,无须额外地描述。在审计报告中,简洁的表达有助于减少误解,并确保报告内容准确、清晰。

在审计英语词汇翻译中,英文术语的固定化是一个不可忽视的因素,尤其在全球化和跨境审计日益增多的今天。许多审计英语术语由于其高度的专业性和法律效力,已经在国际审计标准、会计准则及各国法律中得到广泛使用,形成了固定的表达方式。这些固定化的英文术语在翻译时,往往难以进行直译或自由翻译,必须遵循一定的规则和标准,以保证审计报告在全球范围内的统一性、可理解性和法律效力。固定化术语不仅仅是语言问题,它涉及审计职业的规范性和国际通用的标准,因此翻译时的准确性和一致性尤为重要。

首先,审计英语中许多术语由于其在国际审计标准中的广泛使用,已经形成了固定的翻译惯例。例如,"audit risk"通常被翻译为"审计风险",而不是"检查风险"或"调查风险",这是因为"audit risk"在审计文献中有特定的含义,指的是审计过程中可能无法发现财务报表重大错报的风险。任何偏离这些固定表达的翻译都可能导致误解,影响审计结论的准确性和法律效力。

其次,固定化术语可以帮助审计报告保持简洁和高效。审计报告是对财务报表的审查结果进行阐述的正式文件,其中包含大量的专业术语。固定化的英文术语通常经过多年的发展和实践,已形成高度简洁的表达方式。例如,"material misstatement"(重大错报)这一术语,简洁地表达了财务报表中某个错误或遗漏的重大性,而不需要多余的修饰和说明。如果将其翻译为"可能影响财务报表使用者决策的重大错误"或"重大错误陈述",虽然可以解释清楚其含义,但却使语言表达显得冗长、烦琐,影响审计报告的简洁性和可读性。固定化术语能够确保报告中信息的直接传达,避免冗余和多余的解释。

在审计英语翻译中,固定化术语不仅仅局限于常见的审计概念,还涉及一些专业技术和法律术语。例如,"qualified opinion"(保留意见)、"unqualified opinion"(无保留意见)和"disclaimer of opinion"(无法表示意见)等术语,每种都有明确的定义和使用场景。审计师根据被审计单位的财务状况和内部控制的有效性,决定是否发表保留意见、无保留意见等审计意见。翻译时，这些术语必须遵循固定的翻译习惯，"qualified opinion"通常被翻译为"保留意见"，而不会用"有限意见"或"部分意见"，因为这些词汇在法律和财务领域中的含义不同。

　　总之，审计英语词汇中的固定化术语具有至关重要的意义，它们保证了跨国审计工作中的一致性、准确性和高效性。翻译这些固定化术语时，必须严格遵循国际审计标准和惯例，避免随意变更或调整翻译，以确保审计报告的法律效力和专业性。固定化术语不仅在语言转换中起到了统一的作用，也促进了审计领域的全球协作与规范化，使得不同国家和地区的审计师能够在同一标准下进行沟通和工作。因此，审计英语词汇的固定化要求翻译者不仅要精通语言，还要了解审计领域的专业知识和国际规范，确保翻译的准确性和一致性。

第三节　审计英语词汇翻译的理论依据

一、功能对等理论在审计词汇翻译中的应用

　　功能对等理论（Functional Equivalence Theory）由尤金·奈达（Eugene Nida）提出，强调翻译过程中应关注源语言与目标语言在特定语境和文化背景下的功能一致性。翻译不仅仅是语言的转换，而是要确保两种语言在传递信息时，所产生的效果具有相似性，特别是在处理具有法律和专业性要求的文本时，这一点尤为重要。审计词汇翻译作为一种专业性极强的文本翻译，要求译者不仅要忠实于源语言的字面意思，还需要确保在目标语言中实现相同的功能和效果。这种要求在审计报告翻译中尤为关键，因为审计报告除了具有财务信息审查的功能外，还具有法律效力，任何翻译上的偏差都可能影响审计结论的准确性和合法性。因此，功能对等理论在审计词汇翻译中的应用显得尤为重要，它帮助翻译者在语言转换中保持法律、会计及财务语境的连贯性与一致性。

　　功能对等理论要求翻译者关注目标语言中能够产生与源语言相同功能的表达方式。在审计报告中，许多术语具有高度的法律性质，这些术语不仅是财务分析的工具，也承载着审计结论的法律意义。例如，审计师对财务报表发表的审计意见，不仅是个人观点的表达，更是法律要求审计师对企业财务状况做出的专业判断。因此，在翻译这些术语时，译者必须确保目标语言中的术语能够同样传达审计过程中的法律性质和专业性。如果翻译采用不恰当的字面表达，可能会误导目标语言的读者，降低审计报告的法律效力和可信度。

功能对等理论的另一个重要原则是文化适应。在不同语言和文化中,某些术语的理解和使用方式可能会有所不同。审计领域的专业术语通常有明确的行业标准和惯例,这就要求翻译者必须根据目标语言的文化和语言特点进行适当的调整。在翻译时,译者应当考虑目标语言读者的专业背景及其对相关术语的熟悉度,避免单纯的直译可能带来的理解偏差。此外,审计术语可能在不同国家的审计标准和法律体系中有细微的差别,翻译时需要确保目标语言的表达符合当地的审计实践和法律规定,这就要求翻译者对目标语言的法律和会计环境有深入的了解。

功能对等理论还强调语境的重要性,特别是在审计报告翻译中,准确把握语境成为确保翻译质量的关键所在。审计报告不仅是对公司财务状况的审查报告,它还为公司管理层、投资者以及其他利益相关方提供决策依据。因此,审计报告的翻译必须确保翻译后的术语能够在目标语言中正确传达原文的法律和财务含义。翻译者需要根据审计报告的整体语境,选择最适合的翻译方式,确保每个术语的翻译能够有效服务于报告的整体功能和目的,避免因为译文的偏差而影响审计报告的专业性和可信度。

此外,功能对等理论在审计翻译中的应用还要求译者进行必要的本地化调整。审计术语往往具有特定的行业标准和操作规范,不同国家和地区的审计实践可能存在差异。因此,翻译时需要根据目标语言地区的具体审计实践进行适应性调整。例如,一些术语在英语审计标准和中文审计标准中可能有不同的表述和解释,译者需要根据目标语言的惯例和法律规定,调整翻译,以确保其在目标语言中具有相同的法律效力和专业性。这种本地化调整有助于确保审计报告在跨国、跨文化的背景下被准确理解和应用。

最后,随着全球化的推进,跨国审计报告的翻译变得越来越普遍,功能对等理论的应用变得尤为重要。在跨国审计报告中,翻译不仅仅是语言的转换,更是跨文化和跨法律体系的沟通。不同国家和地区的审计标准、会计准则和法律体系可能有所不同,翻译者必须确保审计报告在翻译过程中能够适应不同的文化和法律环境,确保审计结论在全球范围内的一致性和有效性。

总体来说,功能对等理论在审计词汇翻译中的应用不仅要求译者关注源语言和目标语言的字面对等,还要确保译文能够在目标语言中实现与源文相同的功能效果。通过敏锐地感知文化差异、语境以及目标语言的法律和审计实践,译者能够确保翻译后的审计报告在不同语言和文化环境中具有相同的法律效力和专业性,从而实现跨语言、跨文化的有效沟通。

二、 语境理论与审计词义选择

语境理论(Contextual Theory)强调语言的意义不仅由词汇本身决定,更受其所处语境的影响。在审计翻译中,语境对词义选择起着决定性作用,因为审计术语通常具有明确的专业含义,且这些术语的意义往往依赖于具体的法律、财务和行业背景。在翻译审计词汇时,译者不仅要考虑词汇的字面含义,还需要深入理解其在特定语境中的使用背景,从而做出最合适的翻译选择,以确保目标语言读者能够准确理解并应用这些术语。因此,语境理论为审计翻译提供了一个重要的框架,帮助译者在翻译过程中根据不同的语境做出合适的词义选择。

首先,在审计翻译中,语境分为多个层面,包括专业语境、法律语境和文化语境。审计术语通常是在特定的行业背景下使用的,其意义不仅仅来源于词典定义,更由审计实践和行业规范所决定。因此,译者必须基于审计领域的专业语境来选择合适的翻译,确保读者理解术语背后的专业含义。其次,审计报告作为具有法律效力的文件,译者在翻译时必须充分考虑法律语境。许多审计术语不仅仅是对财务状况的描述,它们还涉及审计师的法律责任和审计结论的正式性。

此外,文化语境也对审计词义的选择产生影响。不同语言和文化背景下,对同一术语的理解和接受程度可能存在差异。例如,某些审计术语在源语言中可能非常常见且有明确的定义,但在目标语言中可能没有对应的表达方式,或者其意义不太清楚。在这种情况下,译者需要根据目标语言的文化背景和行业惯例进行本地化调整,选择最能被目标语言读者接受且符合其文化认知的表达方式。通过这种方式,译者不仅能够确保翻译的准确性,还能够增强其对目标读者的可理解性。在审计翻译中,语境理论还要求译者避免单纯的字面翻译。字面翻译虽然简单,但往往无法准确传达源语言中术语的专业含义,尤其是在法律和会计领域,误用某个术语可能会导致严重的后果。因此,译者需要根据语境分析,避免字面翻译,选择最能体现源语言术语功能的表达方式。

总之,语境理论在审计词汇翻译中的应用,要求译者不仅要关注源语言词汇的字面意义,还要考虑其在特定语境下的功能。通过对专业语境、法律语境和文化语境的深入分析,译者可以确保翻译结果准确传达原文的专业含义,同时避免由于语境选择不当而引发的理解偏差。通过语境理论的指导,翻译者能够更好地在审计词汇翻译中做出符合目标语言读者需求的词义选择,从而确保审计报告在不同语言环境中的有效沟通和法律效力。

三、 动态翻译与静态翻译方法的结合

在审计英语词汇翻译中,动态翻译和静态翻译方法的结合,不仅仅是两种翻译策略的并行使用,而是对审计翻译实践中的需求和挑战做出灵活调整的策略。这种结合策略旨在解决审计翻译中常见的精确性和流畅性之间的矛盾,同时保证审计报告的法律效力和专业性。审计术语通常涉及复杂的财务、法律和行业规定,翻译者必须在忠实传递原文含义和确保目标语言可理解性之间找到平衡。动态翻译和静态翻译相互补充,使翻译在准确传达原文专业内容的同时,也能确保译文适应目标文化和语言习惯。

静态翻译方法,或称形式对等翻译,侧重于对源语言形式、结构以及术语的忠实再

现。这种方法特别适用于那些具有高度专业性的审计术语,因其通常有着固定的法律或行业定义,直接影响审计报告的权威性和法律效力。例如,"audit evidence"(审计证据)这一术语,在审计中指的是审计师用以支持其审计结论的所有信息和数据,将其翻译为"审计证据"能够准确传递其法律和专业含义。如果采用其他翻译,如"审计资料"或"审计信息",可能会削弱术语的法律严肃性,甚至可能误导目标读者,认为审计证据仅仅是信息收集的过程,而不是用于证明或支持审计结论的关键证据。因此,静态翻译方法在这种情况下确保了术语的一致性和专业性,避免了翻译中可能出现的含糊或不准确的表达,保持了原文中法律和财务概念的严谨性,特别是在涉及审计责任和合规性时,静态翻译保证了翻译的精确性和可靠性。然而,静态翻译的局限性也十分明显,特别是在语言和文化的转换过程中。静态翻译过于依赖字面意义,有时难以处理那些在目标语言中没有直接对应术语的情况,尤其是在涉及文化差异和语言习惯的情境下,过度依赖直译可能导致译文的不自然和不易理解。这时,动态翻译的引入便成为解决这一问题的重要途径。

动态翻译,也被称为功能对等翻译,强调传达源语言信息的意义和效果,而非仅仅关注语言的字面对应。这种方法在审计翻译中,特别是在面对不同文化、法律或行业背景的目标语言时,显得尤为重要。动态翻译可以有效应对那些在目标语言中没有直接对应的专业术语或习惯表达,使译文更符合目标读者的语言和文化习惯。例如,英语中的"substantive testing"在审计中指的是审计师为验证财务报表中的重要项目而执行的详细测试程序。这些测试通常涉及审计师对会计记录、凭证、交易以及相关的内部控制进行深入审查,以评估是否存在重大错报风险。在翻译过程中,静态翻译可能会选择将其直译为"实质性测试",但如果没有充分理解其在审计中的特定含义,可能会误导读者认为这只是对会计数据的简单审查,而忽视了它在审计过程中关键的验证功能。

通过动态翻译,译者会考虑到目标语言的语言习惯、审计实践和文化背景,将"substantive testing"翻译为"详细审计程序"或"实质性审计程序",这样不仅能够准确传达审计中的验证功能,还能确保翻译后的术语符合目标语言的审计规范和受众的理解方式。此翻译策略通过调整术语的表达方式,确保目标读者能够理解它在审计过程中所代表的详细、深入的检验程序,并且与目标语言的审计实践和法律规定保持一致。动态翻译在此背景下,除了保证准确传达原术语的核心含义外,还通过文化适配,避免了可能因直译产生的误解或不清晰的表述,确保审计报告在目标语言环境中的有效性和法律效力。

动态翻译还能够帮助解决源语言和目标语言中存在的结构差异。例如,在某些语言中,审计报告的句子结构可能更加复杂,使用静态翻译时,可能导致译文显得冗长或晦涩。通过动态翻译,译者可以灵活调整句子结构,使其更加简洁流畅,符合目标语言的表达习惯,同时不失原文的法律和财务含义。

在审计英语词汇翻译中,动态与静态翻译方法的结合是一种综合运用的策略。静态翻译方法保证了审计术语的准确性和一致性,确保译文能够精确传达源语言中专业和法律的含义;而动态翻译方法则处理了语言和文化差异,使译文在目标语言中更加自然流畅,符合文化和语言习惯。

这种结合的关键在于,译者需要根据具体的语境和审计报告的目标读者群体来灵活选择翻译策略。例如,在涉及具有明确法律和会计定义的术语时,译者应优先使用静态翻译,确保术语的法律效力不被削弱。相反,在处理那些需要文化适配或目标语言中没有固定对应的术语时,译者应考虑使用动态翻译,以提高译文的可读性和文化适应性。此外,结合这两种翻译策略还要求译者具备深厚的审计知识和语言能力。审计报告涉及大量的财务术语和法律条款,译者必须对这些术语的背景和语境有深入的理解,才能在使用静态翻译时做到准确无误,而在运用动态翻译时又能做到灵活和恰当。

总而言之,动态翻译与静态翻译方法的结合,为审计英语词汇翻译提供了一种平衡的策略,能够在确保翻译的专业性、准确性和法律效力的基础上,增强翻译的可读性和文化适应性。这种策略能够帮助翻译者更好地处理审计翻译中复杂的术语、法律条款和文化差异,使译文既符合审计领域的专业要求,又能够在目标语言中顺畅传达信息,确保审计报告在跨语言、跨文化的交流中实现有效沟通和准确表达。

第四节　审计英语词汇翻译的实践研究

一、审计术语翻译方法

审计术语翻译是将审计领域中使用的专业术语从源语言翻译到目标语言的过程。由于审计语言具有高度的专业性、法律性和规范性,翻译过程中不仅要确保语言的准确性,还要传递出原文中每个术语的精确含义。审计术语的翻译不仅仅是简单的语言转换,更涉及对审计领域的深入理解,以确保译文能够在目标语言中保持与源语言相同的专业性和法律效力。审计报告和相关文献通常具有法律和财务重要性,因此在翻译时,译者需要特别注意术语的细微差异和背景信息,避免因翻译不准确而导致的误解或法律后果。审计术语的翻译方法多样,根据不同的翻译需求和语境,翻译策略可分为几种常见的方式,每种翻译方法在不同的情境下有着独特的优势和适用范围。以下是几种常见的翻译方法:

(一)直译法(Literal Translation)

定义:直译法也称为形式对等翻译,是将源语言的词汇或句子逐字逐句地翻译到目标语言的翻译方法。这种翻译方法注重忠实再现源语言的结构、词汇和语法形式,尽可能避免对内容的改动或重新表述,目的是保持源语言的原貌。这种方法尤其适用于源语言和目标语言之间在术语上存在直接对等关系的情况。

适用情况:

(1) 源语言与目标语言之间有直接对等的术语。例如,英语中的"audit report"直接翻译为"审计报告",因为"audit"和"report"在中文中都有相应的固定翻译。

(2) 无文化或法律差异的术语。例如,"balance sheet"(资产负债表)这一术语,如果采用直译,"balance"翻译为"平衡","sheet"翻译为"表格",可能会失去其在会计领域中的规范含义;但采用"资产负债表"这一固定翻译,既保留了原文的专业性,又能使目标读者准确理解所用的财务术语。

优点:简单直观,容易理解和操作,适合一些常见且已经标准化的审计术语。

缺点:直译法并非适用于所有情况,特别是当源语言与目标语言的文化背景、语言结构或习惯差异较大时,单纯的字面翻译可能会导致不自然或误导性的表达。因此,尽管直译法有时是最简单、最直接的翻译策略,但在实际操作中,译者需要权衡语境和目标读者的理解需求,在确保准确性的同时,也要考虑翻译的流畅性和可接受性。

(二) 解释法(Explicatory Translation)

定义:解释法是指在没有直接对等的术语时,翻译人员通过解释和说明来传达原文的意思。这种方法通常用于源语言和目标语言之间没有完全相同术语的情况下,或是为了帮助目标语言的读者更好地理解复杂的审计概念。

适用情况:

(1) 源语言和目标语言之间没有直接对应的术语。例如,"qualified opinion"(保留意见)这一术语在某些语言中可能需要加以解释,例如翻译为"审计意见中含有一定保留的情况"。

(2) 需要确保读者理解专业背景。有些审计术语在目标语言文化中并不常见,翻译时需要提供额外的解释。

优点:能够帮助目标语言读者更好地理解审计术语及其背景,提高翻译的准确性。

缺点:可能使翻译显得过于冗长,不够简洁。

例子:

• qualified opinion→保留意见(审计师在审计报告中表示由于某些原因,未能全面审查财务报表)

• materiality→重要性(指的是审计师判断哪些财务报表事项对决策者具有重大影响的标准)

(三) 借用法(Borrowing)

定义:借用法指的是将源语言中的术语直接借用到目标语言中,而不进行翻译。这种方法通常用于一些源语言中具有强烈国际化性质或已被广泛接受的术语。

适用情况：

（1）国际通用的审计术语。例如，审计行业中很多术语已经是国际化的，目标语言中已普遍接受并使用源语言术语。

（2）一些特定的审计标准或准则。例如，IFRS（国际财务报告准则）、GAAP（美国公认会计准则）等。

优点：避免了对复杂术语的误解，保留了原文的专业性和准确性。

缺点：可能会导致目标语言读者的理解障碍，尤其是非专业人士或文化差异较大的地区。

例子：

- GAAP→GAAP（美国公认会计准则）
- IFRS→IFRS（国际财务报告准则）
- PCAOB→PCAOB（公众公司会计监督委员会）

（四）归化法（Domestication）

定义：归化法是指将源语言中的术语调整为目标语言的文化和语言习惯，使其更加符合目标语言读者的习惯。这种方法可以使翻译结果更加自然流畅，但也有可能改变术语的准确性。

适用情况：

（1）文化差异较大时。当审计术语在源语言和目标语言之间存在显著文化差异时，采用归化法可以让目标读者更容易接受。

（2）为了提高语言的通俗易懂性。一些复杂的审计术语可能需要进行归化处理，使其符合目标语言的表达习惯。

优点：使翻译内容更符合目标语言的文化习惯，易于理解和接受。

缺点：可能会牺牲一些专业术语的准确性，导致含义上的模糊。

例子：

- audit trail→审计追踪（原文可能用作"追溯路径"，但归化后改为"审计追踪"，更符合中文表达习惯）
- going concern→持续经营（通过归化，使目标语言读者更容易理解）

（五）音译法（Transliteration）

定义：音译法是根据源语言词汇的发音，将其转换为目标语言中的类似音节。这种方法通常用于专有名词或无法翻译的术语。

适用情况：

（1）专有名词。例如，公司名称、机构名称等。

（2）无法翻译的术语。例如，某些特定的审计技术术语或国际审计标准。

优点：适合专有名词的翻译，使其在目标语言中保持一致性。

缺点：对于普通审计术语并不适用，只能应用于专有名词或无法翻译的词汇。

例子：

• Sarbanes-Oxley Act →萨班斯-奥克斯利法案

• IASB→国际会计准则理事会

(六) 灵活翻译法 (Flexible Translation)

定义：灵活翻译法是根据语境和具体需求对术语进行适当的调整，避免过于死板的翻译方法。这种方法强调根据不同情况灵活使用翻译策略。

适用情况：

(1) 语境不同。例如，审计报告和学术论文中的审计术语可能需要不同的翻译处理。

(2) 目标语言的表达习惯。根据目标语言的表达习惯调整翻译，以提高语言流畅度和准确性。

优点：能够根据语境进行精准的翻译，增强目标读者的理解。

缺点：可能会导致译文在专业性上的轻微偏差，需要翻译人员对术语有深刻理解。

例子：

• internal control→内部控制 (在不同语境下，可能翻译为"公司治理中的控制措施")

• substantive test→实质性测试 (有时根据具体审计内容，可能翻译为"主要审计程序")

审计术语翻译方法的选择取决于多种因素，包括源语言与目标语言的差异、文化背景、法律法规、审计准则以及翻译的具体目的。在实际翻译过程中，翻译人员需要根据具体情况灵活运用不同的方法，以确保翻译的准确性和易懂性。常见的翻译方法包括直译法、解释法、借用法、归化法、音译法和灵活翻译法，每种方法都有其适用的场景和优缺点，翻译人员应根据具体的审计术语和目标语言的文化背景做出选择。

二、 审计报告中的词汇翻译实例分析

(一) 审计意见段翻译

审计意见段 (Opinion Paragraph) 是审计报告中最重要的部分之一，通常位于报告的结尾。它表达了审计师对财务报表的整体看法，即是否认为财务报表公允反映了公司的财务状况和经营成果。审计意见段的翻译不仅要准确反映审计师的审计结论，还要确保符合法律和会计准则的要求，以保证目标语言读者的理解。

1. 审计意见段的组成部分

审计意见段通常包括以下几个关键组成部分：

(1) 审计意见的类型：审计意见可以是无保留意见 (Unqualified Opinion)、保留意见

(Qualified Opinion)、否定意见(Adverse Opinion)或无法表示意见(Disclaimer of Opinion)。

(2) 审计的基础：说明审计是基于哪些标准和准则进行的。

(3) 审计师的结论：明确说明审计师的最终判断和意见。

(4) 附加信息(如果有)：如审计过程中发现的重要事项，或在报告中必须补充的额外声明。

2. 审计意见段的翻译技巧

翻译审计意见段时，需要特别注意以下几个方面：

(1) 准确性：审计意见段中的每个术语都具有明确的法律和会计意义，这些术语是审计报告中传递核心信息的关键。因此，翻译时必须确保每个术语的准确性，避免因翻译不当导致信息的误传或误解。例如，某些会计术语在不同语言中可能有多个翻译选项，但选择错误的翻译可能影响审计报告的合法性和有效性。翻译者必须具备深厚的会计和审计知识，了解术语的专业背景及其具体含义，确保译文在专业性和法律性上的一致性。

(2) 标准化：审计报告通常遵循固定的表达模式和结构，翻译时需要遵循国际审计准则(ISA)或本地准则的一致性。审计意见段不仅仅是对财务状况的陈述，更是依据审计标准做出的法律声明。因此，翻译者必须理解并严格遵守相关的审计标准，确保翻译文本与原文在结构和表达上的一致性。此外，审计报告中使用的标准化表达，如"无保留意见""保留意见""无法表示意见"等，应根据目标语言的语言习惯准确翻译，并确保与国际审计标准的一致性。

(3) 法律语言的严谨性：审计意见段属于法律文件的一部分，具有强烈的法律效力，因此翻译时要特别注意语言的严谨性，确保不产生任何歧义。审计意见不仅是对财务报表的专业评价，还可能影响公司的法律责任和监管要求。翻译时需要确保每个句子、每个词汇都经过精确推敲，避免产生模糊或双重含义。此外，审计意见段通常采用正式、客观、被动的表达方式，翻译时应保持其严谨的法律语言风格，确保翻译文本在法律和审计领域的有效性和权威性。

3. 审计意见段翻译示例

(1) 无保留意见(Unqualified Opinion)

原文：

In our opinion，the financial statements present fairly，in all material respects，the financial position of ABC Company as of December 31，2023，and the results of its operations and its cash flows for the year then ended in accordance with International Financial Reporting Standards.

翻译：

我们认为，ABC公司截至2023年12月31日的财务状况，以及截至该日期的年度经营成果和现金流量，均公允反映在财务报表中，并符合国际财务报告准则的规定。

解析：

• "in our opinion"：翻译为"我们认为"，直接表达审计师的审计结论。

• "present fairly"：翻译为"公允反映"，这是审计中常用的术语，表示财务报表在所有重大方面均真实、无误。

• "in accordance with"：翻译为"符合"，是审计中常用的表述，确保表达审计遵循的会计准则。

（2）保留意见（Qualified Opinion）

原文：

In our opinion, except for the effects of the matter described in the Basis for Qualified Opinion paragraph, the financial statements present fairly, in all material respects, the financial position of XYZ Ltd. as of December 31, 2023, and the results of its operations and its cash flows for the year then ended in accordance with Generally Accepted Accounting Principles in the United States.

翻译：

我们认为，除了在"保留意见基础"段落中所描述的事项之外，XYZ 有限公司截至 2023 年 12 月 31 日的财务状况，以及截至该日期的年度经营成果和现金流量，均公允反映在财务报表中，并符合美国公认会计准则的规定。

解析：

• "except for the effects of the matter described"：翻译为"除了……之外"，是保留意见的关键部分，强调审计师在特定情况下对财务报表的限制。

• "Basis for Qualified Opinion"：翻译为"保留意见基础"，这是审计报告中的专有术语，用于引出对审计意见做出限定的原因。

（3）否定意见（Adverse Opinion）

原文：

In our opinion, because of the significance of the matter described in the Basis for Adverse Opinion paragraph, the financial statements do not present fairly the financial position of DEF Corporation as of December 31, 2023, or the results of its operations or its cash flows for the year then ended in accordance with International Financial Reporting Standards.

翻译：

我们认为，由于在"否定意见基础"段落中所描述事项的重大性，DEF 公司截至 2023 年 12 月 31 日的财务状况，以及截至该日期的年度经营成果和现金流量，未能公允反映在财务报表中，未符合国际财务报告准则的规定。

解析：

• "do not present fairly"：翻译为"未能公允反映"，这是否定意见的核心，表示财务报表存在重大问题,未能真实反映企业的财务状况。

• "Basis for Adverse Opinion":翻译为"否定意见基础",用于说明为何审计师未能出具无保留意见。

(4) 无法表示意见(Disclaimer of Opinion)

原文:

We do not express an opinion on the financial statements of GHI Enterprises because of the significance of the matter described in the Basis for Disclaimer of Opinion paragraph.

翻译:

由于在"无法表示意见基础"段落中所描述事项的重大性,我们未能对 GHI 企业的财务报表发表意见。

解析:

• "do not express an opinion":翻译为"未能发表意见",强调审计师由于某些原因无法对财务报表作出判断。

• "Basis for Disclaimer of Opinion":翻译为"无法表示意见基础",是审计报告中明确指出无法发表意见的原因。

4. 翻译注意事项

(1) 准确翻译审计术语:审计报告中使用的术语具有明确的专业和法律意义,因此翻译时必须准确传达原文的意图,特别是在表达审计意见时。例如,"qualified opinion"(保留意见)、"adverse opinion"(否定意见)和"disclaimer of opinion"(无法表示意见)等术语具有特定的法律和专业含义。翻译者不仅要熟悉这些术语在目标语言中的标准对应表达,还需要深刻理解其背后的法律、会计和审计框架。在一些特定情境下,某些审计术语可能在不同国家的审计实践中有不同的理解和应用,翻译时应依据目标语言的法律规定和行业惯例,确保术语翻译的准确性,避免误导或模糊解释。

(2) 避免过度解释:审计意见段的翻译应当保持简洁、精练,不应过多添加额外的解释或修饰,以免影响原文的含义和专业性。审计意见段旨在简洁明了地表达审计师的专业判断,任何不必要的补充都可能会导致信息的偏差或误解。在翻译过程中,除非遇到某些难以理解的术语或表述,或者目标语言的文化背景需要特别的解释或说明,否则翻译者不应随意补充内容。例如,对于某些特定的审计程序或报告要求,如果目标语言的读者对其不够熟悉,翻译时可以适当进行注释,但要避免过度扩展和引入非原文内容。

(3) 遵循标准化格式:审计报告通常有固定的结构和格式,翻译时需要严格遵循国际审计准则(ISA)或当地的审计准则,以确保审计报告的格式和结构符合专业要求。审计意见段不仅仅是表达审计师结论的部分,它的格式、表达顺序和术语使用都受到行业标准的规范。翻译者需要对目标语言中的审计报告格式和规范有清晰的了解,并确保翻译内容按照审计行业的标准进行组织。例如,在国际审计准则下,审计意见段的结论应清晰、简洁,且按一定的顺序呈现,因此翻译时应保留原文的结构,确保翻译后的审计报告在结构上与原文一致,且符合法律和行业的要求。

(4)法律和文化差异:翻译过程中,考虑目标语言的法律框架和文化背景至关重要。不同国家的法律体系、审计实践以及行业惯例可能会影响审计报告的表述方式,尤其是在表达审计意见时。在翻译时,译者必须确保翻译后的审计报告既符合目标语言的法律要求,又符合目标国家或地区的文化惯例。在涉及法律术语和审计术语时,翻译者应特别注意这些差异,避免因为文化或法律背景的差异导致误解或歧义。

审计意见段是审计报告的核心部分,其翻译要求高度准确,能够清晰传达审计师对财务报表的总体意见。无论是无保留意见、保留意见、否定意见还是无法表示意见,翻译时都必须注重审计术语的精确性和严谨性,遵循国际审计准则,并确保目标语言读者能够正确理解审计师的结论。通过对审计意见段的正确翻译,可以帮助提高审计报告的透明度,确保各方对审计结果的理解一致。

(二)审计范围段翻译

审计范围段(Scope Paragraph)是审计报告中的关键部分之一,通常位于审计意见段之前。它阐明了审计师在审计过程中所遵循的程序、范围以及审计工作开展的标准或准则,确保读者理解审计师如何进行审计工作以及审计的深度和广度。审计范围段的翻译必须准确传达审计程序和标准,以确保读者充分理解审计工作的实施过程。

1. 审计范围段的组成部分

审计范围段通常包括以下几个关键内容:

(1)审计的标准和准则:说明审计是依据哪些国际或地区的审计准则进行的。例如,国际审计准则(ISA)或国家级审计准则。

(2)审计程序的描述:简要描述审计过程中进行的主要程序,如测试财务报表、审查内部控制等。

(3)审计的局限性:明确审计师在审计过程中遇到的局限性,如无法审查的领域或数据不足等。

(4)审计目的:解释审计的最终目的是确保财务报表是否公允反映公司的财务状况。

2. 审计范围段的翻译技巧

(1)准确性和清晰度:审计范围段在审计报告中起着至关重要的作用,它描述了审计师执行审计的程序、方法和依据。翻译时,必须确保每个细节都准确无误,以免影响审计报告的专业性和有效性。审计范围段中的每个步骤和程序都可能涉及复杂的审计技术和专业标准,因此翻译时必须保持高度的准确性,避免任何潜在的误解或歧义。此外,审计范围段通常涉及一些专门的审计工具和方法,翻译时要确保这些方法得到准确传达,同时确保语言清晰、流畅,使目标读者能够顺利理解审计工作的整体框架。任何细节上的模糊或错误都会影响报告的质量和审计结论的可靠性。

(2) 遵循国际准则:审计报告通常遵循国际审计准则(如 ISA)以及其他相关的审计规范,因此在翻译审计范围段时,必须确保用词、表述和结构符合国际审计准则的规定。ISA 对审计过程、审计程序的描述有具体的要求,翻译者需要理解这些国际准则中对审计范围的定义和要求,确保翻译的内容与国际标准的一致性。例如,审计范围段中常见的术语"test of controls"(控制测试)、"substantive procedures"(实质性程序)等都应按照国际准则的标准表述,以确保译文在全球审计环境中具备一致性。此外,翻译过程中要考虑到不同语言环境下术语的惯用表达,避免因为语言差异导致的标准和规范上的偏差。

(3) 避免复杂的法律术语:尽管审计范围段属于专业性的内容,其中涉及的审计程序和方法通常是高阶技术和法规规定的,但在翻译时应避免过多使用复杂的法律术语,使目标语言的读者能够轻松理解。审计报告的目的之一是传递清晰的信息,过度使用难懂的法律或技术性术语可能会使非专业读者难以理解,甚至可能影响报告的可读性和透明度。翻译者应根据目标读者的需求和背景,合理选择适合的表达方式,将复杂的法律或审计术语简化为更通俗易懂的语言,同时保留其原有的专业性。

3. 审计范围段翻译示例

(1) 基于国际审计准则的审计

原文:

We conducted our audit in accordance with International Standards on Auditing (ISA). Those standards require that we comply with ethical requirements and plan and perform the audit to obtain reasonable assurance about whether the financial statements are free from material misstatement.

翻译:

我们的审计工作依据国际审计准则(ISA)进行。这些准则要求我们遵守道德要求,并计划和执行审计工作,以合理保证财务报表是否存在重大错报。

解析:

• "in accordance with":翻译为"依据"或"按照",常用于表达审计准则或程序的遵循。

• "reasonable assurance":翻译为"合理保证",是审计中对审计结果的一个标准,表示审计师通过审计程序获得的信心。

(2) 审计程序的说明

原文:

Our audit included examining, on a test basis, evidence supporting the amounts and disclosures in the financial statements. It also included assessing the accounting principles used and significant estimates made by management, as well as evaluating the overall presentation of the financial statements.

翻译：

我们的审计工作包括对财务报表中金额和披露内容的证据进行抽样检查。同时，还评估了管理层所使用的会计原则及做出的重大估计，并评估了财务报表的整体呈报情况。

解析：

• "examine on a test basis"：翻译为"抽样检查"，是审计中常见的做法，表示审计师并不对所有数据进行审查，而是抽取样本进行检查。

• "assessing the accounting principles used"：翻译为"评估所使用的会计原则"，这是审计工作中对会计处理方法的检查。

（3）审计局限性

原文：

We believe that the audit evidence we have obtained is sufficient and appropriate to provide a basis for our audit opinion. However, due to the inherent limitations of an audit, there is an unavoidable risk that some material misstatements may remain undetected.

翻译：

我们认为，我们所获得的审计证据足够且适当，为我们的审计意见提供了依据。然而，由于审计固有的局限性，某些重大错报可能无法被发现，存在无法避免的风险。

解析：

• "inherent limitations of an audit"：翻译为"审计固有的局限性"，指的是审计过程中固有的无法完全排除的误差或遗漏。

• "undetected"：翻译为"无法被发现"，体现审计工作中的风险，即尽管审计程序非常详尽，但仍可能存在无法识别的错报。

（4）审计报告的总体框架

原文：

In conducting our audit, we considered the internal control relevant to the entity's preparation of the financial statements in order to design audit procedures that are appropriate in the circumstances. However, we do not express an opinion on the effectiveness of the entity's internal control.

翻译：

在执行我们的审计工作时，我们考虑了与公司编制财务报表相关的内部控制，以便设计适当的审计程序。然而，我们并未对公司内部控制的有效性发表意见。

解析：

• "considered the internal control relevant to"：翻译为"考虑了与……相关的内部

控制",这一表述反映了审计师在审计过程中会评估公司的内部控制系统,但并不是对其有效性进行全面评估。

• "design audit procedures":翻译为"设计审计程序",强调审计师基于评估结果选择具体的审计方法和程序。

4. 翻译注意事项

(1) 专业术语的准确翻译:审计报告中的术语,如"audit evidence"(审计证据)、"reasonable assurance"(合理保证)、"internal control"(内部控制)等,翻译时要确保精确,避免模糊或不准确的表述。

(2) 简洁明了:虽然审计报告的语言较为正式和专业,但翻译时应保持简洁明了,避免使用过于复杂的句子结构,以确保目标语言读者能够清楚理解审计的范围和方法。

(3) 强调审计的局限性:审计范围段通常会强调审计工作存在一定的局限性,翻译时需要准确表达审计中存在的风险,如无法检测到所有错报的可能性。

(4) 遵循国际审计准则:翻译审计报告时,必须遵循国际审计准则(ISA)或国家审计准则的标准化表述。特别是在涉及审计程序、审计标准等方面,应确保翻译结果符合国际惯例。

审计范围段是审计报告中的关键部分,明确了审计师所采取的审计程序、遵循的标准及其局限性。在翻译时,准确传达审计工作的具体内容、审计程序和审计师的职责至关重要。审计范围段通常涉及多个层面,包括审计的具体目标、所依据的国际或地区性审计标准以及审计过程中所采用的具体程序和方法。翻译者不仅需要对这些标准和程序有透彻的理解,还应确保这些内容在目标语言中具有同等的法律效力和专业准确性。尤其是在描述审计的局限性时,翻译者需要特别注意如何传达审计过程中可能存在的技术性和实践性的限制,如样本选择的局限性、审计证据的不足或信息披露的限制等。通过精确翻译审计范围段,可以帮助目标语言读者清晰理解审计工作的实施过程及其所面临的局限性。这不仅有助于提高审计报告的透明度,增强目标受众对审计结果的信任度,还能确保在跨文化和跨法律体系的交流中,审计信息的传递不失准确性与权威性。

三、审计词汇翻译中常见问题与应对策略

(一) 词义模糊与术语混淆

在审计英语词汇翻译中,词义模糊与术语混淆是常见的翻译难点。审计涉及大量专有名词和行业术语,它们通常具有特定的法律、会计或审计含义,翻译不当可能导致误解或法律后果。因此,翻译者需要特别注意词义的准确性和术语的规范性。

1. 词义模糊问题

词义模糊是指一些英语词汇在不同语境下有多种解释,且在翻译时难以确定唯一准确的意思。特别是在审计英语中,一些常见词汇在普通语言和专业语言中的含义可能存

在差异。

material(重大、实质)

- The financial statements are free from material misstatement.
- 翻译:财务报表没有重大错报。

问题:"material" 在审计中通常翻译为"重大",指的是那些可能影响财务报表使用者决策的信息。然而,"material"在普通英语中常常有"物质的""实质的"等不同的含义。因此,翻译时必须根据语境选择最合适的意思。

解决方法:

- 在审计环境下,"material"应理解为"重大"或"实质",具体含义取决于上下文。例如,"material misstatement" 应翻译为"重大错报"。

fairly(公允)

- The financial statements present fairly the financial position of the company.
- 翻译:财务报表公允地反映了公司的财务状况。

问题:"fairly" 在审计中有特定的技术含义,表示财务报表在所有重大方面真实、公正。然而,"fairly" 在普通英语中也可能翻译为"公平地"或"适当地",如果不理解审计语境,可能会导致误译。

解决方法:

- 在审计语境中,"fairly" 应翻译为"公允",这个词特指真实、公正地反映财务状况。

reasonable(合理的)

- 原文:We have obtained reasonable assurance that the financial statements are free from material misstatement.
- 翻译:我们已经获得了合理的保证,财务报表没有重大错报。

问题:"reasonable"在审计中指的是"合理的",通常与"assurance"一起使用,表示审计师所获得的"合理保证"。这是一个专业术语,意味着审计工作可以提供一定程度的信心,但不能完全排除风险。

解决方法:

- 翻译时,不能把"reasonable"直译为"合理的",而是要根据审计语境将其与"assurance"一起翻译为"合理保证",避免语义模糊。

2. 术语混淆问题

在审计英语中,存在一些相似的术语,它们的含义非常接近,但在具体使用时有微妙的区别。错误的术语选择可能导致翻译不准确,进而影响审计报告的法律效力或理解。

audit opinion vs. audit report(审计意见 vs. 审计报告)

- The audit opinion is included in the audit report.

- 翻译：审计意见包含在审计报告中。

问题："audit opinion"（审计意见）和"audit report"（审计报告）有时容易混淆。前者指的是审计师对财务报表的评估或意见，而后者则是包含审计师所有审计结果、意见和其他信息的正式报告。

解决方法：

- 翻译时要区分这两个术语，确保"audit opinion"准确翻译为"审计意见"，"audit report"翻译为"审计报告"。"审计意见"是审计报告的一部分，两者不能互换。

materiality vs. significance（重要性 vs. 显著性）

- The auditor assessed the materiality of the financial misstatements.
- 翻译：审计师评估了财务错报的重要性。

问题："materiality"和"significance"都有"重要性"的意思，但"materiality"在审计中有特定的技术含义，指的是错误或遗漏可能会影响财务报表使用者决策的程度，而"significance"则更多用来指示事件、数据或信息的显著性。

解决方法：

- "materiality"应翻译为"重大性"或"重要性"，特别是指财务报表中的误差或遗漏。"significance"则可以翻译为"显著性"，更强调某事物在整体中占据的重要地位。

audit procedures vs. audit techniques（审计程序 vs. 审计方法）

- The audit procedures included substantive testing and control testing.
- 翻译：审计程序包括实质性测试和控制测试。

问题："audit procedures"和"audit techniques"是两个常见但不同的术语。虽然两者都涉及审计活动，但"audit procedures"通常指的是审计过程中采用的整体程序和步骤，而"audit techniques"更侧重于具体执行审计时使用的方法或工具。

解决方法：

- "audit procedures"应翻译为"审计程序"，指的是审计师在整个审计过程中实施的一系列步骤；而"audit techniques"应翻译为"审计方法"，特指审计过程中使用的具体技术或工具。

3. 避免词义模糊与术语混淆的策略

（1）深入理解审计语境：翻译者应充分理解审计工作和相关领域的专业背景，特别是会计、审计准则等知识。审计报告中的许多术语和表达方式都与特定的审计程序、会计处理方法以及国际和地区性审计准则密切相关。因此，翻译者不仅要具备语言能力，还需要拥有深厚的审计、会计和法律知识，以便准确理解和翻译源语言中的术语和表达。审计工作涉及的知识领域非常广泛，包括财务报表审计、内部控制审计、审计证据的获取和评估、审计风险的识别与应对等，每一个环节都可能涉及专业术语和特定的技术要求。

（2）查阅专业词典和参考资料：对于术语的翻译，应查阅权威的审计词典、国际审计准则(ISA)以及其他相关标准文献,确保每个术语的翻译与行业标准一致。审计报告中使用的术语通常具有高度的专业性和规范性,许多术语在不同语言和地区的翻译可能会有所不同。因此,翻译者在处理这些术语时,不能依赖单一的词汇或直观的理解,而应通过查阅经过验证的专业词典和参考资料来确保术语的准确性。

(3)避免直译和字面翻译:很多审计术语在目标语言中有固定的翻译表达,不能简单地进行字面翻译。审计领域的术语往往具有高度专业性和规范性,许多术语在不同语言间并不总是能直接对应。例如,某些审计概念在源语言中可能具有特定的法律或行业背景,而这些背景在目标语言中可能并不存在,或者具有不同的理解。因此,简单的字面翻译可能会导致意思的不准确或产生误导,甚至会影响审计报告的法律效力和可信度。翻译者应根据目标语言的专业习惯和行业标准,选择最合适的术语进行翻译,避免机械地照搬源语言的结构或词汇。

(4)咨询专业人士:在翻译遇到困难时,最好请教具有审计背景的专家或同行,确保术语和翻译的一致性。审计报告中的许多术语和概念具有复杂的法律和技术背景,有时单纯依赖词典或参考书籍可能不足以准确把握其真正含义。此时,向经验丰富的审计专家或同行请教,能够帮助翻译者更好地理解术语的背景和使用场景,从而确保翻译的精确性和专业性。此外,同行之间的讨论和交流也能提供宝贵的参考意见。翻译者可以通过与其他有类似翻译经验的专业人士分享意见,了解他们在遇到相似问题时的处理方法。这种同行间的经验分享,有助于解决翻译中的难题,提高翻译质量,尤其是在一些难以翻译或有争议的术语上。

(5)使用标准化语言:审计领域的很多术语都有固定的翻译,翻译时要使用标准的、行业认可的表述,避免造成混淆或误解。审计报告中的术语通常具有高度的规范性和行业专属性,这些术语的翻译应当遵循既定的标准,以确保在全球范围内的专业性和一致性。标准化语言在审计翻译中尤为重要,因为审计报告通常涉及法律、财务和会计等多个领域,翻译不准确可能导致法律后果或产生误导性信息,进而影响报告的可信度和有效性。

在审计英语词汇翻译中,词义模糊与术语混淆是常见的翻译难点。审计领域的术语往往具有多重含义,特别是在不同的审计环境、法律体系或地区性标准下,同一个术语可能会有不同的解读。这种多义性和语境差异使得翻译者在处理审计术语时面临着较大的挑战。如果翻译者未能准确理解术语的背景和特定语境,可能会导致词义模糊或术语混淆,从而影响翻译质量,甚至影响审计报告的法律效力和信息的准确传达。为了确保翻译的准确性,翻译者需要深入理解审计领域的专业背景和具体语境。了解审计的基本概念、审计程序、相关法规以及国际审计标准(如 ISA 和 IFRS)是至关重要的,这有助于翻译者把握术语的确切含义,并确保翻译符合行业标准。翻译者还需注意审计报告中各术语的上下文,避免仅凭字面意思进行翻译。字面翻译容易忽略术语的专业背景,可能导致误解或翻译不准确。

（二）翻译不一致问题

审计英语词汇翻译不一致问题是审计翻译中的一大难点，尤其是在多语言、多文化的环境中。这种问题通常出现在翻译过程中，主要源于以下几方面的原因：术语翻译没有统一标准、翻译者对相关专业知识的理解不充分以及行业或地区的差异等。这种翻译不一致不仅可能导致理解上的混淆，还可能影响审计报告的法律效力和准确性。

1. 审计英语词汇翻译不一致的常见原因

审计术语在不同语言和地区可能存在多个翻译版本，尤其在国际化背景下，不同国家或地区可能根据本地审计准则、法律环境和语言习惯采用不同的术语。这些术语虽然都指代审计师对被审计单位财务报告的评价和结论，但在不同的文化和审计体系中可能有着不同的理解和使用习惯，因此翻译时需特别注意选择适合目标语言和文化的表达方式。

翻译者的背景和对审计知识的掌握程度也会影响翻译的准确性和一致性。对于不熟悉审计行业的翻译人员来说，容易混淆一些专业术语，导致翻译不一致，甚至引发误解。例如，在翻译"material misstatement"时，一些翻译者可能选择"重大错报"，而其他翻译者则可能使用"实质性错报"。尽管这两个翻译在字面上相似，但它们在审计领域的定义有所不同，可能会对读者的理解产生不同的影响。翻译者若对审计专业术语的掌握不够深入，容易在此类细节上出现不准确的翻译，从而影响译文的质量和专业性。

许多审计术语在不同上下文中具有不同的含义，导致翻译时可能存在多重选择。比如，"audit report"在通常语境下翻译为"审计报告"，但在某些特定语境下，它也可能指包括审计结论、审计程序以及其他相关内容的更广泛的"审计文档"。这种多义性使得翻译过程变得更加复杂，译者需要根据具体上下文来选择最合适的翻译。若上下文不明确或翻译者对审计背景理解不深，可能会导致不准确的翻译，进而影响审计报告的清晰性和专业性。

此外，不同国家或地区的审计文化和法律体系可能存在差异，这些差异往往会影响同一术语的翻译。在美国和英国等英语国家，审计报告的结构、内容以及对审计意见的表达方式可能有所不同。例如，美国的审计报告中通常会有更多详细的审计程序和法律责任的描述，而英国的审计报告可能更加简洁，重点集中在审计结论上。这些差异在翻译过程中可能会影响术语的选择，翻译者需要根据目标国家的审计文化和法律体系来调整翻译策略，确保翻译内容的准确性和适应性。

2. 审计英语词汇翻译不一致的影响

翻译不一致会导致审计报告的读者产生误解。例如，将"material misstatement"翻译为"重大错报"或"实质性错报"，可能会让读者误以为这两个术语指代的内容有所不同，从而影响对审计报告的准确解读。虽然这两个词汇都指涉审计过程中发现的财务报表错误，但"重大错报"可能更侧重于错误的影响程度，而"实质性错报"则更多体现了错误的性质和对审计结果的潜在影响。这样的翻译差异不仅会引发不同解释,还可能影响对审计结论的理解,进而影响审计报告的法律效力和信任度。在国际审计环境中,翻译不一致更可能由于语言和文化背景的差异,造成审计报告在不同地区的解读不一致。

审计报告通常具有法律效力,尤其在公司治理、税务合规和财务审查等领域。翻译不一致可能导致审计报告的内容产生歧义,甚至在法律纠纷中被视为不明确的证据,增加法律风险。在跨国审计的背景下,由于不同国家的法律体系、审计标准和文化差异,相同的术语可能在不同地区有不同的法律含义。如果翻译过程中没有统一的术语标准,报告中的某些术语可能在不同的法域内产生不同的解释,进而影响审计结论的法律效力。例如,审计报告中提到的"内部控制缺陷"可能在不同国家有不同的定义和法律后果,这种翻译不一致可能在跨国诉讼或监管审查中带来不必要的法律风险。

审计报告应当具备高度的权威性和公信力,翻译不一致会使报告显得不专业,降低其可信度。特别是涉及跨国审计的情况下,报告的翻译问题可能会导致客户或其他利益相关者对审计结果产生怀疑。审计报告不仅需要在专业上准确无误,还需要在语言上保持高度的精确性与一致性。翻译的质量直接影响到报告的信任度和使用效果。如果翻译中存在不一致,可能使报告看起来不够严谨,进而影响审计的专业形象。例如,若在同一报告中不同部分的术语翻译不一致,读者可能会怀疑审计工作是否做到位,进而质疑报告的整体准确性。尤其是在国际化审计中,翻译的可靠性和一致性至关重要,因为它直接影响到不同国家和地区的利益相关者对报告的认同和接受度。

在审计流程中,审计人员、被审计方和外部利益相关者可能需要对报告进行讨论或澄清。如果翻译存在不一致,可能会在各方之间引发不必要的误解或沟通障碍,影响审计进程。审计报告通常是一个多方沟通的工具,翻译的不一致可能使得相关方在解读报告时产生歧义,导致不必要的争议或沟通延误。例如,审计人员可能认为某个翻译术语代表某种审计结论,而被审计方则可能有不同的理解,这样的差异不仅影响报告的解释,还可能延误审计工作,增加沟通成本。在跨国审计中,这种翻译不一致可能导致不同国家的审计团队或利益相关者无法有效沟通,进而影响审计质量和效率。因此,为确保审计报告的顺利沟通和及时完成,确保翻译一致性至关重要。

3. 审计英语词汇翻译不一致的实例

(1) 审计意见(Audit Opinion)

- The auditor's opinion on the financial statements is unmodified.
- 翻译1:审计师对财务报表的意见是无保留的。
- 翻译2:审计师对财务报表的看法是没有修改的。

问题分析:"audit opinion"可以翻译为"审计意见"或"审计看法"。"审计意见"是最常见的翻译,表示审计师基于审计证据做出的判断。而"审计看法"在很多情况下并不准确,容易让人误解为一种主观看法,而非严格的专业评估。

（2）实质性测试（Substantive Testing）

- The auditor performed substantive testing to verify the financial statements.
- 翻译 1：审计师进行了实质性测试以验证财务报表。
- 翻译 2：审计师进行了详细测试以核实财务报表。

问题分析："substantive testing"通常翻译为"实质性测试"，但有些翻译者可能会选择"详细测试"来表达，虽然"详细"可以传达一种审计的深度，但它并没有完全表达出"substantive"在审计中指"检查财务报表是否存在重大错报"的含义。因此，翻译不一致可能导致概念混淆。

（3）财务报表（Financial Statements）

- The company has prepared its financial statements according to IFRS.
- 翻译 1：公司已按照国际财务报告准则（IFRS）编制其财务报表。
- 翻译 2：公司已按照国际财务报告准则（IFRS）编制其财务文件。

问题分析："financial statements"通常翻译为"财务报表"，而"财务文件"显得过于宽泛，可能指代任何与财务相关的文件，但并不特指公司年度或季度的财务报表。此类翻译不一致可能让读者误解审计报告的范围和内容。

4. 如何解决审计英语词汇翻译不一致问题

为了避免审计英语词汇翻译中的不一致，翻译团队可以建立统一的翻译规范，确保所有相关术语的翻译保持一致。例如，建立一个审计英语词汇数据库，明确每个常见术语的翻译标准。这个词汇数据库应当包含常见审计术语、法律术语、会计术语以及行业特定的术语，并且每个术语应当有明确的翻译标准和解释。通过数据库的共享，翻译团队可以确保在翻译过程中参考相同的标准和术语，从而避免出现不同译者对同一术语的不同理解和翻译。统一的翻译规范不仅有助于保证翻译的一致性，还能有效提高翻译效率，因为翻译人员可以在日常工作中快速查找和应用标准化的术语。这种统一的规范也有助于在不同翻译项目中保持一致，增强审计报告的整体连贯性。

审计术语翻译需要翻译者具备一定的审计、会计和法律知识。翻译人员可以通过定期培训或与审计专家合作来提高专业水平，从而减少翻译错误。审计英语不仅仅是语言的翻译，更是专业知识的传递。翻译者只有了解审计流程、会计原则、税务规则以及相关的法律规定，才能准确理解原文的含义并正确地将其传达给目标语言的读者。因此，翻译团队应当定期为翻译人员提供关于审计和会计的培训，使他们熟悉最新的审计标准和财务报告要求。与审计专家合作也是一种有效的提高翻译质量的方式，翻译人员可以通过与专业人士的合作和交流，深入了解行业术语和实践，确保翻译的专业性和准确性。此外，翻译者也可以参与到审计报告的实际翻译过程中，通过实践积累经验，不断提升其对审计术语的理解和翻译能力。

在翻译审计报告时，翻译者应参考国际审计准则（ISA）、国际财务报告准则（IFRS）

以及各地的审计与财务报告标准。通过确保翻译与这些标准一致,能够避免术语翻译上的偏差。国际审计准则和财务报告准则不仅是全球审计领域的核心依据,也是审计报告中术语使用的重要参考。翻译者应当对这些标准有深入了解,确保在翻译过程中使用的术语符合国际惯例,并且能够被不同国家和地区的审计和财务报告实践所接受。不同地区的审计标准可能会有所不同,因此翻译者应当密切关注目标语言地区的具体要求,以避免标准不一致或翻译不当的问题。只有在精确对照并符合这些国际标准的基础上,翻译才可能保证术语的准确性,从而确保审计报告的权威性和合法性。

审计报告翻译完成后,应该进行双向审校,以确保翻译的一致性和准确性。审校人员可以是有审计背景的专业人士,通过审查翻译是否符合行业标准,减少翻译误差。在审计报告的翻译过程中,审校不仅仅是检查语法错误或拼写错误,更重要的是确保术语使用的一致性和翻译的专业性。审校人员需要熟悉审计领域的相关法规和标准,能够发现翻译中的潜在问题,确保译文不仅通顺流畅,而且准确无误。双向审校指的是从源语言和目标语言两个方向进行审校,不仅要保证译文的语言准确性,还要确保翻译符合原文的含义,并且在目标语言中能够传达相同的专业信息。通过双向审校,翻译团队可以有效识别和纠正翻译中的不一致问题,提高审计报告的准确性和可靠性。

现代翻译工具,如计算机辅助翻译(CAT)软件,可以有效管理术语一致性。通过建立翻译记忆库和术语数据库,翻译者可以确保每个术语的翻译在整个文档中保持一致。CAT 工具能够帮助翻译者更好地管理重复的术语和短语,减少人工翻译的重复劳动,提高翻译效率和一致性。翻译记忆库是一个存储以前翻译过的句子或段落的数据库,翻译者可以在翻译新的审计报告时,直接调用之前翻译过的内容,从而确保术语的统一和一致性。术语数据库则是一个专门存储审计和财务报告相关术语及其标准翻译的工具,翻译者在翻译过程中可以随时查阅,确保使用的术语与行业标准一致。此外,CAT 工具还可以通过对比原文和目标文,帮助翻译人员发现潜在的翻译错误或不一致之处,进一步提高翻译质量。

审计英语词汇翻译不一致问题是审计翻译中的常见挑战,可能影响报告的准确性、法律效力和公信力。通过建立统一的翻译规范、提高翻译者的专业素养、参考权威标准以及使用翻译辅助工具,能够有效解决翻译不一致问题,确保审计报告的高质量和一致性。翻译不一致不仅影响报告的语言质量,还可能导致审计结论的误解,甚至引发法律和信任危机。因此,确保翻译一致性是审计报告翻译质量控制中的关键环节。

四、 本土化与国际化冲突的解决

(一) 本土化与国际化的定义

• 本土化(Localization):本土化是指在翻译过程中,按照目标语言的语言习惯、文化背景、法规环境等进行调整,使翻译文本更加符合目标读者的期望和实际情况。在审计翻译中,本土化可能涉及对审计术语的调整,符合目标国家或地区的会计和审计准则。

• 国际化(Internationalization):国际化是指将翻译尽量保持为一种标准的、跨文化通用的语言,使其适应全球不同语言和文化环境。审计翻译中的国际化意味着保持术语的全球一致性,使审计报告能够跨境使用和理解,符合国际通行的会计和审计标准。

在审计英语词汇翻译中,本土化与国际化之间的冲突是翻译实践中的一个常见难点。这种冲突通常出现在两者之间的选择和折中上,即翻译是否应更符合目标语言的文化和语言习惯(本土化),还是保持原始英语的国际通用性和专业标准(国际化)。在审计报告翻译中,正确处理这种冲突非常重要,因为它直接关系到翻译的准确性、审计报告的法律效力以及跨国审计的沟通效率。

(二)审计英语词汇翻译中的本土化与国际化冲突的表现

1. 审计术语的本土化与国际化冲突

某些审计术语在不同国家或地区可能有不同的翻译。例如,"audit opinion"在美国、英国和中国的翻译可能有所不同,虽然这些翻译都指向相同的审计报告部分,但根据语言习惯和文化背景,其翻译可能存在偏差。

例子 1:

• audit opinion
• 国际化翻译:审计意见(适用于所有地区的标准翻译)
• 本土化翻译(中国):审计结论(有时在中国的翻译中,可能习惯用"结论"来代替"意见",但这种翻译不完全符合国际标准)

例子 2:

• financial statements
• 国际化翻译:财务报表(常见标准翻译)
• 本土化翻译(某些地区):财务报表或财务文件(有时翻译为"财务文件",特别是在一些较为宽泛的文档中)

2. 审计程序与本土化审计惯例的冲突

不同地区对审计程序的要求和惯例不同。在本土化的翻译过程中,可能会根据本地的审计法律和规范对术语进行调整,而在国际化的翻译中,则更倾向于使用全球通用的审计术语。

例子 3:

• substantive testing
• 国际化翻译:实质性测试
• 本土化翻译(某些地区):实质测试或详细测试(某些地区可能偏向于更简洁的翻译,但这可能导致理解上的差异)

3. 审计标准的本土化与国际化冲突

在审计翻译过程中,可能会遇到根据不同国家或地区的审计标准进行调整的情况。例如,某些国家使用国际审计准则(ISA),而另一些国家使用本国的审计准则(如中国的审计准则或美国的审计准则)。在这种情况下,翻译者可能面临如何平衡全球标准和本地标准之间的翻译问题。

例子4:

- International Financial Reporting Standards(IFRS)
- 国际化翻译:国际财务报告准则
- 本土化翻译(中国):国际财务报告准则(直接使用国际化术语,但在中国本土化时可能会强调"中国会计准则的适用")

(三) 本土化与国际化冲突的解决方法

1. 审计报告翻译的全球统一性

在翻译审计报告时,应该尽量保持全球统一的审计术语。国际审计准则(ISA)以及其他国际财务报告准则(如 IFRS)为审计工作提供了标准框架,翻译者应优先使用国际通行的术语和表达,以确保跨国审计报告的准确性和一致性。为了确保审计报告的统一性,翻译团队需要建立明确的标准,避免因地域差异导致的术语误解或混淆。全球统一的审计术语不仅有助于提高报告的清晰度,还能确保不同地区的审计人员和读者都能对报告内容产生一致的理解。例如,"internal control"应始终翻译为"内部控制",而不是在某些地方翻译为"内部管理",从而避免读者对术语产生歧义。为此,翻译团队需要:

- 统一术语:建立审计英语术语表,确保术语在翻译过程中的一致性。可以参考国际标准,如 ISA、IFRS 和美国 GAAP 等,确保翻译符合国际标准。术语表应定期更新,确保跟进最新的审计标准和术语变化。此外,翻译团队还可以利用翻译记忆库(TM)和术语数据库(TB),通过 CAT 工具实现术语的一致性管理,确保每个术语在整个翻译过程中都使用统一的表述。

- 避免过度本土化:避免将国际术语过度本土化,特别是一些专业术语。如果没有必要的本土化理由,应保持国际化标准。在某些情况下,虽然目标语言可能有传统用语,但如果与国际标准存在较大差异,翻译应避免使用这些本土术语,以免造成误解或歧义。全球一致的术语有助于加强国际审计工作的规范化,确保不同地区的审计结果能够互通,并为跨国公司提供清晰一致的财务报告。

2. 考虑目标读者的文化和语言习惯

在一些情况下,尤其是针对特定国家的审计报告,适当的本土化是必要的。翻译者需要根据目标读者的文化和语言习惯进行调整,但调整不应偏离国际化标准。翻译者应在保持国际化标准的同时,灵活应对目标语言的文化背景和审计实践,以确保翻译结果

的准确性和可读性。解决本土化与国际化冲突的方法包括:

- 文化适配:在保持术语全球一致的同时,针对目标国家的法律和审计实践进行适配。例如,若某些术语在目标语言中使用较少,可以通过添加解释或说明来帮助读者理解其准确含义。例如,"audit committee"在某些国家的审计实践中可能有不同的组织形式,因此翻译时可以加入简短的注释,如"审计委员会(指负责监督审计工作的独立委员会)"。这样可以帮助目标读者理解这一术语在本地审计体系中的具体含义。

- 灵活翻译:对一些特定审计概念进行灵活翻译。例如,"audit procedures"可以翻译为"审计程序"或"审计方法",取决于上下文和目标语言的语言习惯。不同语言中相同概念的表达可能存在差异,翻译者应根据上下文和目标语言的表达习惯选择最合适的译法,既要保证术语的准确性,又要兼顾目标语言的流畅性。

3. 平衡本土法规与国际标准

对于涉及本国审计法律和规定的部分,翻译应适当地本土化,确保符合目标国家的法规和审计准则。例如,如果目标国家有特定的审计要求或法律条文,翻译时需要参考本国的法律框架,同时仍然保持国际化审计报告结构。在一些情况下,本土化翻译可能是必需的,尤其是在涉及税务合规、公司治理等与本国法律体系密切相关的部分。

例子:

- The auditor has complied with the requirements of the ISA.

- 国际化翻译:审计师遵守了国际审计准则的要求。

- 本土化翻译(中国):审计师遵守了中国审计准则的要求(如果翻译适用于中国,且中国审计准则适用于此项审计工作)。在这种情况下,翻译者应根据目标国家的具体审计准则进行调整,但同时要确保翻译符合国际审计准则的核心要求。这不仅能够提高审计报告的本地适应性,还能确保报告的跨国一致性。

4. 使用解释性注释

当本土化和国际化的冲突无法完全避免时,翻译者可以通过增加注释或附录的方式,向读者解释某些术语或表达的背景,帮助读者理解不同的翻译选择。例如,增加一段文字说明:"本报告依据国际审计准则(ISA)编制,某些术语在本地审计准则中可能有所不同。"通过这种方式,翻译者能够向读者传达翻译的背景信息,从而减少可能的误解。此外,注释和附录也可以帮助读者理解报告中的特定审计程序和概念,特别是当目标语言中没有直接对应的术语时。

5. 专业翻译团队合作

审计翻译工作需要具备审计背景的专业翻译人员。因此,组成具有审计、会计和法律背景的翻译团队至关重要。通过团队合作,可以确保翻译既符合国际标准,又能够适当地本土化。审计报告翻译不仅是语言的转换,更是跨文化和跨法律环境的沟通。专业团队能够根据不同国家的审计规定、文化背景和语言习惯,提供精准的翻译,确保审计报告的法律效力和国际认可。通过团队合作,翻译者能够根据具体情况做出适当的翻译决策,同时保障审计报告的一致性和高质量。

在审计英语词汇翻译中,本土化与国际化之间的冲突是不可避免的,尤其是在跨国审计和全球化背景下。解决这一冲突的关键是找到平衡,既要确保翻译符合国际审计准则和财务报告标准,又要考虑目标语言的文化背景和语言习惯。在解决本土化与国际化冲突的过程中,翻译者应强化专业知识储备,参考国际标准,避免过度本土化,以此确保审计报告具备准确性、专业性,实现跨文化的有效沟通。通过这些策略,翻译团队能够确保审计报告的全球一致性和本地适应性,从而提高审计报告的信任度,增强国际沟通效率。

第五节　审计词汇翻译质量提升策略

为了解决审计词汇翻译中的不一致问题,可以建立统一的审计术语库或词汇表。通过参考国际审计准则(ISA)、国际财务报告准则(IFRS)等权威文献,确保翻译人员对专业术语有统一的理解和应用。建立术语库不仅有助于保证术语的准确性,还能提高翻译的一致性。术语库的建立可以作为翻译过程中的参考工具,帮助翻译人员迅速找到标准化的翻译,并确保在不同的审计报告和文档中术语的使用一致。为了确保术语库的实用性和时效性,应定期更新,及时纳入新的审计术语以及相关法规和标准的变化。此外,术语库应具备可操作性,能够支持翻译工具(如计算机辅助翻译工具)进行实时查验和应用,从而提高翻译效率和质量。

审计词汇的翻译不仅仅是语言的转换,更是对审计、财务、法律等专业知识的运用。翻译者只有具备一定的审计或会计背景,了解国际审计准则和财务报告准则的内容,才能正确理解和翻译术语。对于一些具有特殊含义的术语,翻译者不仅要具备语言能力,还应有一定的行业经验,这样才能确保对术语的精确把握。为了提高翻译的准确性和专业性,定期的培训和学习对于翻译人员来说非常重要。翻译者可以通过参加行业研讨会、学习最新的审计标准和法规等方式,不断提高自己对审计领域术语的理解和翻译能力。此外,翻译团队可以与审计专家建立合作关系,定期进行交流和讨论,从而使翻译人员更加深入地了解审计工作的实际需求,并在翻译过程中应用这些知识。

在面对审计报告翻译时,应根据目标语言的文化、法律和审计环境灵活调整翻译策略。文化适配是翻译过程中不可忽视的因素,特别是在跨国审计报告中,翻译者需要了解目标语言国家的文化特点以及审计制度的差异。例如,在某些国家,审计报告可能更加注重对财务状况的详细描述,而在另一些国家,简洁明了的报告形式则更为常见。翻译者应在确保翻译符合国际审计准则的同时,适当考虑目标语言国家的表达习惯。在涉及特定国家审计准则或法规的部分,可以进行适当的本土化翻译,同时保持与国际审计准则的一致性。这种本土化翻译的关键是根据目标国家的法律框架调整翻译内容,同时不偏离国际标准的核心要求。例如,某些国家可能有特定的税务审计要求,翻译时需要将这些本土化要求与国际标准相结合,提供准确的翻译。翻译过程中,应避免过度本土化,特别是当本土化可能导致术语的变异或不一致时。过度本土化可能会影响报告的全球可比性,从而损害其国际效力。

审计报告的翻译完成后,应经过多次审校,尤其是由具有审计背景的专家进行审查。通过双向审校,可以有效避免术语翻译的错误和不一致,确保翻译的准确性和专业性。审校环节是审计报告翻译过程中至关重要的步骤,审校人员不仅需要具备精通语言的能力,还需要了解审计相关的专业知识。通过双向审校,可以确保翻译的术语符合国际审计准则,且在表达上清晰和准确。审校人员还应当审查报告的整体逻辑结构,确保翻译的内容符合审计报告的写作规范。此外,翻译过程中应引入质量控制机制,确保每个环节都符合审计标准和行业规范。质量控制可以通过使用翻译软件中的质量检查功能进行自动检测,也可以通过设立质量审查小组进行人工审核,从而在每个阶段对翻译结果进行严格把关。最终,翻译报告的质量控制将确保翻译不仅符合专业标准,还能在法律和文化环境中得到认可和接受。

通过以上措施,审计词汇翻译中的不一致问题可以得到有效解决,从而提高翻译的准确性、一致性和质量。这不仅有助于提升审计报告的专业性和信任度,还能够确保跨文化沟通的顺畅,从而推动国际审计工作的顺利进行。

第六节　结论与展望

一、本章研究的总结

审计词汇翻译研究在全球化背景下发挥着越来越重要的作用。通过准确和一致的翻译,审计报告能够确保跨国审计工作的顺利进行,并增强审计报告的法律效力和公信力。然而,审计词汇翻译面临着诸多挑战,如术语的多义性、翻译的不一致性以及本土化与国际化的冲突等。解决这些问题需要建立统一的标准,强化翻译者的专业背景,灵活应用翻译方法,并借助技术手段提升翻译质量。随着全球审计需求的增加,审计词汇翻译研究将在促进国际审计标准统一、提高翻译质量以及加强跨文化沟通方面发挥越来越重要的作用。审计词汇翻译研究是一个跨学科的领域,涵盖了语言学、翻译学、会计学和审计学等多个学科的内容。随着全球化的深入和国际审计准则(ISA)与国际财务报告准则(IFRS)等全球标准的广泛应用,审计词汇的准确翻译变得尤为重要。审计词汇翻译研究不仅有助于提高翻译的质量,还能促进国际审计标准的统一,为全球范围内的审计活动提供有效的语言支持。

二、 审计词汇翻译研究的进一步方向

随着全球化进程的加速和国际审计需求的不断增长,审计词汇的翻译研究面临着新的挑战与机遇。为了提高审计报告的翻译质量、促进跨国审计的标准化和确保报告的法律效力,未来审计词汇翻译研究有几个重要方向可以进一步探索和发展。

(一)审计词汇标准化与全球统一

随着国际审计准则(ISA)、国际财务报告准则(IFRS)等全球标准的应用,未来的审计词汇翻译研究可以进一步推动建立一个全球统一的审计术语库。这个术语库应涵盖不同语言的审计词汇,并为翻译人员提供标准化的翻译参考,确保不同语言版本的审计报告在术语使用上的一致性。这不仅有助于减少翻译中的歧义,还能提高跨国审计和跨文化沟通的效率。未来的研究可以集中于如何协调国际审计准则(ISA)与不同国家的本土审计标准之间的差异,特别是在审计术语和表达方式上。研究可以探索如何平衡全球审计标准的统一性与各国法规的本土化需求,以确保审计词汇翻译能够满足不同法律和文化背景的需求。随着审计翻译需求的增加,未来的研究应进一步探讨审计词汇翻译的标准化流程和质量控制体系。通过建立统一的翻译标准、审校程序和质量评估机制,确保审计报告的翻译符合国际和地区的专业标准,同时提高翻译的准确性和一致性。

(二)跨学科整合与多语种翻译研究

审计词汇的翻译研究需要语言学、翻译学、会计学和审计学的深度跨学科合作。未来的研究可以更多地结合审计学和翻译学的理论,探索如何从语言学和翻译学的角度分析审计英语的特点,以及如何结合审计行业的专业需求来制定翻译策略。这种跨学科的整合有助于提高翻译研究的深度和应用性。随着全球经济一体化,越来越多的跨国公司和审计机构需要进行多语种审计报告翻译。因此,未来的研究应集中于如何高效地进行多语种审计报告翻译,解决不同语言间的术语差异、文化差异以及法律差异。具体研究可以包括如何处理多语言翻译中的一致性、如何设计支持多语种审计翻译的工具和系统等。为了确保审计报告的翻译质量,未来的研究可以开发和完善审计词汇翻译的质量评估模型。通过评估翻译的一致性、准确性、专业性等方面,识别潜在的翻译问题,并提出改进方案。这种评估方法不仅能提高审计词汇翻译的质量,还能为审计行业的翻译标准化提供参考依据。

（三）翻译技术的应用与发展

随着翻译技术的不断进步,未来审计词汇翻译研究可以进一步探讨计算机辅助翻译(CAT)工具的使用。例如,开发专门针对审计词汇的术语数据库、翻译记忆库和术语提取工具。通过这些工具,翻译人员可以提高翻译效率,确保审计词汇的统一性,并且通过机器学习优化术语选择。机器翻译(MT)技术,尤其是神经机器翻译(NMT),在审计翻译中的潜力值得深入研究。未来的研究可以探索如何通过 MT 技术处理大量的审计报告和财务数据翻译,特别是在大规模审计数据分析中,自动翻译可以提高效率。需要注意的是,机器翻译在审计词汇翻译中的应用必须谨慎,特别是在涉及法律效力和专业性的问题上,应确保翻译的准确性和一致性。通过建立大规模的审计语料库,研究人员可以分析不同语言之间审计术语的使用规律和翻译方法,提供数据驱动的翻译策略。这些语料库可以帮助翻译人员更好地理解不同语言背景下的审计术语,确保翻译的质量和准确性。同时,语料库还可以为自动化翻译系统的训练提供支持,提高审计报告翻译的效率和一致性。

随着全球审计需求的不断增长和翻译技术的迅猛发展,审计词汇翻译研究的未来方向正面临更加复杂的挑战与广阔的前景。首先,标准化与全球统一将成为关键研究领域,特别是在跨国审计中,如何确保不同语言之间的审计词汇翻译统一且精准,以满足国际审计标准的要求,将是亟待解决的问题。其次,跨学科整合与多语种翻译也是一个重要方向,审计不仅涉及财务领域,还涉及法律、税务、经济等多个学科,未来的研究需要在这些学科的交叉点上进行深入探索,确保翻译的准确性和适用性。再次,随着翻译技术的飞速发展,计算机辅助翻译(CAT)、机器翻译(MT)和人工智能(AI)等技术的应用将进一步提升翻译效率与质量,尤其是在处理专业术语和复杂审计概念时,如何充分利用这些新兴工具进行优化,是未来研究的重要课题。另一个不容忽视的领域是法律文化适配,审计词汇翻译不仅要考虑语言的转换,更要关注不同法域和文化背景下的适应性,以确保翻译在目标语言中的合法性与文化合理性。随着这些研究的深入,审计词汇翻译将更加精确、规范,为全球范围内的审计工作提供更加高效、可靠的支持,不仅推动国际审计标准的贯彻实施,也为跨国企业的财务审计提供更加稳固的语言保障。

第三章

审计英语句法特点及翻译

第一节　引　言

一、审计英语句法分析的重要性

深入研究审计英语的句法特点及翻译策略具有重要的理论与实践价值。从理论层面来看,研究有助于丰富语言学在特定专业领域的研究成果,进一步揭示专业英语语言结构与表达规律。它能够为英语语言教学和研究提供更为精准、详细的实证资料,从而推动英语语言学理论体系的不断完善。在实践方面,能够为审计从业者、翻译工作者以及相关专业学生提供有效的指导,使其更加准确地把握审计英语的内涵,提高审计报告、审计文献等专业资料的翻译质量和效率,减少因语言障碍导致的信息误解和沟通不畅,从而提升审计工作的专业性、准确性和国际竞争力,为我国经济的稳健发展提供有力的支持。

审计英语句法分析的重要性不仅体现在帮助提高翻译的准确性和清晰度,还在于确保审计报告的法律效力、专业性以及跨语言和跨文化的沟通效果。对于翻译者来说,深入理解审计英语的句法结构,不仅有助于准确把握审计报告的核心内容,还能够有效避免因句法结构问题而导致的误解和翻译失误。因此,审计英语句法分析对于确保审计报告的质量、促进跨文化交流及提升审计工作效率都具有至关重要的作用。

二、审计英语句法的研究背景

随着全球经济一体化的进程加速,审计行业的国际化和跨国审计活动日益增多。审计英语作为审计报告、审计意见书以及其他相关审计文献中的主要语言,其专业性、复杂性和正式性对审计结果的准确传达至关重要。审计英语的高精度要求使其不仅成为一项语言工作的挑战,更是对审计知识和国际化视野的全面考验。随着国际审计标准的不断统一与更新,审计英语的标准化、规范化问题愈发突出,成为国际审计领域研究的重点。审计英语不仅是学术研究的对象,也是跨文化、跨语言沟通中的桥梁,它承载着全球经济治理与透明度提升的重要使命。因此,审计英语句法特点的研究逐渐成为审计翻译、国际审计标准制定、跨国审计工作等领域的重要课题。通过对审计英语句法特点的深入分析,学者和从业者能够更好地理解审计语言的精准表达与信息传递机制,推动国际审计实践和翻译的标准化进程,同时也为不同文化背景下的审计沟通提供理论支持和实践指导。审计英语的研究不仅仅局限于语言的转换,更对提升全球审计效率、推动跨国审计合作起着举足轻重的作用。

(一)审计英语句法研究的起源

审计英语句法特点的研究并非一蹴而就,它源于审计学、语言学和翻译学等多个学科的交叉融合。随着国际审计准则(ISA)、国际财务报告准则(IFRS)等标准的制定和实施,跨国审计和跨文化审计翻译逐渐成为审计行业中的常态。审计英语作为这一过程中的基础语言,其句法特点必须得到充分研究和理解,以确保不同语言和文化背景的审计人员能准确理解和传达审计内容,促进全球审计标准的统一和跨国审计合作的顺利进行。由于审计报告涉及对公司财务状况的评估和判断,且具有法律效力,因此,其语言不仅要确保信息的精确传递,还要具备强烈的规范性和一致性。

研究审计英语的句法特点,旨在更好地理解和传达这些要求,确保审计报告在翻译和跨文化交流中不失其原意。在审计英语翻译和跨文化传播的过程中,句法分析成为研究的核心内容之一。语言学家和翻译学者关注审计英语中复杂句法结构的使用,以及如何在翻译中准确传递原文的含义和语气。翻译学的研究强调语法结构与文化背景的密切关系,而语言学则更加注重句法本身的规律和特性,尤其是在处理审计报告中常见的长句、复合句和被动语态时,如何保留句子的逻辑关系和信息层次。

此外,审计英语的句法研究还需要借鉴会计学和审计学的理论框架,理解审计术语、审计过程和报告结构的特征。审计领域特有的术语和表达方式对翻译的影响深远,且这些术语的准确翻译对于审计结论的正确传达至关重要。跨学科的融合使得审计英语的句法研究既要符合语言学的规则,也要符合审计行业的实践要求,以确保翻译结果的专业性和准确性。只有通过不断深化对审计英语句法特点的理解和应用,翻译者才能在复杂的审计文献翻译中做到精准传递信息,确保审计报告在全球范围内的有效沟通。

(二)审计英语句法研究的现状

在审计英语里,尤其是在审计报告中,多层次的修饰语、从句和复杂的时态结构给句法分析带来了挑战。例如,定语从句和状语从句常常嵌套使用,使得句子的层次和逻辑关系变得复杂,特别是在描述财务状况、审计程序和审计结果时,句子的结构更加精密和多样。句法分析不仅要揭示句子各部分的语法功能,还要保证翻译能够清晰传达这些层次和结构,确保读者能够准确理解审计报告中的复杂信息。例如,在长句中,如何合理分割并清晰地传递原文中的逻辑关系,避免在翻译过程中信息的丢失或混乱,成为译者面临的关键问题。

审计英语句法的研究不仅仅局限于语言本身,还涉及文化和法律背景的差异。例如,不同国家和地区的审计准则、会计方法和财务报表的格式存在差异,这使得审计报告的语言结构可能在不同语言中的表现形式有所不同。例如,在某些国家,审计报告可能更倾向于直接和简洁的表达,而在其他地区,可能更注重详细的说明和背景信息。因此,审计英语句法研究还需考虑这些差异对翻译的影响,尤其是在跨文化和跨国界的审计翻译中,如何适应不同文化和法律框架下的表达方式,确保翻译既符合目标语言的语法规则,又能够保留审计报告的原意,是需要重点解决的问题。

审计报告的翻译常常面临不一致性的问题,尤其是对专业术语和复杂句法结构的翻译。审计词汇的多义性和复杂性,以及不同审计准则间的差异,导致了翻译中可能出现术语选择不一致或句法处理不当的情况。例如,某些术语在不同的审计标准下可能有不同的含义,这就要求译者在翻译时不仅要掌握术语的准确意义,还要了解不同准则下的使用背景。研究审计英语句法有助于减少这种翻译不一致,提高翻译的质量,确保翻译不仅语言准确,而且符合国际审计准则的要求,增强审计报告的法律效力和专业性。通过深入的句法分析,译者能够更好地处理这些复杂问题,从而提供高质量的翻译服务,确保跨国审计工作的顺利进行。

(三) 审计英语句法研究的未来方向

随着计算机辅助翻译(CAT)技术和机器翻译技术的发展,未来的审计英语句法研究可以借助深度学习和自然语言处理技术,对审计报告的句法结构进行更为精准的分析。这些先进的技术手段能够自动识别并处理审计英语中的复杂句法结构,尤其是在审计报告中常见的长句、复合句和复杂修饰结构等方面表现出色。通过建立审计英语的语法规则库,结合自动化翻译工具,可以提高审计报告翻译的效率和准确性,尤其是在处理大量标准化的审计报告时,能够大大缩短翻译周期,减少人工翻译中的错误和不一致性,从而提升整体翻译质量。

随着全球审计行业的日益国际化,审计英语句法的跨文化比较研究也将成为一个重要方向。不同语言和文化中的句法结构差异,尤其是表达审计意见和结论的方式,可能影响审计报告的理解。例如,某些文化中偏好简洁明了的表述,而在其他文化中,审计报告可能更倾向于详尽的背景说明和推理过程,这些差异可能导致审计报告在不同语言环境中的接受度和解读有所不同。未来的研究可以进一步探讨如何在不同文化背景下,保持审计报告的准确性和法律效力,同时确保不同文化的读者都能理解审计报告的核心信息。

在跨国审计工作中,多语种翻译已成为常态。未来的审计英语句法研究可以着眼于多语种审计报告翻译的规范化,尤其是在语法结构和专业术语的处理上,制定统一的翻译标准,确保不同语言版本的审计报告具有一致性。这不仅涉及语法层面的标准化,还应包括审计术语的统一、表达方式的一致性以及报告格式的规范化等方面。通过制定统一的翻译标准,可以有效减少不同语言版本之间的差异,避免审计信息在跨国交流过程中可能出现的误解和偏差。

审计英语句法特点的研究背景深刻地根植于审计行业的全球化背景、法律要求、语言学和翻译学的需求中。随着国际审计准则和全球审计标准的推广,审计英语句法的准确分析不仅有助于提升翻译质量,保证审计报告的准确性和一致性,还能促进全球审计行业的标准化和跨文化沟通。未来的研究应继续关注句法结构的复杂性、翻译技术的应用以及跨文化句法差异的处理等方面,为全球审计工作提供更加有效的语言支持,推动全球审计实践的进一步发展和完善。

第二节　审计英语的句法特点

审计英语与普通英语存在显著差异,尤其在句法结构、用词习惯和表达方式上。审计报告通常具有高度的专业性、规范性和正式性,语言表达不仅要准确地传达财务信息,还要符合法律规定的审计程序和标准。审计英语的特殊性在于,它不仅服务于专业人员,还常常涉及跨国、跨文化的法律和财务沟通。因此,审计英语中的句法特点呈现出以下几个方面的特殊性,通过对这些特殊句法特点的深入研究,能够帮助提高审计英语翻译的质量,确保翻译内容的准确性、专业性和法律效力。

一、复杂句型的广泛使用

在审计报告中,句子的结构通常比普通英语更加复杂和正式。为了准确传达审计过程的细节、审计方法的依据以及审计结果的解释,审计英语频繁使用长句、复合句和从句等复杂句型。这种句型结构的使用不仅有助于细致地表达各种审计活动,还能确保审计报告的专业性、规范性和法律效力。通过复杂句型,审计报告能够更加清晰地呈现审计范围、审计程序、审计依据、审计发现及最终的审计结论。

(一)复合句和从句的广泛应用

审计报告中的复杂句型通常由多个子句构成,涉及不同的语法关系和逻辑结构。复合句和从句作为审计英语中常见的句型,能够详细表达审计过程中涉及的各类条件、结果、目的和背景信息。下面具体分析其中几种常见的从句结构:

1. 定语从句

定语从句在审计报告中被广泛使用,通常用于修饰名词,提供更为具体和详细的说明。例如,审计报告可能会通过定语从句详细说明审计依据、审计对象或审计期间的具体细节。通过这种结构,审计报告可以在一个句子内包含丰富的信息,而不需要分开描述,提高了语言的精练性和表达的清晰度。

例子:

• The financial statements, which have been prepared in accordance with international accounting standards, were audited.

• 译文:财务报表(这些报表是根据国际会计准则编制的)已被审计。

在这个例子中,定语从句(which have been prepared in accordance with international accounting standards)用于修饰名词"financial statements",提供了有关审计对象编制标准的详细信息。通过使用定语从句,审计报告能够更紧凑地表达多层次的背景信息。

2. 名词性从句

名词性从句常被置于句子的主语、宾语、表语等位置,用于描述审计意见、审计结论或审计范围等关键内容。它们通常用来表达复杂的判断或结论,在审计报告中具有重要作用。名词性从句的使用能够有效地将复杂的信息纳入到一个句子中,保持语言的简洁性,同时确保信息的完整性。

例子:

• The auditor concluded that the financial statements were presented fairly in all material respects.

• 译文:审计师得出结论:财务报表在所有重要方面公允列示。

这里,"that the financial statements were presented fairly in all material respects"作为名词性从句,是"concluded"这一动词的宾语,直接传达了审计师的判断结果。

3. 条件状语从句

条件状语从句在审计报告中也有广泛应用,通常用于表达审计过程中可能出现的各种条件、假设和情况。这类从句能够明确规定在什么条件下审计意见成立,或者在特定的假设下如何处理审计事项。

例子:

• If the company fails to provide sufficient evidence, the auditor will issue a disclaimer of opinion.

• 译文:如果公司未能提供充分的证据,审计师将发表无法表示意见的审计报告。

在这一例子中,条件状语从句(if the company fails to provide sufficient evidence)阐述了审计师行动的前提条件,体现了审计报告中常见的逻辑结构——审计意见与被审计单位行为的关系。

4. 目的状语从句

目的状语从句通常用于说明审计活动的目的或意图。这类句型结构有助于明确审计过程中执行特定程序的原因或目标。在审计报告中,目的状语从句通常出现在描述审计范围、审计计划和审计措施时。

例子：

• The audit was conducted to obtain reasonable assurance that the financial statements are free from material misstatement.

• 译文：本次审计是为了获取合理的保证，确保财务报表不存在重大错报。

目的状语从句（to obtain reasonable assurance）在句中明确了审计活动的核心目标，有助于读者理解审计工作为何及如何进行。

（二）复杂句型在审计报告中的作用

审计报告通常需要表达多个信息层次，例如审计程序、审计依据、发现的问题以及审计结论等。在此背景下，复杂句型尤其是复合句和从句的使用，使得审计报告能够在单个句子中涵盖这些信息，同时保持清晰性和逻辑性。复杂句型的使用使得审计报告能够准确、全面地呈现审计过程中的细节，减少遗漏和歧义。

审计报告作为一种法律文件，要求语言严谨、客观、正式。通过使用复杂句型，审计英语能够更加规范地表达审计内容，避免简单句和口语化表达带来的模糊性。例如，通过使用被动语态和从句结构，审计报告能够减少主观色彩，更加突出审计工作的公正性和客观性。

审计报告通常需要表达复杂的审计过程和评估结论，复杂句型可以有效地将多个信息点组织在一起，形成清晰的逻辑结构。通过使用复合句、定语从句、名词性从句等结构，审计英语能够逐层展开审计结论和意见，避免过多使用分句或简化表达，确保报告条理清晰且内容充实。

审计报告不仅是一个会计文件，也是一个法律文件，具有法律效力。复杂句型的使用有助于确保审计报告的法律语言的严密性，避免使用不明确或含糊的表述。审计报告中的每一个审计意见、结论和发现都需要经过严格推敲，通过使用复合句和从句结构，审计英语能够确保这些信息的严谨传达。

（三）挑战与解决

虽然复杂句型能够在审计报告中发挥重要作用，但对于翻译人员来说，审计英语中的复杂句型也带来了不少挑战。翻译人员不仅要理解每个句子的具体语法结构，还需要处理跨语言的结构差异。为了确保翻译的准确性和流畅性，翻译人员需要特别关注以下几个方面：

• 句子结构的正确理解：翻译人员需要准确理解句子中的主语、谓语和宾语等语法成分，尤其是如何处理复杂的从句嵌套。

• 术语一致性的保证：审计报告中的术语必须统一且专业，因此在翻译过程中，需要确保不同句子中的相同术语在翻译中保持一致。

• 文化差异的适配：不同语言和文化背景可能影响审计报告的表达方式，翻译人员应根据目标语言的习惯进行适当调整，确保翻译后的审计报告既符合源语言的表达方式,又符合目标语言的文化和法律要求。

复杂句型的广泛使用是审计英语的一个显著特点,尤其是在审计报告中。通过使用复合句、从句等复杂结构,审计英语能够准确、全面地表达审计过程中的各类细节和结论,从而提高报告的精确性、正式性和法律效力。然而,这种复杂性也对审计英语的翻译和理解提出了挑战,翻译人员需要具备深厚的语言功底和审计专业知识,才能确保审计报告在跨语言和跨文化交流中的有效性和准确性。

二 被动语态的高频使用

在审计英语中,被动语态的使用频率非常高,特别是在审计报告这一正式、法律性强的文件中。被动语态的广泛使用反映了审计报告所强调的客观性、专业性和公正性。通过被动语态,审计英语能够将注意力集中在审计的结果、过程和事实本身,而非审计主体(审计师、审计公司等),从而避免个人主观色彩的渗透,确保审计报告的中立性和权威性。对于翻译人员来说,审计报告中复杂的被动语态结构可能增加理解和翻译的难度,因为翻译过程中需要特别关注主语、动词和宾语之间的关系,确保语法和意义的准确转换。

(一) 被动语态的基本特点与作用

被动语态是英语中的一种语法结构,通常用于将句子的焦点从动作的执行者转移到动作的接受者或结果上。在审计英语中,被动语态的使用有着独特的功能和目的,主要体现在以下几个方面:

1. 突出审计结果或审计对象

在审计报告中,审计的结果或被审计单位的财务状况通常是报告的核心内容。通过使用被动语态,审计报告能够突出这些结果或对象,而不强调执行这些操作的审计主体。被动语态使得表达更具客观性,避免了不必要的主观干预。

例子:

• The financial statements were audited in accordance with the applicable auditing standards.

• 译文:财务报表已经按照适用的审计标准进行了审计。

通过被动语态,这个句子将焦点放在了"财务报表"这一审计对象上,而不是强调谁进行了审计。这样做的目的是确保审计过程的客观性和公正性。

2. 避免强调审计主体,保证客观性

审计报告本质上是对事实和数据的客观评估。因此,使用被动语态有助于消除主观因素的影响,减少审计主体的干预。例如,审计报告中通常避免使用主动语态来表达"我们认为"或"我们评估",而是采用被动结构来使表述更加中立。

例子：

- We believe that the financial statements present a true and fair view.

- 被动：It is believed that the financial statements present a true and fair view.

- 译文：财务报表被认为公正、真实地反映了公司的财务状况。

使用被动语态去除了"我们"（审计师）的主体性，从而使审计报告的表述更加客观、正式和专业。

3. 体现审计过程的标准化与规范化

审计工作需要严格遵循一系列标准和程序，被动语态帮助表达这些程序的标准化和规范化，进一步强调审计过程的权威性和可靠性。在审计报告中，描述审计过程和方法时，往往通过被动语态来强调这些方法是根据既定准则或规则执行的，而不是由审计人员个人决定。

例子：

- We conducted the audit in compliance with international standards.

- 被动：The audit was conducted in compliance with international standards.

- 译文：审计已根据国际标准进行。

在这一例子中，审计过程本身是被强调的，而不是具体哪个审计人员执行了该审计，突出了审计工作的规范性和依从性。

（二）被动语态在审计报告中的应用

在审计报告中，被动语态的使用并非偶然，它是为了确保报告内容的客观性、准确性和法律效力。审计报告通常包含大量的数据和事实陈述，这些内容需要被精准地传达，而被动语态恰好能够在不强调执行者的情况下清晰、有效地表达这些信息。

在审计意见段中，被动语态常被用来描述审计对象、呈现审计结论，旨在避免过多的主观描述，以确保审计意见的客观、公正和权威。

例子：

- In our opinion, the financial statements present a true and fair view.

- 被动：It is our opinion that the financial statements are presented fairly in all material respects.

- 译文：我们认为财务报表在所有重大方面均公允列示。

被动语态使得审计意见更具普适性和规范性，强调的是"财务报表"这一对象的状态，而非审计师本人的判断。

在审计报告中，描述审计发现时，通常会使用被动语态来呈现发现的结果，而非谁发现了这些问题。这不仅保持了表述的客观性，也强调了发现结果的重要性。

例子：

- We found that the accounting records were inaccurate.

- 被动：It was found that the accounting records were inaccurate.
- 译文：发现会计记录存在不准确的情况。

通过使用被动语态，报告突出了发现本身，而没有特别指明哪个审计人员做出了这个发现，确保了结果的中立性。

（三）被动语态的翻译挑战

虽然被动语态是审计英语中常见且重要的句型，但它在翻译中可能带来一定的挑战，特别是在从英文翻译到其他语言时，如何准确传达被动语态的意义，确保语法和语义的通顺，是翻译过程中的一个难点。

不同语言的句法结构存在差异，有些语言（如汉语、日语等）较少使用被动语态，更多使用主动语态或其他结构来表达类似意思。在将审计英语翻译成这些语言时，翻译人员需要根据目标语言的语法习惯进行适当调整，同时保证原意不被改变。

例子：

- The audit was conducted according to the standards.
- 译文：审计工作按照标准进行。
- 在这个例子中，英语中的被动语态（"was conducted"）在中文中通过主动表达来呈现，避免了过于生硬的语言结构。

被动语态在不同文化和法律背景中的使用频率和方式可能不同。例如，在一些文化中，表达过多的被动语态可能会被认为不够直接或不够清晰。因此，翻译人员需要在忠实于源语言的同时，考虑目标语言的文化和法律习惯，做出相应的调整。

在审计报告的翻译中，保持语法和术语的一致性非常重要。尤其是被动语态的使用，翻译人员需要确保整个报告中相同的概念或动作能够一致地使用被动语态，从而避免产生混淆或误解。

被动语态的高频使用是审计英语的一个显著特点，它在审计报告中不仅有助于保证报告的客观性和专业性，还能有效地突出审计对象和结果，减少审计主体的干预。对于翻译人员来说，审计英语中的被动语态带来了句法和语法上的挑战，需要特别注意如何在目标语言中准确传达被动语态的含义，同时保证翻译的流畅性、准确性和一致性。通过精确理解和处理被动语态，翻译人员能够确保审计报告在跨语言和跨文化背景下的正确传达，维护审计工作在全球化背景下的标准化和权威性。

三、 抽象性和法律化的表达

审计英语在语言使用上不仅注重信息的准确传达，还特别强调表述的法律性、严谨性和专业性。审计报告作为一种正式、具有法律效力的文件，其语言常常具有较强的抽象性和法律化特点。这些特点体现了审计工作的客观性和规范性，同时也为审计报告在法律、财务及其他领域的应用提供了可靠保障。然而，这种抽象性和法律化的表达方式往往使得审计英语在理解和翻译过程中存在较大的难度。特别是审计报告中的许多句子采用了较为复杂的句法结构,如名词化、定语从句、状语从句等。这些结构虽然可以精准地表达审计过程中涉及的各种要素和关系,但对于翻译人员来说,如何准确捕捉原文的含义并进行恰当的转换,无疑是一个巨大的挑战。

(一) 抽象性表述的高频使用

在审计报告中,抽象性表述是常见的语言特征之一。抽象性表述通过使用具有高层次概括性的词汇和结构来传递信息,避免过于具体和细节化的描述。这样的表达方式能够有效地总结和提炼审计结果或结论,确保报告的通用性和规范性。常见的抽象性表述包括对审计对象的描述、对审计过程的总结以及对审计结论的表述等。

例子:

• The auditor is of the opinion that the financial statements present a true and fair view in accordance with the applicable accounting standards.

• 译文:审计师认为,财务报表符合适用的会计准则,真实、公正地反映了公司的财务状况。

这里,"the opinion"与"present a true and fair view"等词汇和表达方式使得审计报告的语言具有较强的抽象性,不涉及具体的操作细节,而是集中在对审计结果的概括和判断上。

(二) 法律化语言的使用

审计报告作为法律文件,必须符合一定的法律要求,其语言具有强烈的法律性。法律化语言强调准确性、正式性和中立性,避免使用含糊不清或主观性强的词语。审计英语中的法律化语言通过严格的词汇选择、句型结构设计以及被动语态的使用等方式,确保审计报告在法律层面具备应有的效力和规范性。

例子:

• In our opinion, the financial statements give a true and fair view in accordance with generally accepted accounting principles.

• 译文:我们认为,财务报表依据公认的会计准则,真实、公正地反映了公司的财务状况。

在这个句子中,"In our opinion"作为法律性表达,表明审计结论是在审计程序的框架下做出的,并且具有权威性和规范性。法律化的语言让审计报告在司法或监管过程中具有法律效力。

(三) 常见句法结构的应用

1. 名词化(Nominalization)

名词化是审计英语中常见的句法结构之一,它通过将动词或形容词转化为名词来简化句子的结构,使表达更加正式、简洁,同时提高语言的抽象性。名词化能够帮助集中表达审计报告中的核心概念和抽象问题,使报告看起来更加权威和客观。

例子：

• We concluded that the financial statements were prepared in accordance with the applicable accounting standards.

• 名词化：The conclusion was reached that the financial statements were prepared in accordance with the applicable accounting standards.

• 译文：得出结论：财务报表符合适用的会计准则。

通过将动词"concluded"名词化为"the conclusion"，句子变得更加正式，并且具有了法律文件所要求的客观性和严谨性。

2. 定语从句的使用

定语从句在审计报告中被广泛使用，用于提供对审计对象或审计事项的进一步解释和描述。定语从句的使用可以增加句子的细节，使表达更加准确，同时避免冗长的解释和细节。

例子：

• The audit was conducted in accordance with international auditing standards.

• 定语从句：The audit，which was conducted in accordance with international auditing standards，found no material misstatement.

• 译文：该审计按照国际审计准则进行，未发现重大错报。

这里，定语从句（which was conducted in accordance with international auditing standards）进一步解释了"the audit"的具体执行标准，增加了报告的专业性和精确性。

3. 状语从句的使用

状语从句在审计报告中也起到了重要作用，通常用于表达审计活动的条件、目的、时间等。通过状语从句，审计报告能够在不增加冗余信息的情况下，详细阐述审计行为的背景和逻辑。

例子：

• The financial statements were audited to determine whether they were prepared in compliance with applicable regulations.

• 状语从句：The financial statements were audited to determine whether，in accordance with applicable regulations，they were prepared properly.

• 译文：财务报表已被审计，以确定是否符合相关规定进行编制。

通过使用状语从句（in accordance with applicable regulations），审计报告突出了审计工作的合规性和严谨性，强调了审计工作的合法依据和执行标准。

（四）抽象性与法律化表达带来的翻译挑战

审计英语的抽象性和法律化表达对翻译人员来说是一个严峻的挑战。翻译人员不仅要准确传达原文的法律意义和专业术语，还要确保语言的抽象性和规范性符合目标语言的法律和文化背景。以下是翻译过程中的一些常见挑战：

1. 抽象名词的翻译

审计英语中的抽象名词通常涉及对审计结果、过程和判断的概括，这些名词在翻译过程中可能会因为语言差异而导致理解困难。翻译人员需要根据上下文正确理解名词的含义，确保翻译结果既符合源语言的意义，又符合目标语言的语法和用法。

例子：

- The audit findings were evaluated based on materiality.
- 译文：审计结果是根据重要性标准进行评估的。

这里，"audit findings"和"materiality"作为抽象名词，翻译时需要精确处理，确保在中文中准确表达其专业和法律意义。

2. 复杂句型的转换

审计报告中的复杂句型（如名词化、定语从句、状语从句等）在目标语言中可能需要进行结构的重组。翻译人员不仅需要理解原文句子的意思，还要考虑目标语言的语法结构，以确保翻译后的句子既通顺流畅，又能准确表达原文的含义。

例子：

- It is the auditor's responsibility to ensure that the financial statements are free from material misstatement.
- 译文：确保财务报表不存在重大错报是审计师的责任。

在翻译中，将名词化结构（it is the auditor's responsibility）转化为中文的动词性表达，不仅保持了原意，还使语言更加简洁流畅。

3. 法律术语的适配

审计报告中的许多术语具有法律性质，翻译时需要特别注意目标语言中的法律术语的对应关系。不同国家和地区的法律体系可能存在差异。因此，翻译人员需要熟悉目标语言的法律规定，确保翻译后的审计报告在法律上同样具有效力。

例子：

- The auditor must provide reasonable assurance that the financial statements are free from material misstatement.
- 译文：审计师必须提供合理保证，确保财务报表不存在重大错报。

这里的"reasonable assurance"和"material misstatement"是审计中的常见法律术语，翻译时需要确保这些术语的准确传达，以避免产生法律上的歧义。

审计英语的抽象性和法律化表达是其独特的语言特点，它确保了审计报告的准确性、专业性和法律效力。在审计报告中，语言的抽象性通过名词化、定语从句、状语从句等复杂句型得以体现，从而使得报告能够精确地表达审计过程、结果和相关判断。虽然这些语言特点提升了报告的专业性和严谨性，但也为翻译带来了相应的挑战。翻译人员必须深刻理解原文的法律含义和专业术语,灵活应对复杂句型,并确保翻译结果不仅忠实于原文,还能符合目标语言的法律和文化背景。

四、 高度正式和规范的语言风格

审计报告作为正式的法律文件,其语言风格必须高度正式、规范,力求在表达上做到严谨、准确和客观。审计报告所用语言不仅需要传达审计结论、审计过程及其依据,还需要体现出审计工作的专业性和公正性。因此,审计报告的语言风格应避免任何口语化、模糊性或不明确的表达,以确保审计结果具有高度的权威性和可信度。为了在传递复杂信息时保持语言的精确性,审计英语中的句法结构通常较为简练、直接,但其中包含许多复杂的修辞和语法形式,使得语言既正式又具备精确度。

(一) 正式和规范的语言风格特征

1. 避免口语化和非正式表达

在审计报告中,语言的正式性要求排除任何口语化、模糊性或非正式的表述。这种正式性不仅体现在词汇的选择上,还体现在句型结构和语气上。例如,审计报告中不使用带有个人色彩的表述(如"我们认为"),而是使用更为中立和客观的语言来陈述审计意见和结论。

例子:

• 非正式:We think the financial statements are okay.

• 正式:In the auditor's opinion, the financial statements present a true and fair view of the company's financial position.

在这个例子中,口语化的"we think"被替换成了"in the auditor's opinion",使得表达更加正式、规范,并且强调了审计结论的客观性和权威性。

2. 精确性和简洁性的结合

尽管审计报告的句法结构通常较为简练、直接,但它们同时要处理大量的信息和细节。在这种情况下,语言的精确性和简洁性成为审计报告语言风格的重要组成部分。为了确保报告内容的精确性,审计英语中常使用专业术语、固定表达和高层次的抽象词汇,以确保没有多余的修饰和不必要的解释。

例子:

• We have examined the accounting records and found that certain discrepancies were present in the financial statements.

• 简化:The accounting records were examined, revealing discrepancies in the financial statements.

在这个句子中,句法结构被简化,但信息依然准确地传达出来,确保了报告的简洁性和清晰性,同时避免了冗余表述。

3. 专业术语的使用

审计报告中常使用大量的专业术语和行业规范术语,这些术语是审计领域的专有语言,用于精确描述审计过程中的细节和结论。专业术语的使用不仅提升了语言的准确性,也确保了审计报告的权威性和专业性。这些术语的翻译需要特别小心,以确保在不同语言和文化背景下准确传达审计工作的专业含义。

例子:

• The audit was conducted in accordance with the International Standards on Auditing (ISA).

• 译文:审计工作已按照国际审计准则(ISA)进行。

这里,"International Standards on Auditing (ISA)"是一个国际公认的专业术语,翻译时需要保证其在目标语言中的准确传递,并且避免任何不准确或模糊性的表述。

(二) 避免模糊性表述

为了保持审计报告的严谨性和权威性,审计英语强调避免模糊或含糊的表达。审计报告中的每一个部分都需要清楚地描述审计过程、依据和结论,任何可能导致误解的模糊性表述都应避免。这要求审计师在报告中使用非常明确、无歧义的语言,以确保审计的结果能够被准确理解和应用。

例子:

• 模糊:We think the financial records are mostly accurate.

• 清晰:In the auditor's opinion, the financial records are accurate in all material respects.

在这个例子中,模糊的"mostly accurate"被更明确的"accurate in all material respects"所替代,使得审计结论更加清晰且具有法律效力。

(三) 审计报告中正式语言风格的挑战

尽管正式、规范的语言风格可以提升审计报告的权威性,但它也给翻译工作带来了许多挑战。

正式的审计语言要求翻译人员在选词时非常精确,确保每个词语和表达都能准确传达原文的含义。这不仅包括术语的正确翻译,还包括如何使用合适的语法结构和表达方式来保持报告的正式性。

审计报告的语气需要保持中立和客观,避免使用任何主观、情感化的词汇。在翻译时,翻译人员需要确保目标语言的表达能够传达相同的中立性,避免使用任何带有情感色彩的词语。

不同语言和文化背景下的正式语言风格可能存在差异。在翻译审计报告时,翻译人员需要确保目标语言中的表达既符合当地的语言习惯,又能够保留原文的正式性和规范性。例如,在一些文化中,法律语言可能比其他文化更加正式和复杂,翻译时需要适应这些文化差异,以确保报告的正确性和合法性。

审计报告的语言风格具有高度的正式性、规范性和精确性,这是确保报告客观、公正和权威的关键。通过避免口语化的表述、使用精确的专业术语和复杂的句法结构,审计报告能够有效地传达审计结论和过程,同时保持法律性和专业性。然而,这种高度正式和规范的语言风格也给翻译带来了挑战,翻译人员必须特别关注语言的准确性、表达的中立性以及对文化差异的适应,以确保审计报告在目标语言中同样具备高标准的正式性和规范性。

第三节　句法分析在翻译中的应用

一、句法分析的基本概念

句法分析是对语言结构的系统性分析,重点关注句子的组成成分及其相互关系。在翻译审计英语时,句法分析的主要目标是:

(1) 理解句子的结构:识别主语、谓语、宾语、定语、状语、补语等基本成分,掌握句子的层级关系和修饰结构。

(2) 分辨句子的复杂性:审计英语中经常出现复合句、从句、名词化句式等结构,需要特别注意如何处理这些复杂句型。

(3) 保持句子的逻辑和语法一致性:确保翻译后的句子结构符合目标语言的语法规范,并且能够有效传达原文的含义。

二、句法分析在审计英语翻译中的重要性

(一) 处理复杂句型

审计报告中的句子结构通常较为复杂,常常包含多个从句或并列成分。翻译者需要通过句法分析准确把握各个成分的功能和关系,以确保翻译后句子不失原意。例如,审计报告常使用定语从句、状语从句、名词化结构等。

例子:

• The auditor who has been appointed for the financial year conducted the audit in accordance with international standards.

这是一个复合句,包含主句和定语从句,"who has been appointed for the financial

year"修饰主语"the auditor"。

译文：审计师已被任命为本财年的审计师，并按照国际审计准则进行了审计。在这个翻译中，定语从句被拆分为中文中的并列句，准确地表达了审计的背景和执行标准。

（二）精准传达法律和专业术语

审计英语中常常使用法律性和专业性较强的词汇和句型结构，如"the financial statements present a true and fair view""reasonable assurance"等。这些术语不仅在意义上有特定要求，且通常被嵌入到复杂的句法结构中。句法分析可以帮助翻译者精确理解这些术语的上下文，避免产生误解。

例子：

• The financial statements have been prepared in accordance with generally accepted accounting principles（GAAP）and the auditor has obtained reasonable assurance that the financial statements are free from material misstatements.

"The financial statements"作为主语，后面的"have been prepared"是谓语动词短语，修饰语包括"in accordance with generally accepted accounting principles（GAAP）"。

译文：财务报表已依据公认会计准则（GAAP）编制，审计师已获得合理保证，确认财务报表不存在重大错报。通过句法分析，翻译者能够确保法律性表述（如"reasonable assurance"和"material misstatements"）在目标语言中的准确表达。

（三）准确处理被动语态

审计报告中常使用被动语态，以突出审计结果而非审计主体。被动语态的使用在审计英语中具有高度的频率，句法分析有助于翻译者准确地转换被动结构，确保翻译后的句子在语法上合乎规范，且意思明确。

例子：

• The audit was conducted in accordance with international auditing standards.

这个句子是被动语态结构，主语是"The audit"，谓语动词是"was conducted"，表示审计工作的完成状态。

译文：审计工作已按照国际审计准则进行。被动语态的转换使得翻译更加简洁，且符合目标语言的表达习惯。

（四）解析并转化名词化结构

名词化是审计英语中常用的句法结构，尤其在法律文献中，动词或形容词常被转化为名词，以增加语言的抽象性和正式性。句法分析帮助翻译者识别名词化结构，并决定如何将其翻译成目标语言中相应的形式，避免过度复杂化或产生歧义。

例子：

• The auditor's assessment of the internal controls was thorough.

句中的"assessment"是动词"assess"的名词化形式，主语是"the auditor's

assessment"。

译文:审计师对内部控制的评估非常彻底。在这个例子中,动词"assess"被名词化为"assessment"。通过句法分析,翻译者理解到名词化后的"assessment"表示"评估"的意思。

三. 句法分析在审计英语翻译中的应用策略

(一)拆解复杂句型

在审计英语翻译中,复杂的句型往往由多个从句、修饰成分和专业术语组成。翻译者需要通过句法分析,逐层拆解句子,识别各个成分的关系,并按照目标语言的语法规范进行表达。

例子:

• The financial statements, which were audited by the external auditor, show a true and fair view of the company's financial position.

这是一个复合句,其中定语从句修饰"the financial statements"。

译文:财务报表由外部审计师审计,真实、公正地反映了公司财务状况。

(二)调整语序,适应目标语言的表达习惯

审计英语中的句子结构往往偏向英语的语法顺序,尤其是在修饰语的位置、主谓宾的排列顺序以及被动语态的使用上。这种结构在英语中能够有效地传达信息,但在翻译成其他语言时,尤其是像中文这样的语言,往往需要根据目标语言的语法规则适当调整语序。例如,英语中常将修饰语放在名词后,而中文则可能将修饰语放在名词前。

例子:

• The auditor has performed an audit in accordance with the relevant standards.

这是一个简单的主谓宾句,句中的"in accordance with the relevant standards"作为状语修饰动词"performed"。

译文:审计师已按照相关标准执行了审计工作。

(三)注重上下文关系

审计报告中的某些术语或句子可能需要根据上下文进行灵活翻译,句法分析帮助翻译者厘清句子之间的关系,避免断章取义。

例子:

• The financial statements were prepared with full disclosure of all material facts.

"The financial statements"是主语,谓语动词是"were prepared",后面的"with full disclosure"作为状语,描述准备过程。

译文:财务报表编制时已充分披露所有重大事实。在这里,通过句法分析,翻译者理

解到"with full disclosure"指的是在编制财务报表时进行了完整披露。

句法分析在审计英语翻译中的应用至关重要。通过细致的句法分析,翻译人员能够更准确地理解审计报告中的复杂句型、被动语态、名词化结构和专业术语,从而更好地把握句子的核心含义,确保翻译的准确性和专业性。翻译者需要在理解原文句法结构的基础上,调整语言表达,使其既符合目标语言的语法习惯,又能清晰传达审计报告的核心信息。

第四节 审计英语句法翻译的常见问题

一、 多层修饰导致的语义歧义

审计英语中常常出现多层修饰的句子结构,这些修饰成分包括定语、状语、介词短语、从句等,它们一层一层地叠加在主句或核心名词、动词上,形成相对复杂的句法结构。虽然这种句法结构能够使审计报告在表达上更加精确和正式,但也可能导致翻译过程中的语义歧义,特别是在审计报告中,语言的准确性和清晰度是至关重要的。如果修饰成分与核心成分之间的关系没有得到妥善处理,翻译就可能出现语法上的混乱或意义的偏差。尤其是在长句和多重修饰的结构中,译者需要精准把握修饰语的位置和功能,避免在翻译中丧失原文的层次感与精确性。因此,合理处理多层修饰的句子结构,成为审计英语翻译中不可忽视的一个挑战。

(一)多层修饰结构的特点

1. 多层定语修饰

在审计英语句子中,名词往往会被多个定语修饰,这些定语可能是形容词、名词、动词或从句。多层定语修饰在原文中清晰地表达了名词的性质、特征或其他细节,但在翻译过程中,定语的位置和数量的差异可能会导致歧义或理解上的困难。

例子:

• The financial statements of the company, which were audited by an independent auditor, were prepared in accordance with international accounting standards.

这个句子包含了多个定语修饰,"of the company"修饰"the financial statements",表示所属关系,"which were audited by an independent auditor"是一个非限制性定语从句,修饰"the financial statements"。

- 翻译中的潜在误解:"独立审计师审计过的公司财务报表"可能给人造成误解,认为是"审计过的公司"而非"公司财务报表"是"独立审计师审计过的"。
- 正确翻译:由独立审计师审计的公司财务报表已按照国际会计准则编制。

在翻译时,必须特别注意如何处理这些定语的修饰关系,确保修饰成分明确指向正确的名词。

2. 复杂状语修饰

在审计英语句子中,动词或整个句子常由多个状语修饰,这些状语可能描述时间、方式、地点、条件、原因等。多层修饰的状语可能会产生歧义,尤其是在翻译时,如果状语的顺序或关系未得到准确处理,可能导致句子语义的模糊或理解的偏差。

例子:

- The audit was conducted in accordance with the auditing standards and the relevant regulations in the country.

这个句子中,"in accordance with the auditing standards and the relevant regulations"作为状语修饰"was conducted","in the country"进一步修饰"relevant regulations"。

- 翻译中的潜在误解:如果不加注意,翻译可能误解为"审计是根据审计准则和相关规定在该国进行的",从而产生不必要的地域性误解。
- 正确翻译:审计工作按照审计准则和该国相关法规进行。

这里,翻译者要清楚"in the country"修饰的是"relevant regulations",而非"audit"。通过句法分析,翻译可以确保语义明确。

3. 嵌套的名词性从句

在审计英语句子中,名词性从句常常用来表达审计结论、审计结果或审计依据。多个从句的嵌套可能导致翻译时的歧义,尤其是在中文中,这种结构往往需要通过重新组织句子来避免混乱。

例子:

- The auditor, who was appointed by the company's board of directors, confirmed that the financial statements were prepared in accordance with the accepted accounting principles and that they presented a true and fair view of the financial position of the company.

句中的"who was appointed by the company's board of directors"是定语从句,修饰"the auditor",后面跟着的两个并列的名词性从句"that the financial statements were prepared..."和"that they presented a true and fair view..."分别描述审计结论和依据。

- 翻译中的潜在误解:句子结构较为复杂,翻译时如果对分句处理不当,容易导致中文表达上的不清晰或意思重叠。

• 正确翻译:由公司董事会任命的审计师确认,财务报表已按照公认的会计准则编制,并且真实、公正地反映了公司财务状况。

在翻译时,应通过适当地拆分句子和调整语序,确保每一部分的信息传递清晰,避免产生语义歧义。

(二) 语义歧义的主要原因

审计报告中的修饰成分往往是通过从句、介词短语等来实现的,这些修饰成分的指代对象可能并不总是显而易见,尤其在翻译时,需要确保每个修饰成分指向明确,避免歧义。英语和中文的句法结构有很大的不同,尤其是在修饰成分的顺序、动词的位置等方面。在英语中,修饰语通常位于名词或动词后面;而在中文中,修饰成分往往放在名词前。翻译时未能正确处理这些差异,容易导致语义模糊,甚至改变原文的意思。

审计英语中常常使用长句和多层修饰来表达复杂的审计信息,句子中的每一层修饰可能含有多个信息点,翻译时如果没有进行有效的句法分析,可能会导致信息的丢失或理解的偏差。例如,在翻译涉及多个修饰成分的句子时,如果译者没有清晰地识别出每个修饰成分的作用和指向对象,可能会误解句子的结构或改变其原本的逻辑关系,从而使译文不符合原文的意图。为了避免这种情况,翻译者需要进行详细的句法分析,拆解句子中复杂的修饰层次,并准确把握每个修饰成分的指代对象。

此外,一些审计术语在不同上下文中可能有不同的含义。翻译者如果未能在句法分析中充分考虑上下文关系,可能会错误地理解或传达术语的含义,从而导致歧义。例如,"material weakness"在不同语境中可能有不同的翻译:在内部控制相关的审计报告中,它指的是"内部控制的重大缺陷",而在其他语境中,可能指的是"重大的薄弱环节"。在审计翻译中,对上下文的把握至关重要,翻译者需要对审计领域的背景和术语有深入了解,以确保准确地理解和翻译这些专业术语。

总之,审计翻译的挑战不仅仅在于语言层面的差异,更在于如何处理复杂的句法结构、厘清修饰成分的层次以及精确理解专业术语。翻译者需要结合语法分析、语境推理和审计知识,确保每一层修饰成分和术语的翻译都能准确反映原文的含义,同时避免歧义和误解。

(三) 避免语义歧义的翻译策略

在翻译过程中,需要根据目标语言的语法习惯调整修饰成分的顺序。例如,中文的修饰语通常放在名词前,而英文则偏向放在名词后,特别是涉及定语从句、介词短语等结构时,修饰成分的顺序会有明显差异。翻译时可以适当调整句子结构,以确保目标语言的句子流畅且无歧义。比如,在英文中,"the financial statements prepared by the auditors"可以翻译为"由审计师编制的财务报表",而不应当直译为"编制的财务报表由审计师"。这种调整有助于符合中文的句法习惯,同时确保原意的准确传达。

在多层修饰句中,翻译者必须明确每个修饰成分的指代对象。可以通过上下文判断指代关系,避免出现模糊的指代,特别是在涉及专业术语时,要特别小心。例如,"the report issued by the auditors on the company's financial position"中的"the report"指代的是审计报告,而"the company's financial position"是对报告内容的修饰,翻译时需要确保两者之间的关系明确,避免误解。

对于长句和复杂句,可以适当简化句子结构,通过分句或拆分信息点的方式,将复杂的结构转化为简洁的表达,从而避免歧义。例如,"Considering the limited scope of the audit and the evidence available, the auditors were unable to express an opinion on the financial statements."可以拆分为两个句子,即"由于审计范围的限制和可得证据的不足,审计师未能对财务报表发表意见。"这种简化方法能有效减少句子中的信息层次,确保译文清晰易懂。

在翻译过程中,应特别注意词汇的多义性。翻译者应根据上下文准确理解每个术语的含义,避免因误解术语的含义而产生歧义。尤其是在审计报告中,某些术语可能在不同的上下文中具有不同的含义,例如"material"可以表示"重大的"也可以表示"物质的",而具体的意义通常取决于上下文,翻译者需要细致分析以确保精确传达。

审计英语句法中的多层修饰结构虽然增加了表达的精确性和法律性,但也带来了翻译中的语义歧义问题。通过细致的句法分析,翻译者可以有效识别和处理这些复杂的修饰关系,以确保翻译内容的准确性和清晰性。在翻译过程中,应注意信息拆解、语序调整、修饰关系的明确和句子简化等策略,以最大限度地减少语义歧义的产生,确保审计报告的翻译既符合目标语言的表达习惯,又能精确传达审计结论和专业信息。

英汉句法结构的差异引发的翻译困难

在审计英语翻译过程中,英汉两种语言的句法结构差异往往成为翻译困难的重要来源。英语和汉语的语法规则、句子成分的排列、修饰语的使用方式等方面存在显著差异,这些差异不仅影响句子的语法结构,也对翻译准确性和流畅性构成挑战。英语句子往往结构复杂,使用较多的从句和被动语态,而汉语则偏向简洁,倾向使用主动语态且句法结构较为灵活。这种结构上的差异要求翻译者在处理审计报告时,不仅要注意语言本身的差异,还要兼顾两种语言的思维方式和表达习惯。

尤其在审计英语翻译中,句法结构的复杂性与审计语言的专业性相结合,进一步增加了翻译的难度。审计英语通常采用长句、从句和多层修饰结构来表达复杂的财务和法律信息,这些结构在英语中是为了保证信息的精确性和法律效力,而在翻译成汉语时,常常需要对句子进行适当的简化或重构。例如,英语中的被动语态在中文中通常需要转为主动语态,或者通过句子的重组来保持流畅和自然。同时,审计术语和专业表达也可能在不同语言之间存在差异,翻译者不仅要处理语言上的差异,还要确保专业术语的准确传达。

因此,审计英语翻译要求译者具备深厚的语言功底和丰富的审计知识,能够灵活应对英汉句法结构差异带来的挑战。通过深入分析句子的结构，理解原文的逻辑关系，并根据目标语言的语法习惯进行调整，才能确保翻译结果既准确又自然，避免歧义和误解。同时，译者还需特别关注审计报告中的复杂信息点，确保每个信息都能清晰、精准地传递给目标语言的读者。

（一）英汉句法结构的主要差异

1. 语序差异：主谓宾结构与修饰语位置

英语是典型的 SVO（主语-谓语-宾语）语言，句子的核心成分按照固定顺序排列。而汉语的语序较为灵活，虽然通常也是 SVO 结构，但其修饰语和状语的位置相对更自由，且在语义上具有较强的灵活性。例如，定语在英语中通常位于名词前，而在汉语中，定语既可以位于名词前，也可以位于名词后，具体取决于句子的结构和语境。

例子：

• The financial statements of the company were audited in accordance with international standards.

英语句子结构清晰，主语是"the financial statements of the company"，谓语动词是"were audited"，后面的"in accordance with international standards"作为状语修饰动词"were audited"。译为：公司的财务报表已按照国际准则进行审计。中文的"公司的财务报表"将定语"公司"放在了"财务报表"的前面，虽然语序符合中文习惯，但在英语中，修饰语通常放在名词后。

2. 定语从句的处理

在英语中，定语从句用于修饰名词，通常放置在名词后面，这样的结构使得信息呈现紧凑且精确。然而，定语从句的冗长性有时会使句子显得复杂且信息密集。尤其是在审计英语中，定语从句常常包含大量的修饰成分，旨在精确描述特定的财务数据、审计程序或审计发现。与此不同，汉语常用定语来修饰名词，并且定语的位置更加灵活。在汉语中，定语可以放在名词前面，也可以放在名词后面，且根据句子的需要，定语的长度和复杂性可以更加灵活。为了保持汉语的流畅性和简洁性，英语中的定语从句往往会被拆分或重组成更为简洁的表达方式。

例子：

• The auditor, who was appointed by the board of directors, conducted the audit.

在英语中，"who was appointed by the board of directors"是定语从句，修饰"the auditor"。译为：由董事会任命的审计师进行了审计。汉语中定语较为简洁，通常不使用定语从句，且定语可以通过短语进行修饰，因此需要将英语中的定语从句转换为简洁的定语短语。

3. 复杂的从句结构

英语句子中常包含多层嵌套的从句，尤其是名词性从句、定语从句和状语从句。在审计报告中,这些从句常用于详细描述审计程序、结果和依据,如解释审计步骤、阐述财务状况的分析或提供支持审计结论的证据。这些从句的嵌套结构使得英语句子在表达上显得层次丰富,但也可能导致句子过于冗长且信息密集。翻译时,如何清晰地表达这些多层从句及其逻辑关系是一个翻译难点,尤其是在翻译审计报告这类专业文献时。译者不仅需要保持原文的逻辑关系,还要根据目标语言的句法规则和表达习惯,合理地拆分和重组句子,以确保译文简洁明了且信息准确。

例子:

• The auditor, who was appointed by the board of directors, conducted the audit, which was required by law, to assess whether the financial statements presented a true and fair view of the company's financial position.

句子中包含多个从句:"who was appointed by the board of directors"修饰"the auditor","which was required by law"修饰"the audit","to assess"解释了审计的目的。译为:由董事会任命的审计师进行了审计工作,该审计工作是法律要求的,目的是评估财务报表是否真实、公正地反映了公司财务状况。在翻译时,需要拆解多个从句,使其清晰易懂,同时确保逻辑和意义的连贯。

(二) 英汉句法结构差异引发的翻译困难

1. 信息量和结构的压缩

英语句法通常更注重信息的紧凑和结构的严谨,而汉语在表达时可能更注重信息的层次感和简洁性。因此,翻译时需要处理的信息量和句子结构可能会发生压缩或重组,导致翻译后的语句有时显得信息过度简化或失去原本的语气。例如,审计报告中常见的复杂从句和多层修饰结构,在英语中通常以较为紧凑的形式呈现,而在中文中,可能需要通过拆分句子或重构信息层次来传达。这种句法差异不仅影响句子的流畅度,还可能影响原文中的逻辑关系和语气层次。英语中的复杂句式,尤其是在描述审计程序或审计结论时,常常通过连贯的从句和修饰成分呈现大量信息,而在中文中,为了避免句子过于冗长,通常需要将信息分层表达,这可能使得一些细节被简化或重新排列。虽然这种简化有助于使翻译后的句子更加清晰和易懂,但也有可能导致信息传达的不完整,甚至改变原文的语气和意图。因此,翻译者需要在信息量和结构压缩的过程中,找到一个平衡点,既要确保信息的完整性,又要保证表达的准确性,避免过度简化或失去原本的法律或专业色彩。通过这种平衡,翻译不仅能清晰传达审计报告的内容,还能确保其在目标语言中的专业性和法律效力。

2. 文化与表达方式的差异

英语句法通常直接表达事实和逻辑,而汉语往往通过更多的修辞和语气词来表达同样的内容。英语句子往往简洁、直白,倾向于直接陈述事实或表达意见,而汉语则更加注重句子的层次性和修辞的细腻,使用较多的连接词和语气词来表达情感、态度和强调。

因此,在审计报告的翻译中,如何平衡两种语言的正式性与流畅性是一个挑战。译者不仅要确保信息传达的准确性,还要根据两种语言的特点调整句子结构和语气,使其既符合目标语言的表达习惯,又不失正式性和权威性。这要求翻译者在准确传达原文内容的基础上,灵活调整语言的风格和语气,既要确保审计信息的完整性,又要考虑目标语言文化中的表达习惯和语言流畅性。

3. 词汇的多义性和准确性

审计英语中有大量的专业术语,这些术语在不同的上下文中可能有不同的含义,翻译时需要特别小心。英汉词汇间的对应关系往往并不完全一致,某些英语术语在中文中可能没有直接的等效词,或者相同的词汇在不同的上下文中可能带有不同的法律、财务或审计含义。因此,在翻译时,除了需要了解词汇本身的含义,还要综合考虑句法结构、上下文语境以及审计流程的具体内容,选择最准确、最贴切的词汇来表达原文的意思。

例如,"audit evidence"一词在不同情境下可能指代"审计证据"或"审计资料"。在审计报告中,若"audit evidence"指的是审计师通过实地检查、确认或核对等方式所获得的具体信息和证明材料,那么翻译成"审计证据"较为合适;而当它指的是更广泛的信息来源或相关资料时,翻译成"审计资料"则可能更加贴切。翻译者必须根据具体语境进行判断,避免将两者混淆,从而防止造成歧义或误解。

此外,许多审计术语在不同地区和不同国家的审计标准下,其含义和使用方式也可能有所不同。例如,"fair value"在某些国家的审计准则下指代的是某一资产或负债的公允价值,而在其他国家的准则中,可能有更具体的计算方式或适用范围。因此,翻译者不仅需要理解相关术语的基础定义,还应了解不同审计标准下的具体应用。只有具备深厚的审计专业知识,并了解目标语言文化和行业背景,翻译者才能确保审计报告中术语的准确性和一致性。

这种术语翻译的复杂性进一步强调了审计英语翻译对译者的高要求,尤其是在法律和会计的交叉领域。在处理审计英语时,翻译者必须具备的专业素养不仅限于语言能力,还需拥有丰富的行业背景知识。只有这样,才能确保翻译结果既符合法律和财务专业要求,又能够顺畅传达给目标语言的受众。

4. 句子长度和句子结构的差异

英文中的长句和复合句常常包含多个从句和修饰成分,而中文往往采用更简洁的表达方式,句子较短。在翻译过程中,翻译者需要根据中文表达习惯对长句进行重组和简化,避免出现语法错误或理解上的歧义。英语中,尤其是在审计报告中,句子通常较长,信息量大,且结构复杂,翻译时如果不加以拆分或调整,可能会导致句子难以理解或语法不规范。因此,翻译者不仅要对原文进行精准的句法分析,还要灵活调整句子结构,确保译文清晰简洁。

例如,"Considering the limited scope of the audit, and the evidence available, the auditors have concluded that the financial statements give a true and fair view of the company's financial position."在翻译时可以适当简化为:考虑到审计范围的限制和可得证据,审计师得出结论:财务报表公允地反映了公司的财务状况。这种结构简化的方式,有助于使译文更加符合中文表达习惯,同时保持原文的准确性。通过这种调整,不仅增强了句子的可读性,还确保了翻译内容在目标语言中的准确传达。

此外,对于一些包含多个修饰成分的长句,翻译者应根据中文的语言特性,合理拆分信息层次,避免让译文显得烦琐或冗长。在处理此类句子时,翻译者需要精确地识别各个修饰成分的核心意义,并通过重组句子结构,确保译文既能简洁流畅,又能完整传递原文的法律和专业信息。这一过程不仅提高了翻译的效率,还能帮助确保审计报告中信息的准确传递,避免因翻译不当而造成的误解或信息缺失。

(三) 应对翻译困难的策略

针对长句、复合句和多层修饰句,可以通过拆解句子,合理分段,明确每个修饰成分的指向和功能,使其更符合中文表达的习惯。英语中的长句和复杂句通常包含多个修饰成分和从句,这些结构有助于准确传达复杂的法律和财务信息。然而,将这些结构直译成中文时可能会使译文显得冗长且难以理解。为此,翻译者应先分析句子的结构,识别句中各个成分的关系,合理拆分和重组,确保句子的逻辑清晰。例如,通过拆分句子或使用标点符号明确句子内部的层次关系,从而避免信息过度压缩或理解上的歧义。

根据中文的语法习惯,调整修饰语的位置和句子的逻辑结构,确保翻译后的句子清晰、流畅且符合目标语言的表达方式。英语的修饰语通常放在名词后,而中文则更习惯将修饰语放在名词前。在翻译过程中,翻译者需要适应这一差异,调整修饰成分的位置。例如,在英语中,"the report issued by the auditors"可以翻译为"由审计师出具的报告",将"issued by the auditors"提前,符合中文的表达习惯,同时确保信息的准确传达。

在遇到复杂的修饰性句型或名词化表达时,尽量避免直译。审计英语中常用名词化结构,如"material weakness in internal control"或"audit opinion on the financial statements",翻译时应结合上下文进行意译,以确保信息的准确传达。例如,"material weakness"应根据上下文理解为"重大缺陷",而不是逐字翻译为"物质弱点"。这种意译方式有助于保留原文的专业性,同时使译文更加自然流畅。

深入理解审计英语中的专业术语及其法律性质,结合句法分析,确保翻译时术语的准确性,避免由于理解错误导致的语义偏差。审计领域的专业术语通常具有严格的定义和法律含义,翻译时应避免根据字面意思进行错误翻译。翻译者需要理解每个术语的背景和应用场景,确保准确传达原文的意图和法律效力。比如,"material misstatement"在审计中是指"重大错报",翻译者应特别注意这一术语的法律和财务背景。

在翻译时,要注意中文的简洁性和英语的正式性之间的平衡,确保翻译后的句子既不冗长复杂,又能准确传达原文的正式性、严谨性。虽然英语句法结构复杂,但翻译成中文时要避免过于累赘,保持简洁而不失严谨。在审计报告中,正式的语气和清晰的逻辑至关重要,翻译者需要权衡信息的完整性与表达的简洁性,确保译文既符合中文语言的简洁性,又能保留原文的正式性和专业性。

英汉句法结构的差异在审计英语翻译中引发了诸多翻译困难,尤其是在句子结构、修饰语的处理、被动语态的使用等方面。英语句子通常较为复杂,尤其是审计英语中常见的长句、复合句和多层修饰结构,这些结构在英文中用于表达复杂的财务和法律信息。相比之下,中文句子通常较为简洁,修饰语位置灵活,表达方式也更为直接。因此,翻译者需要深入理解源语言和目标语言的句法规则和语言习惯,以避免翻译中的不自然和歧义。

通过合理的句法分析,翻译者可以首先识别句子中的各个成分和修饰关系,分清主次,厘清句子的逻辑结构。在翻译复杂句型时,译者可以根据中文的表达习惯,灵活调整句子结构,例如通过拆分句子、调整修饰语的位置来确保译文的清晰和流畅。此外,审计英语中的被动语态通常用于强调行为的执行者不重要或不明确,在中文翻译时,通常需要将其转换为主动语态或通过其他方式调整表达,使其更加符合中文的表述习惯。

对专业术语的精准把握也是翻译中的关键。审计英语充满了专业术语和固定搭配,翻译者必须深刻理解每个术语的含义及其在特定语境中的使用,避免误解或错误翻译带来的语义偏差。

通过上述翻译策略,翻译者可以有效克服英汉句法结构差异带来的挑战,确保审计英语翻译的准确性和专业性,同时保持目标语言的流畅性和自然度。

第五节　审计英语句法翻译的策略与技巧

一、拆分与重组

(一) 拆分长句和复合句

拆分长句和复合句是审计英语翻译中常用的技巧,尤其在遇到多个从句或修饰语时,拆分可以帮助厘清句子的层次,使翻译更加清晰易懂。审计报告中的句子常常信息量大,结构复杂,包含多个定语从句、状语从句、条件从句等,这些成分层层嵌套,使得句子难以理解。在这种情况下,通过拆分句子,翻译者可以将复杂的从句和修饰语分解为更简洁、更易于理解的部分,从而提高翻译的准确性和可读性。通过拆分,原本信息密集且层次复杂的句子被清晰地呈现出来,使翻译内容更加直观、简洁,同时保留了原文的核心信息和法律含义。拆分技巧不仅可以避免句子过于冗长,还能帮助翻译者更好地处理语言的复杂性,使审计报告的翻译更符合目标语言的表达习惯和文化背景。

例子:

• The auditor, who was appointed by the company's board of directors, conducted the audit in accordance with the relevant auditing standards to assess whether the financial statements presented a true and fair view of the company's financial position.

这是一个复合句,包含多个从句:定语从句"who was appointed by the company's board of directors"修饰"the auditor",定语从句"whether..."修饰 assess。

翻译方法:

• 第一步,拆分定语从句:将"who was appointed by the company's board of directors"单独翻译为"由公司董事会任命的审计师"。

• 第二步,拆分宾语从句:"whether the financial statements presented a true and fair view of the company's financial position"翻译为"评估财务报表是否真实、公正地反映了公司财务状况"。

最终翻译:由公司董事会任命的审计师按照相关审计准则进行审计,目的是评估财务报表是否真实、公正地反映了公司财务状况。

通过拆分句子中的定语从句、宾语从句和状语,避免了将所有信息塞进一个过长的句子,从而提高了中文翻译的清晰度。

(二) 简化和重组句子结构

在拆分句子时,有时需要对句子的结构进行简化和重组,尤其是当原句信息量过大时。通过将句子重新组织成更简洁的短句,可以使信息传达更直接,避免歧义。同时,这样的结构调整有助于提高译文的可读性,使读者能够更轻松地理解每个信息单元。在处理复杂句子时,翻译者应当注意拆分后句子之间的逻辑关系,确保每个短句都能清楚地表达原文的含义,而不会导致语义的遗漏或混乱。

例子:

• The audit, which was carried out by a team of qualified professionals, was intended to ensure that the company complied with all relevant financial reporting requirements and adhered to established industry standards.

这个句子包含了一个定语从句"which was carried out by a team of qualified professionals",以及一个宾语从句"that the company..."。

翻译方法:

• 第一步,拆分定语从句:"由一组合格的专业人员进行的审计"。

• 第二步,拆分宾语从句:"审计的目的是确保公司遵守所有相关的财务报告要求,并且遵循既定的行业标准"。

最终翻译:审计由一组合格的专业人员进行,目的是确保公司遵守所有相关的财务报告要求,并且遵循既定的行业标准。

通过拆分定语从句和宾语从句,简化了句子的结构,使其更适合中文的表达习惯,同时确保了信息的完整性和准确性。简化和重组句子不仅是提高翻译质量的有效策略,还能确保信息的准确传递,尤其是在专业领域如审计英语中。

二、 使用分句法简化长句

在翻译审计英语时,尤其是面对复杂句型时,可以通过分句法将长句拆分成多个简洁的句子。这样做不仅可以帮助译者更清晰地理解句子的层次结构,还可以避免翻译时的语法错误或信息缺失。通过拆分句子,译者能够逐一处理每个句子成分,确保每个部分的翻译都准确无误,从而避免因原句结构复杂而引发的误解。此外,拆分后的短句更容易符合目标语言的语法习惯,使译文更加流畅和自然。对于审计英语这种专业性强、信息量大的语言类型,分句法尤其重要,因为它能够有效地组织信息,确保读者能够清晰地获取每一部分的内容,保持信息的完整性和准确性。因此,合理运用分句法不仅是翻译技巧的一部分,也是确保审计报告翻译质量的关键步骤。

(一) 从主句到从句的拆分

英语中的复合句和复杂句可能由一个主句和多个从句构成。在翻译时,可以将每个从句转化为一个独立的句子,或者将其合并成一个简洁的句子结构。

例子:

• The financial statements, which were audited by an independent auditor, were prepared in accordance with generally accepted accounting principles, which are recognized internationally.

这是一个复合句,包含两个定语从句和多个并列成分。

翻译方法:

• 第一步,拆分定语从句:"由独立审计师审计的财务报表"。

• 第二步,简化句子结构:"财务报表按照公认的会计准则编制,该准则在国际上得到认可"。

最终翻译:财务报表由独立审计师审计,按照公认的会计准则编制,该准则在国际上得到认可。

通过拆分和简化,避免了过长的句子和信息的重叠,让翻译变得更为简洁和准确。

(二) 避免过多的修饰语和多重并列

英语中往往使用多个修饰语对名词进行修饰,尤其是在审计报告中,这种现象较为常见。翻译时,可以通过调整句子结构,减少修饰语的数量或通过省略不必要的修饰语,使句子更简洁。

例子：

• The detailed report，which included a thorough analysis of the company's financial performance over the past five years，the review of internal controls，and an evaluation of the company's compliance with tax regulations，was submitted to the board of directors.

这个句子包含了多个修饰成分，涉及分析、审查和评估等多个方面的信息。

翻译方法：

• 第一步，拆分修饰语："详细报告包括了对公司过去五年财务表现的彻底分析，内部控制的审查，以及对公司税务合规性的评估"。

• 第二步，简化主句结构："该报告已提交给董事会"。

最终翻译：该详细报告包括了对公司过去五年财务表现的分析、内部控制的审查，以及税务合规性的评估，已提交给董事会。

拆分多重修饰成分、简化句子结构，避免了修饰部分过于冗长的问题，从而使翻译更具条理性和简洁性。

三　转换语态：灵活使用被动与主动

在审计英语的翻译过程中，语态的选择和转换是一个非常关键的翻译策略，特别是在面对被动语态和主动语态的转换时。英语中，尤其是审计报告中，通常使用被动语态来强调审计结果和审计过程，而汉语则更倾向于使用主动语态，特别是在表述法律和技术性语言时。合理地转换语态，灵活运用被动和主动，可以有效提高翻译的准确性和流畅性。翻译者需要根据具体的语境和语法结构，灵活地选择和调整语态，确保译文的专业性、流畅性和准确性。因此，翻译者需要根据具体的语境和语法结构，灵活地选择和调整语态，确保译文的专业性、流畅性和准确性。

（一）被动语态的常见使用场景

被动语态在审计报告中的使用通常用于描述审计程序、审计结果或法律要求。例如，报告中经常出现"审计已完成""财务报表已审计"等被动结构，目的是强调"审计"这一过程，而不是执行审计的人。

例子：

• The financial statements were audited by the external auditor in accordance with the applicable standards.

该句采用了被动语态，"were audited"突出的是审计过程，而不是谁执行了审计。译为：财务报表已由外部审计师按照适用准则进行审计。这种翻译形式保持了被动语态的结构，突出强调了"审计过程"的客观性和正式性。

（二）转换被动语态为主动语态的挑战

英语中的被动语态通常需要在中文中转换为主动语态,尤其是当中文表达不再需要强调"谁"进行动作时。被动语态翻译成中文时,需要根据语境决定是采用主动结构还是隐去动作的执行者。

例子:

• The audit was completed on schedule.

这是一个被动结构,强调的是审计已完成这一事实。译为:审计按计划完成。在中文翻译中,通常省略执行者,直接表达审计过程的完成。这样的转换更加简洁,符合中文的习惯。

（三）主动语态的使用

在审计英语中,尽管被动语态占据主导地位,但在某些情况下,主动语态的使用同样重要,特别是在表达动作执行者或突显某一行为时。英语中的主动语态将焦点放在主语上,而在审计报告翻译时,灵活使用主动语态,可以使句子更易理解并符合中文的语言习惯。主动语态在审计英语中用于强调审计人员或审计机构的职责与行动。通过把句子由被动转换为主动,可以让表述更加直接、清晰。

例子:

• The auditor conducted the audit in compliance with the international standards.

这个句子采用了主动语态,强调了审计人员 "conducted" 审计这一行为。译为:审计师按照国际准则进行了审计。翻译成主动语态更符合中文表达习惯,突出了"审计师"这一主语。

在某些情况下,主动语态可能更适合传达具体责任或执行者,而在另一些情况下,被动语态则更侧重于审计活动本身。因此,翻译时需要根据审计报告的重点,灵活选择使用主动语态或被动语态。

例子:

• The financial report was submitted to the board of directors for review.

这是一个被动结构,侧重报告的提交过程。译为(主动语态):公司已将财务报告提交给董事会审核。在此例中,翻译成主动语态强调了"公司"这一执行者,使句子更符合中文表达习惯。

（四）被动语态与主动语态的转换策略

在审计英语翻译过程中,理解何时使用被动语态和主动语态,以及如何灵活转换两者,对于确保翻译的流畅性和准确性至关重要。一些常见的转换策略包括根据语境决定语态、避免过多使用被动语态、句子重组以适应中文表达习惯等。

如果审计报告强调审计活动本身,或当动作的执行者不重要时,应使用被动语态。例如,强调"审计完成"或"结果已得出"时,采用被动语态较为合适。如果需要明确指出审计的执行者(如审计机构、审计师等),或当执行者是核心信息时,则应使用主动语态。例如,报告中需要明确指出某一审计师或审计机构执行了审计任务时,应使用主动语态。

虽然在审计英语中被动语态较为常见,但中文在使用被动语态时要注意避免过多堆砌。翻译时可以根据需要转换为主动语态,避免句子过于冗长和复杂。

例子:

• The company's financial position was assessed by the auditor,and the audit was conducted according to the applicable standards.

通过拆分和简化句子,避免使用过多的被动语态。译为:审计师根据适用的标准评估了公司财务状况,并进行了审计。将句子转换为主动语态,使句子更加简洁易懂,同时保持信息的完整性。

在翻译过程中,除了转换语态,句子重组也是一个非常有效的策略。例如,英语中的长句可能需要拆分成短句,或是调整语序以使句子更加符合中文的表达习惯。

例子:

• The audit report,which was prepared by the auditing firm and presented to the stakeholders,was reviewed thoroughly.

通过调整语序和语态,可以将句子转换成更加简洁、易懂的形式。译为:审计公司准备了审计报告并提交给利益相关者,该报告经过了彻底审查。调整语序并采用主动语态,简化了句子,使其更符合中文的语言结构。

可见,在审计英语翻译中,语态的选择和转换是确保翻译准确、流畅和符合目标语言表达习惯的重要策略。翻译者应根据具体情境,合理转换语态,避免过度使用被动语态,并通过句子重组使翻译更加简洁、明了。在审计报告的翻译中,恰当地运用这一策略,能够有效提高翻译质量,确保信息的准确传递。

四、 名词化处理:适应目标语言的表达习惯

在审计英语的句法结构中,名词化现象极为常见,尤其是在审计报告中。名词化是指将动词、形容词或其他词类转换为名词,以提高表达的正式性、简洁性和抽象性。这种现象在审计英语中尤其突出,因为审计报告语言的正式性要求使得句子往往需要具有高度的规范性和严谨性。然而,在翻译过程中,如何处理名词化结构以适应目标语言的表达习惯,是一项极具挑战性的任务。名词化处理不仅要求译者理解原文的含义,还要确保目标语言既符合语法规则,又能保持信息的准确性。

(一) 名词化现象在审计英语中的体现

审计英语的名词化结构通常通过将动词、形容词等转化为名词,使句子显得更加抽象、正式。例如,动词短语"perform an audit"常常以名词形式表达为"the performance of an audit"。这种名词化的方式不仅增加了语言的简洁性和正式性,而且使句子结构更加

规范,符合审计报告的写作要求。

例子：

- The audit was performed in accordance with the relevant auditing standards.

- 名词化处理：The performance of the audit was in accordance with the relevant auditing standards.

此外,审计英语中的名词化往往不仅仅局限于动词的转化,还包括形容词的名词化。例如,形容词"compliant"可以转化为名词"compliance",以表示符合某种标准或要求。

例子：

- The company is compliant with the regulations.

- 名词化处理：The company's compliance with the regulations is ensured.

- 这种名词化结构在审计报告中十分常见,尤其在描述审计活动的合规性、审计结果的合法性时,名词化能够使语言更加抽象、正式。

(二) 名词化处理在审计英语翻译中的挑战

尽管名词化在审计英语中具有高度的功能性,但将其翻译为中文时,往往会面临一定的挑战。中文相较于英语,通常不倾向于过多使用名词化结构,而更注重动词的使用和语句的简洁性。因此,如何将英文中的名词化结构转换成符合中文语言习惯的表达,是翻译过程中必须解决的问题。

中文中不常用名词化结构而更倾向于使用动词表达行动或状态。例如,英文中常见的"the execution of the audit"在中文中可以直接翻译为"执行审计",避免过多名词化的累赘。

例子：

- The completion of the audit is scheduled for next month.

- 直译名词化：审计的完成定于下月。

- 译为动词形式：审计将于下月完成。

- 中文中,直接使用动词"完成"更简洁流畅,避免了名词化结构造成的冗长。

审计英语中的名词化往往带有很强的抽象性,而中文则更倾向于使用具象的表达。翻译时,译者需要在确保翻译准确的同时,避免过度抽象,使目标语言读者能够清楚地理解信息。

例子：

- The evaluation of the company's financial statements was carried out by the auditor.

- 名词化处理：对公司财务报表的评估由审计师进行。

- 译为：审计师对公司财务报表进行了评估。

将名词化的"evaluation"转为动词"评估"后,句子更加简洁且符合中文表达习惯。

（三）名词化处理的翻译策略

为了解决名词化结构翻译中的困难，翻译者可以采用动词替代策略、简化与合并、调整词序与补充必要信息等方法，以适应中文的语言习惯，确保翻译既准确又流畅。审计英语中常出现大量名词化结构，这些结构使得句子更加简洁和正式，但在翻译时却可能导致句子过于僵硬或难以理解，特别是在中文中，名词化结构往往会使句子显得烦琐和不自然。为了提高译文的可读性，翻译者可以将名词化的动词或名词短语转换为动词或短语动词，使句子更具动感和流畅性。

在中文中，使用动词来代替名词化结构是最常见的翻译方法。例如，将"the performance of the audit"翻译为"进行审计"或"审计的执行"。这种策略能够使句子更加直接、简洁，同时避免语言的堆砌。

例子：

- The evaluation of the internal controls was performed during the audit.
- 译为：审计过程中对内部控制进行了评估。
- 翻译中将名词化结构"evaluation"转化为动词"评估"，使句子更加符合中文表达习惯。

审计英语中的名词化结构有时可以通过简化或合并多个信息块，减少语言的复杂性和抽象性。译者可以通过去除不必要的名词，合并句子中的动词部分，使句子更加简洁流畅。

例子：

- The calculation of the risk level was conducted by the audit team.
- 名词化处理：风险水平的计算由审计小组进行。
- 翻译简化：审计小组计算了风险水平。
- 通过将名词化结构简化成动词短语，用"计算了"替代了"计算的进行"，使句子更简洁，并更加符合中文的语法结构。

在处理名词化的句子时，译者可以根据中文的语序和逻辑结构，调整句子顺序或补充必要的词汇，确保句子的流畅度和准确性。例如，在某些情况下，可以将名词化的句子转化为一个从句，或增加适当的动词和介词。

例子：

- The provision of services was conducted in compliance with the relevant regulations.
- 译为：相关服务的提供是根据相关规定进行的。
- 调整词序并使用"是根据……进行的"这种表达方式，使句子更符合中文表达习惯。

可见，名词化处理在审计英语翻译中是一项关键的策略，因为它能够帮助译者有效地传达原文中的法律性、规范性和专业性。然而,英语中的名词化结构在中文中可能显得冗长、抽象,甚至不符合目标语言的表达习惯。因此,翻译者需要灵活运用动词替代、简化合并和调整语序等策略,确保翻译既准确又符合中文的语言习惯。使用这些翻译策略,不仅可以提高翻译的流畅性,还能保持审计报告的专业性和权威性,确保信息的清晰传递。

第六节　审计英语句法翻译实例分析

一、选取典型审计英语文本

在众多的审计英语文本中,我们精心选取了国际知名四大会计师事务所(普华永道、德勤、安永、毕马威)发布的审计报告、美国公众公司会计监督委员会(PCAOB)制定的审计准则以及国际审计与鉴证准则理事会(IAASB)发布的相关审计文献等作为案例分析的主要对象。这些文本之所以具有代表性,原因在于它们涵盖了审计实践的各个关键领域,包括财务报表审计、内部控制审计、审计质量控制等,能够全面反映审计英语在实际应用中的真实面貌和多样化的语言特征。四大会计师事务所的审计报告代表了行业内顶尖的专业实践水平,其语言表达严谨、规范,对于长难句的运用和专业术语的选择具有很高的权威性和参考价值,能够展示在复杂商业环境下审计英语的精准性和专业性要求。PCAOB 和 IAASB 的审计准则及文献则从规则制定和理论指导的角度,为审计英语的术语使用、句法结构提供了标准化的范例,有助于深入理解审计英语在正式规范文本中的独特表达方式和语言习惯,对于研究审计英语的句法特点及翻译策略具有不可替代的重要意义,能够为翻译实践提供坚实的基础和可靠的参照标准,使研究结果更具说服力和实用性,能够更好地指导审计英语的翻译工作,满足实际工作中的多样化需求,促进审计领域的国际交流与合作在语言层面的顺利开展。这些案例不仅为翻译实践提供了丰富的语料,还为研究者在分析和理解审计英语的句法结构、术语应用和翻译策略时提供了一个全面且系统的参考框架。

二、运用翻译策略进行翻译实践

以下将针对上述选取的案例文本中的具体句子,运用前文所阐述的翻译策略进行翻译实践,展示如何将理论应用于实际操作中,以实现准确、流畅的审计英语翻译。

例如,在一份普华永道发布的审计报告中,有这样一个句子:"The audit procedures, which are designed to detect material misstatements in the financial statements, include a detailed examination of the accounting records, the confirmation of balances with third parties, and the performance of analytical procedures, all of which are carried out in accordance with the generally accepted auditing standards and the firm's audit methodology."。

首先,对于这个长难句,我们采用拆分法和调整语序法进行翻译。将"which"引导的定语从句"which are designed to detect material misstatements in the financial statements"拆分开来,译为:这些审计程序旨在发现财务报表中的重大错报,包括对会计记录的详细检查、与第三方的余额确认以及分析性程序的执行,所有这些程序均按照公认审计准则和本公司的审计方法进行。这样的翻译将复杂的长句拆分成了几个短句,并且按照汉语的表达习惯调整了语序,使译文更加清晰易懂。

对于句中的被动语态"are carried out",由于强调的是审计程序的执行这一动作,且执行者在原文中并非重点,因此我们保留被动语态,译为:所有这些程序均按照公认审计准则和本公司的审计方法被执行。

在专业术语的翻译上,"material misstatements"译为"重大错报","generally accepted auditing standards"译为"公认审计准则",均采用了直译法。这些术语在审计领域有固定且明确的含义,直译能够准确传达其专业内涵,确保译文的专业性和准确性,符合审计英语的语言规范和行业习惯,有助于读者准确理解原文所表达的审计信息和操作流程,避免因术语翻译不当而引起的歧义或误解,从而提升审计英语翻译的质量和效果,保障审计工作的权威性和公信力。

三、 对比分析翻译效果

为了更直观地展示运用上述翻译策略所取得的效果,我们将运用策略的译文与其他可能的译文进行对比分析,从准确性、流畅性、专业性等多个维度评估其优势。

仍以上述普华永道审计报告中的句子为例,若采用一种较为生硬的直译方式,可能会将其译为:审计程序,其被设计用于检测财务报表中的重大错报,包括对会计记录的详细检查、与第三方的余额确认以及分析性程序的执行,所有这些都根据公认审计准则和公司的审计方法被执行。与运用拆分法、调整语序法以及合理处理被动语态和专业术语的译文相比,这种直译译文存在明显的缺陷。

准确性方面,直译译文虽然基本传达了原文的信息,但由于句子结构未进行合理调整,可能会使读者在理解复杂的修饰成分和从句关系时产生混淆,例如"which"引导的定语从句的修饰对象不够清晰明确,而运用策略的译文通过拆分和语序调整,使句子的逻辑关系更加一目了然,准确无误地呈现了原文的语义内涵,避免了信息的模糊和歧义。

流畅性方面,直译译文的句子显得较为冗长、拗口,不符合汉语的表达习惯,读者在阅读过程中可能会感到吃力,而经过优化的译文则更加通顺自然,将长难句拆分成短句,使信息的传递更加流畅,符合汉语读者的阅读习惯,增强了译文的可读性。

专业性方面,对于专业术语的翻译,两种译文可能并无太大差异,但在整体的表达效果上,运用策略的译文通过合理的语序安排和结构调整,更能体现审计英语的专业性和严谨性,使译文整体更符合审计领域的专业语境和行业规范,有助于专业人士快速、准确地获取信息,而直译译文则在一定程度上削弱了这种专业性的体现。

又如,对于专业术语"material weakness",若不了解其在审计领域的特定含义,而简单地译为"物质弱点",则会完全偏离其专业内涵,导致读者对审计信息的严重误解。而采用意译法将其译为"重大缺陷",则能够准确传达其在审计语境中的专业意义,避免了因术语翻译不当而产生的信息偏差,这也进一步体现了运用专业术语翻译策略的重要性和必要性。

通过这些对比分析,可以清晰地看到,运用本书提出的审计英语翻译策略,能够显著提升译文的质量,使其在准确性、流畅性和专业性等方面都更胜一筹,从而更好地满足审计工作国际交流与合作中的语言需求,确保审计信息的准确传递和有效沟通,为审计行业的发展提供有力的语言支持。

第七节　　结论与展望

一、 本章研究的总结

本书通过对审计英语句法特点的深入剖析以及翻译策略的系统探讨,取得了一系列具有重要理论与实践价值的成果。

在句法特点方面,审计英语的长难句结构复杂,嵌套结构多层交织、修饰成分繁杂多样。这不仅反映了审计业务的复杂性和严谨性,也给翻译工作者准确理解原文语义和逻辑关系提出了挑战。此外,被动语态使用频繁,旨在强调动作承受者以及增强文本的客观性,这与审计工作追求公正、客观的原则高度契合。同时,专业术语丰富且具有特定含义和固定搭配,这些术语作为审计领域的专业标识,精准地传达了审计概念和操作流程,其准确翻译对于审计信息的准确传递至关重要。

针对上述句法特点,本研究提出了相应的翻译策略。对于长难句,采用拆分法将复杂的句子结构分解为若干简单易懂的短句,并运用调整语序法使译文符合汉语的表达习惯,从而提升译文的可读性和准确性;在处理被动语态时,根据具体语境,灵活选择译为主动语态以突出动作执行者,或保留被动语态以强调动作承受者和客观性;对于专业术语,运用意译法深入挖掘其在审计领域的专业内涵,避免字面直译导致的误解,并通过建立专业术语库确保术语翻译的一致性和规范性,提高翻译效率和质量。

通过实际案例分析,充分验证了这些翻译策略的有效性和可行性。运用上述翻译策略的译文在准确性、流畅性和专业性等方面均表现出色,能够更好地满足审计工作国际交流与合作中的语言需求,有力地促进了审计信息的准确传递和有效沟通,为审计行业的发展提供了坚实的语言支持。

本研究成果不仅丰富了审计英语的语言学研究,为专业英语翻译理论与实践的结合提供了新的实证依据,而且对审计从业者、翻译工作者以及相关专业学生的实际工作和学习具有重要的指导意义,有助于提升他们在审计英语翻译领域的专业素养和实践能力,推动审计行业在国际舞台上的交流与合作更加顺畅、高效,为全球经济一体化背景下的审计事业发展贡献了积极力量。

研究局限与展望

尽管本书在审计英语句法特点及翻译策略方面取得了一定的成果,但仍存在一些局限性。

在研究样本方面,虽然选取了国际知名四大会计师事务所的审计报告、PCAOB 和 IAASB 的审计准则及文献等作为案例分析的主要对象,但这些样本主要来源于国际大型审计机构和权威组织,对于一些小型审计公司、特定行业的审计文本以及非英语母语国家的审计英语应用情况涉及较少,可能导致研究结果在一定程度上无法全面反映审计英语的多样性和复杂性,存在样本代表性不够广泛的问题。

研究方法上,虽然综合运用了文献研究法、案例分析法和比较分析法,但在实证研究方面相对薄弱。例如,验证翻译策略的有效性时,主要采用与其他可能译文的对比分析以及实际案例的应用等方式,缺乏大规模的量化数据支持,如翻译准确率、读者接受度等方面的统计分析,使得研究结论的说服力略显不足,在方法的科学性和严谨性上还有待进一步提升。

研究深度上,对于审计英语句法特点与审计业务流程、审计风险控制等方面的内在关联挖掘不够深入,未能充分揭示语言结构背后的审计专业逻辑和实践需求;在翻译策略的探讨中,虽然提出了针对长难句、被动语态和专业术语的一般性翻译方法,但对于一些特殊语境、文化背景下的翻译技巧和变体研究不够细致,未能形成一套完整、详尽且具有动态适应性的翻译策略体系,难以满足审计英语翻译在复杂多变的实际工作场景中的所有需求。

针对以上局限,未来的研究可以从以下几个方向展开:一是扩大研究样本的范围,涵盖更多不同类型、规模的审计公司以及多样化行业的审计英语文本，包括新兴行业如人工智能、区块链等领域的审计资料，同时纳入非英语母语国家的审计英语应用案例，进行更全面、深入的分析，以揭示审计英语在全球范围内的共性与个性特征，提高研究结果的普适性和代表性。二是加强实证研究方法的运用，通过设计科学合理的实验方案，收集和分析大量的翻译实例数据，如开展翻译人员的对照实验，对比不同翻译策略下的翻译质量指标，运用统计学方法进行量化分析，从而更精准地验证翻译策略的有效性和优越性，增强研究结论的科学性和可靠性，为审计英语翻译实践提供更具说服力的依据和指导。三是深化研究深度，进一步探究审计英语句法特点与审计专业知识体系的紧密联系，从审计理论、实践操作、风险防范等多个维度解析语言现象，构建更加系统、完善的审计英语语言学理论框架；同时，结合跨文化交际学、语料库语言学等多学科理论，深入研究不同文化背景下审计英语的翻译策略演变和优化，开发智能辅助翻译工具，如基于语料库的术语自动识别与翻译系统、句法结构智能分析与转换软件等，提高审计英语翻译的效率和质量，以适应不断发展变化的审计国际交流与合作需求，推动审计英语研究向更高水平迈进，为审计行业的国际化发展提供更强大的语言支持和理论保障。

三　审计英语句法翻译策略的可行性与实践意义

（一）提升审计工作的效率与质量

1. 准确传达审计信息

在审计工作中，准确的信息传达至关重要。例如，审计报告中经常出现的语句"The auditor has identified several material weaknesses in the company's internal control system, which may lead to potential misstatements in the financial statements."（审计师已识别出公司内部控制系统中的若干重大缺陷，这可能导致财务报表中潜在的错报。）如果采用直译策略，将其译为"审计师已识别出公司内部控制系统中的几个重大弱点，这可能导致财务报表中的潜在错报"。虽然基本意思传达出来了，但"weaknesses"译为"弱点"在审计专业语境中不如"缺陷"准确，这种细微的差别可能会影响专业人士对问题严重程度的判断。

而若运用准确的专业术语和合适的句法翻译策略，将其译为"审计师已识别出公司内部控制系统存在的若干重大缺陷，这些缺陷有可能致使财务报表出现潜在错报情况"，则更能精准地传达原文的含义。这能使审计人员和管理层清晰地了解到内部控制系统存在的问题及其对财务报表的潜在影响，从而为后续的整改措施和决策提供可靠依据，提升审计工作的质量。同时，这也能确保审计信息的准确性和专业性在跨语言交流中得以保持，避免因翻译不准确而产生的误导。如此一来，审计报告能够真实、有效地反映公司的财务状况和内部控制情况，有力地支持审计工作的权威性和公信力，保障投资者和相关利益方的权益,促进资本市场的稳定健康发展。此外,这还能为企业的持续经营和发展提供有力的监督和保障机制,推动整个审计行业在国际范围内的规范化和专业化进程,提升审计行业在全球经济治理中的地位和作用,为全球经济的稳定增长贡献积极力量。

2. 减少沟通成本与误解

在跨国审计项目中,恰当的翻译策略能够显著减少沟通成本与误解。例如,一家中国的审计团队对一家美国公司进行审计,在审计过程中需要与美国公司的财务人员沟通关于"accounts receivable aging analysis"(应收账款账龄分析)的问题。如果将其译为"应收账款老化分析",美国公司的财务人员可能会感到困惑,无法理解中国审计人员的意图。这不仅会增加沟通成本,需要花费额外的时间进行解释和澄清,还可能导致误解,进而影响审计工作的进度和效果。

而如果采用准确的翻译,将其清晰地译为"应收账款账龄分析",双方能够迅速理解对方的意思,顺利地就该问题进行讨论和交流,审计人员能够准确获取所需信息,提高审计工作的协同效率,避免因语言障碍导致的沟通不畅和误解,确保审计工作能够按照计划高效推进,降低时间和资源成本,增强跨国审计项目的执行效果,促进国际审计合作的顺利开展,提升中国审计团队在国际审计市场的竞争力和专业形象,为中国企业在海外的投资和经营提供有力的审计支持,推动中国与其他国家在经济领域的深度合作和交流,助力全球经济一体化进程的稳步发展,营造良好的国际经济合作环境,为各国企业的共同发展创造有利条件,实现互利共赢的发展局面,促进全球经济资源的优化配置和合理利用,提升全球经济的整体效益和发展质量。

(二)促进审计行业的国际化发展

1. 增强国际审计交流与合作

在国际审计交流与合作的实践中,准确的句法翻译对于遵循国际审计准则起着关键作用。例如,在将国际审计准则中的句子"The auditor should obtain sufficient appropriate audit evidence to be able to draw reasonable conclusions on which to base the audit opinion."(审计师应获取充分、适当的审计证据,以便能够得出合理的结论,作为审计意见的基础。)翻译成不同语言时,若能精准地把握句法结构和专业术语的翻译,各国审计师就能准确理解并遵循这一准则要求,确保审计工作的标准化和规范化。

我国的审计团队在参与国际审计项目时,通过准确翻译国际审计准则中的复杂句法和术语,能够更好地与国际同行在审计程序、风险评估、证据收集等方面进行沟通与协作。如在对一家跨国公司的合并财务报表进行审计时,我国审计师依据准确翻译的国际审计准则,与其他国家的审计团队共同制订统一的审计计划,明确各自的审计职责和范围,有效地避免了因语言和准则理解差异而导致的审计漏洞和重复工作,提升了审计效率和质量,增强了我国审计行业在国际审计合作中的话语权和影响力,促进了国际审交流的深入开展,推动了全球审计行业的协同发展,为国际经济秩序的稳定和健康发展提供了有力保障。

2. 推动审计知识的国际传播

在审计学术领域,合理的句法翻译策略有助于将我国的审计研究成果推向世界。以我国学者关于"政府审计在国家治理中的作用机制"的研究文献为例,通过准确、流畅的句法翻译,这些文献得以向国际学术界传播。如此一来,其他国家的审计研究者便能了解我国在政府审计领域的独特视角和实践经验,如我国政府审计在促进公共资金合理使用、保障政策有效执行等方面的创新做法和理论探索。

在审计培训资料的翻译方面,当我国先进的审计技术和方法,如"大数据审计在金融行业的应用"培训资料被翻译成多种语言后,能够给其他国家的审计人员提供新的思路和方法借鉴。通过清晰、准确地翻译其中涉及的复杂技术术语和操作流程的句法结构,如"data mining algorithms for audit data analysis"(用于审计数据分析的数据挖掘算法)等,国际审计人员能够理解并尝试应用这些技术。这促进了国际审计界的学术交流与经验分享,推动了全球审计行业在技术和理论方面的共同进步,提升了整个国际审计行业的专业水平和创新能力,进一步加强了各国审计领域之间的联系与合作,为全球经济的可持续发展提供了更强大的审计支持和保障。

综上所述,审计英语句法翻译策略的可行性和实践意义体现在其对翻译质量和效果的直接影响。通过拆分、重组句子、灵活转换语态、优化名词化结构以及使用适当的修辞技巧,翻译者可以在确保翻译准确的基础上,使审计报告更加符合中文的语言习惯,提高其可读性和流畅性。这些策略不仅增强了审计报告翻译的准确性和权威性,也保证了信息的有效传达,避免了由于句法结构不当而产生的误解或歧义。因此,审计英语句法翻译策略不仅具有实践可行性,而且对确保审计报告的法律性、财务性和专业性起到了至关重要的作用。

第四章

审计英语语篇特点及翻译

第一节   引 言

一、 审计英语语篇的定义及重要性

审计英语语篇是指以审计为主题,使用英语表达的具有特定格式、内容和风格的文本集合。它通常包括审计报告、审计意见书、审计工作底稿、财务报表以及与审计相关的其他文档。审计英语语篇的核心特征是专业性、正式性和规范性,它在内容上涉及审计程序、审计依据、审计结果及其法律和财务影响,形式上通常遵循特定的行业标准和法律规范。审计英语语篇不仅仅是语言的简单传递,更是信息的精准表达和法律合规的体现,具有高度的结构化、条理性和逻辑性。其内容涉及审计对象的财务健康、合规性和风险评估,而这种内容的传递要求语言简洁、准确且不容有失。

审计英语语篇的重要性体现在多个层面。首先,审计报告作为审计英语语篇的一部分,不仅是审计过程中发现问题的书面记录,更是审计结果与结论的重要依据。这些报告为审计师、公司管理层、投资者、政府监管机构以及其他利益相关者提供了关于公司财务状况、合规性和经营风险的重要信息。因此,审计英语语篇的准确性和专业性直接关系到信息传递的有效性与决策的正确性。其次,审计英语语篇具有法律效力和商业价值,翻译时必须严格遵守原文的法律和财务术语,并确保不失信息的完整性和精确性。此外,审计英语语篇中的语言风格和结构要求也反映了审计工作的公正性和透明度,保证了审计活动的透明度和公正性,进而维护了公众对审计行业的信任和认可。因此,审计英语语篇不仅是审计活动的语言载体,也是商业、法律与财务信息沟通的重要桥梁。

二、 审计英语语篇的专业性和特殊性

1. 审计英语语篇的专业性和特殊性使其区别于日常英语以及其他学科领域的英语表达

审计英语的专业性首先体现在其涉及的内容、术语和表达方式上,这些内容和表达方式都是专门针对审计行业的特殊需求和技术要求设计的。审计活动本身是一项复杂的专业工作,涉及财务报表的审核、内部控制的评估、风险管理的审查以及合规性检查等

环节,这些环节都要求高度的技术性和专业性。因此,审计英语语篇中会大量使用特定的审计术语和行业词汇,如"internal control"(内部控制)、"material misstatement"(重大错报)、"audit evidence"(审计证据)、"management representation"(管理层声明)、"audit procedures"(审计程序)等。这些术语对于普通读者来说可能陌生且晦涩,每一个术语都具有严格的定义和特殊的应用场景,意味着这些词汇不仅是语言的简单表达,更是审计实践中的核心概念。

这些术语通常是根据国际审计标准、会计准则以及各国的财务法律体系制定的,因此它们具有高度的法律和财务精确性。例如,"material misstatement"指的是在财务报表中对财务状况产生重大影响的错误或遗漏,审计师需在审计过程中识别并报告这种错报。而"audit evidence"则指为支持审计结论所收集的各种证明材料,这些材料必须符合一定的标准和要求。这样的术语具有严格的技术背景,并且在不同的法律、行业或审计环境中可能存在差异,因此要求译者具备深厚的跨文化审计背景知识,以便准确理解和翻译。此外,审计英语还包括一系列特定的审计程序表达,这些术语帮助审计师准确描述审计方法、步骤和结果。翻译这些术语时,如果没有相应的专业背景,很容易误解或丢失原文的精确含义,影响审计报告的可信度和有效性。

审计英语的专业性除了要求译者具备扎实的语言能力之外,还要求其深入理解审计理论、会计准则、法律规定等相关专业知识。审计翻译的工作不仅仅是语言上的转换,更是对原文中专业信息的理解和再表达。审计报告中的每一段落、每一句话都有可能涉及特定的法律规定或会计原则的引用,译者需要确保翻译后的文本不仅符合目标语言的语言习惯,还必须遵循相关的国际审计标准或国家法规,以便目标受众理解并做出准确的判断。例如,在涉及财务合规性检查时,审计英语中常常需要提及"compliance with GAAP"或"conformity with IFRS",这些术语不仅涉及会计准则,还与各国的税务法规定紧密相连。因此,译者必须对不同国家的审计法规和会计准则有深入了解,以确保翻译的准确性和专业性。

总之,审计英语语篇的专业性要求译者不仅要具备高水平的语言能力,还必须具备审计、会计和法律等多学科领域的跨领域知识。这不仅涉及对审计术语的精准掌握,还包括对审计报告结构、法律合规要求以及行业惯例的深刻理解。只有在具备这些专业背景的基础上,才能确保审计英语语篇在翻译过程中保持原有的法律效力和财务准确性,从而确保信息能够正确传递给目标受众,支持跨文化、跨国的审计合作和交流。

2. 审计英语在语言结构和表达风格上的特殊性,直接影响了其翻译的难度和复杂性

审计英语的句法结构通常较为复杂,句子较长,且多为复合句,这种句式设计旨在准确传达审计过程中详细而复杂的信息。审计报告通常需要描述审计工作依据的标准、审计程序的执行情况、审计方法的适用性等,信息量较大,这使得审计英语的句子结构往往包含多个定语从句、状语从句、宾语从句等修饰性结构。这些从句能够对审计工作进行详细描述,确保传递的信息完整且精准。例如,在审计范围段(scope paragraph)中,审计

报告往往会通过复杂的从句结构来详细解释审计程序的实施情况及其依据的国际标准或行业规范。这样细致的表达使得审计报告具有高度的正式性与专业性,同时也确保审计工作结果能够清晰、无歧义地传递给相关利益方。

然而,这种复杂的句法结构也给翻译带来了挑战。尤其是在审计英语翻译时,译者需要根据目标语言的语言习惯,灵活拆分或重组原文句子,确保信息传达的流畅性和准确性。在英语中,长句和复合句的使用频繁且自然,但在中文中,长句容易使表达显得烦冗或不易理解。因此,译者在翻译时必须谨慎处理,避免将复杂的英文句子生硬地转换成中文长句。拆分句子、调整语序、简化表达是翻译过程中常见的策略。例如,可以将英语中的复合句拆解成多个简单句,或者调整中文的句型顺序以符合中文的语法结构,这样既能确保信息的清晰传达,又能使句子保持流畅和易懂。

在审计英语的表达风格上,另一显著特点是其高度正式、简洁、客观和中立。审计报告的目的不仅在于传达审计结果,还在于确保审计过程的透明度和公正性。因此,审计语言必须精确无误,避免使用任何可能引发歧义或误解的模糊语言和情感化表述。审计英语强调事实的陈述,尽量避免主观评价,表述方式力求简明而清晰,避免使用修辞或带有情感色彩的语言。这种表达风格要求译者在翻译时,也要避免使用过于复杂的修辞手法,始终保持语言的简洁性和正式性,确保目标读者能够清晰理解审计报告的核心内容和结论。

总体而言,审计英语的语言特性要求翻译者具备高水平的语言技巧与深厚的专业背景知识。在翻译审计英语时,译者不仅要掌握英语的语法和结构,还需要了解审计、会计、财务、法律等领域的基本知识,以便准确传达原文的信息,并保持其正式性、专业性和权威性。审计报告的翻译不仅是语言转换的过程,更是信息精准传达、跨文化理解和合规性的保证。因此,审计翻译不仅考验译者的语言能力,还考验其对审计行业的深刻理解和对不同语言表达习惯的灵活适应。

三 审计英语语篇翻译在跨文化交流与国际审计业务中的作用

审计英语语篇翻译在跨文化交流与国际审计业务中发挥着至关重要的作用,尤其在全球化日益加深的背景下,跨国企业和国际组织之间的审计合作变得越来越频繁和复杂。审计报告、财务报表及相关审计文档通常涉及复杂的法律规定、财务准则和行业标准,这些内容的准确传达对于各方利益的决策至关重要。审计英语语篇翻译帮助不同文化、语言和法律背景的审计师、企业管理层、投资者以及监管机构之间实现有效沟通,确保信息传递无误。尤其在跨国审计过程中,审计语篇的翻译不仅是语言的转换,更是法律、会计和财务制度的跨文化转化。只有确保各方理解审计报告中的内容和结论,才能使他们据此做出相应的法律或商业决策。

跨文化交流中,审计英语语篇的翻译还帮助解决了不同国家和地区之间的语言和法律体系差异。在国际审计业务中,不同国家的会计准则、审计标准以及法律条文常常存在显著差异,翻译者需要理解这些差异并准确地将其转化为目标语言中符合当地法律要求的表达。例如,国际审计标准(如国际审计与鉴证准则和国际财务报告准则)与某些国家的本土审计标准可能存在差异,翻译者需要确保这些专业术语和表述在目标语言中保持一致且符合当地的法规和行业惯例。通过精确的审计英语翻译,国际审计团队能够跨越语言障碍,共同理解审计程序、审计结论及其法律影响,促进跨国公司在全球范围内的财务透明度和合规性。

此外,审计英语语篇的翻译在推动国际审计行业标准的统一和适用方面也具有重要作用。随着全球化经济的发展,越来越多的跨国公司要求其在各个国家和地区的财务报表遵循统一的审计标准,审计英语的翻译为这些标准的传播和实施提供了必要的语言支持。通过审计报告和其他审计文件的标准化翻译,各国审计师可以更好地遵循全球统一的审计规则,减少跨国审计中可能出现的误解和不一致,为国际投资者、政府监管机构等提供更加可靠和一致的信息。这种语言和文化的跨越促进了国际市场的稳定与健康发展,也加强了不同国家和地区间的信任与合作。

综上所述,审计英语语篇翻译在跨文化交流和国际审计业务中的作用是多方面的。它不仅帮助不同语言背景的审计师和利益相关者之间实现准确的沟通,还有效解决了跨国审计中涉及的法律、会计准则和文化差异等问题。同时,它还推动了国际审计标准的统一和全球财务透明度的提高,从而促进了国际市场的规范运作和跨国公司的合规性。因此,审计英语语篇的翻译不仅仅是语言转换的过程,更是全球审计行业合作、标准统一和信息透明的重要保障。

第二节　审计英语语篇的主要特点

一、专业性

(一)大量使用会计、财务、法律领域的专业术语

(1)审计英语语篇的一个显著特点是广泛使用会计、财务和法律领域的专业术语,这些术语不仅在语言上具有特定的含义,而且承载着深刻的行业规范、操作程序和法律要求。在审计报告中,审计师通过这些术语精确地描述审计的各个环节,包括审计程序、审计方法、审计结果,以及所依据的审计标准和法规。这些术语在特定的语境中有着固定

的定义和使用场景,以确保审计报告的专业性、准确性和权威性。

例如,"audit opinion"(审计意见)是审计报告中一个至关重要的术语,它指的是审计师对财务报表是否公正反映企业财务状况的最终结论。审计意见直接影响到报告的法律效力和企业的财务透明度,因此其准确性要求非常高。另一个常见术语是"audit evidence"(审计证据),它指的是审计师为得出审计结论所收集的所有相关信息和数据,包括原始财务记录、账簿、合同以及企业内外部的调查结果。审计证据的质量和充分性直接影响审计结论的可靠性。错误或不足的审计证据可能导致审计意见失真,进而影响企业的财务报告以及公众对企业财务状态的信任。

此外,"internal control"(内部控制)也是审计过程中常用的术语,指的是企业内部为保证财务报告的准确性、预防舞弊及遵循相关法律法规而设立的一系列管理措施和程序。审计师需要评估企业的内部控制系统是否有效,这一评估结果直接影响审计的工作重点和风险评估。比如,审计师可能会判断企业的内部控制系统是否足够强大,以防止财务报表中的重大错报(material misstatement)。此术语用于描述财务报表中可能存在的、对决策产生重大影响的错误或遗漏。一个"重大错报"可能会导致审计师发表不合适的审计意见,甚至影响投资者或其他利益相关者的决策。

这些专业术语并非普通英语词汇,它们在审计实践中有着严格的定义和法律效力,翻译时必须精确无误。例如,"material misstatement"这个术语在审计中指的是对财务报表的错误表示,其影响足以改变报告的整体结论。若翻译不当,可能会导致对审计结果的误解,进而影响财务透明度和企业的声誉。因此,在审计英语翻译中,译者不仅需要掌握语言转换技巧,还必须具备审计、会计及法律等相关领域的专业知识,以确保术语的精准传达。

在国际审计和跨国业务中,审计英语语篇的专业术语更具重要性,因为它们不仅是表达审计过程的工具,也是跨文化、跨国界沟通的桥梁。例如,在全球审计行业中,不同国家和地区可能会依据不同的法律体系和财务报告准则(如 GAAP、IFRS 等)来编制和审查财务报表,而这些标准中的专业术语往往具有地区性差异。因此,审计英语语篇的翻译需要特别注意如何在不同语言和文化之间传递相同的法律和会计含义。例如,"going concern assumption"(持续经营假设)在不同国家的审计报告中,可能会依据各自的会计准则进行不同的解读,翻译时需要确保其概念在目标语言文化中得到正确传达。

此外,审计英语中的法律术语也面临着跨文化的挑战。例如,"compliance risk"(合规风险)在某些国家可能包含更广泛的法律框架,涵盖环境、劳动法等方面的合规性,而在其他地方则可能仅涉及财务或税务合规性。因此,翻译时不仅要理解原文的专业含义,还要适应目标语言和目标文化中的法律体系,以确保审计报告的适用性和一致性。

总的来说,审计英语语篇中使用的会计、财务和法律术语,是确保审计报告准确、专业和公正的核心。它们的精确使用保证了审计工作的合法性和有效性,同时为跨国审计和国际业务提供了必要的语言支持。在翻译过程中,译者必须具备深厚的跨学科知识,不仅要处理语言层面的转换,还要充分理解审计领域的规则和国际财务标准,确保每一个术语在目标语言中得到准确的表达。

(2)审计英语的术语不仅局限于会计和财务领域,还涉及复杂的法律框架,这些法律相关的术语在审计报告中同样占据着重要地位。审计活动是受法律法规和国际审计标准严格约束的,审计师必须确保其工作符合法定要求。因此,审计报告中的法律术语尤为关键。国际财务报告准则(IFRS)和美国公认会计准则(GAAP)等标准,不仅为审计师提供了操作指南,也定义了与审计相关的法律责任和程序要求。在翻译审计英语语篇时,译者不仅需要理解这些专业术语的会计含义,还要了解其在法律框架下的具体应用和潜在法律后果。

例如,"compliance with the law"(合规性)这一术语,指的是被审计单位是否遵守相关的法律、法规和行业规定。审计师在评估合规性时,通常需要查阅法律文件、税务记录等,并对这些合规性的审查结果作出说明。在审计报告中,审计师会明确指出被审计单位是否存在违反法律或行业规定的行为,这一判断对报告的法律效力具有重大影响。翻译者在处理此类术语时,不仅要准确翻译其字面意思,还要根据目标语言的法律体系来传递相应的法律责任和风险。

另外,"audit engagement"(审计委托)是审计报告中的另一个法律相关术语,指的是审计师与被审计单位签订的正式合同或协议,规定了审计范围、审计目标、责任划分等内容。审计委托关系的确立,决定了审计师在审计过程中所承担的法律责任及义务。此术语在审计报告中通常用于明确审计师的角色和职责,确保其行为符合相关法律和审计标准。如果翻译不准确,可能会导致审计师的责任范围不清,从而影响审计报告的法律效力。

审计过程中还涉及诸如"audit independence"(审计独立性)、"audit risk"(审计风险)、"materiality threshold"(重要性阈值)等术语,这些术语不仅关乎审计标准的执行,还关系到审计报告的法律效力。例如,审计独立性直接影响审计报告的公正性,如果审计师存在利益冲突或与被审计单位有过于紧密的关系,审计报告的公正性就会受到质疑。翻译这些术语时,必须确保其法律内涵不被误解,尤其是在涉及法律责任、审计判断和风险评估时,任何误译都可能引发法律争议。

此外,审计英语中的法律术语还帮助确保审计报告符合国际和地区性法规。例如,在欧盟,审计师需要遵循欧盟的《审计指令》以及其他相关法律,而在美国,则需遵循证券交易委员会(SEC)的规定和GAAP。因此,审计英语的翻译不仅需要忠实于原文的会计和财务含义,还需要考虑目标语言国家的法律体系,确保审计报告在全球范围内的适用性和法律效力。

总的来说,审计英语中的法律术语具有跨国法律框架的特殊性,它们不仅确保审计过程符合法律规定,还直接影响审计报告的法律效力和信任度。翻译这些术语时,译者不仅需要具备审计、财务的专业背景,还需要深入理解目标语言的法律体系和文化背景,这样才能准确传达审计报告中法律相关内容的真实含义。

由于审计英语中使用的专业术语具有严格的行业定义和应用背景,这使得在翻译过程中,任何对这些术语的误用或理解不当,都可能导致审计报告中的关键信息发生偏差,进而影响报告的权威性、公正性和法律效力。

因此,审计英语的翻译不仅仅是语言层面的转换,更是对行业知识的深刻理解和应用。译者只有具备扎实的财务、会计和法律知识,才能确保专业术语在翻译过程中被准确地传递。如果没有充分理解术语的行业背景和应用场景,可能会产生概念混淆,尤其是在涉及国际标准(如 IFRS 和 GAAP)或地区性法律框架时。误用术语不仅会误导审计报告的受众,还可能对跨国审计工作产生广泛影响,损害企业的跨国形象和法律合规性。

这种对专业术语的依赖使得审计英语在跨文化和跨语言交流中变得尤为复杂和重要。全球化背景下,审计报告的翻译不仅需要忠实于原文的意思,还要适应目标语言和文化的表达习惯和法律要求。例如,审计报告的翻译在不同国家和地区的适用性要求可能存在差异,译者不仅需要确保术语的准确传递,还要考虑到目标国家的法律体系、审计准则和行业惯例,避免因文化差异导致的误解或歧义。尤其在跨国审计和全球金融报告中,审计英语的准确性对维持全球投资者和监管机构的信任至关重要。

综上所述,审计英语翻译的准确性和专业性不仅关乎审计报告的内容是否正确,还涉及跨文化、跨语言和跨国法律环境中的合规性。译者必须具备深厚的行业知识和跨学科能力,以确保审计报告的有效传递,同时避免在国际交流中产生不必要的误解和风险。这种专业性要求使得审计英语在全球范围内的适用性和重要性愈加突出。

(二) 特殊表达方式

审计英语语篇具有许多特殊的表达方式,这些表达方式在保证审计报告的精确性、客观性和权威性方面起着重要作用。首先,审计英语在语言上往往使用被动语态,以强调审计过程和结果的客观性,而非突出审计师本身。例如,报告中常见的表达如"the financial statements are prepared in accordance with IFRS"(财务报表按照国际财务报告准则编制)就采用了被动语态,避免直接提及谁编制了报表,重点在于报表符合的标准和准则。这种表达方式使得审计报告看起来更加客观和正式,符合审计工作的公正性要求。

其次,审计英语中常见的名词化结构也使得语篇显得更为专业和正式。通过将动词转化为名词,审计报告中的表达更加简练而富有专业性。例如,"the assessment of internal controls"(内部控制的评估)代替了"assessing the internal controls"(评估内部控制),这种名词化不仅简化了句子,还使得语言更加规范化,符合审计报告的正式风格。名词化有助于突出审计活动的各个方面(如评估、审查、判断等),同时减少了具体操作行为的强调,更注重审计结果和过程。

再次,审计英语语篇还常常使用法律化的表述,这一点与审计的法律背景密切相关。

审计报告中频繁出现如"in our opinion"（我们认为）、"based on our audit"（根据我们的审计）等表达方式，突出了审计师的责任和独立性。这些表达方式的使用能够明确审计师的立场和审计工作的法律框架，确保报告的法律效力和公正性。

此外，审计英语中还有很多固定搭配和专业术语，它们在审计过程中具有非常明确的定义，并且不可随意替换。例如，"material misstatement"（重大错报）是一个在审计中具有固定意义的术语，指的是财务报表中的错误或遗漏对决策者产生重大影响的情形。这些术语和表达方式都是为了确保审计报告具有高度的一致性和准确性，避免因语言不清或误解而带来法律风险。

总之，审计英语语篇的特殊表达方式包括被动语态、名词化、法律化表达以及固定的专业术语和搭配，这些表达方式使审计报告能够精确、客观地传达审计师的判断和结论，符合行业标准和法律要求，同时也确保了审计报告在国际和跨文化交流中的有效性和权威性。

二、 结构化

（一）语篇结构逻辑严密，段落与句子高度规范

审计英语语篇的一个显著特点是其语篇结构逻辑严密，段落与句子高度规范，这使得审计报告能够有效传递审计师的专业判断和结论。在审计报告中，清晰的结构化布局不仅便于审计结果的展示，还确保了审计活动的透明性和审计过程的可追溯性。通常，审计报告由多个部分组成，包括审计目标、审计范围、审计依据、审计程序、审计结果及审计意见等，每个部分在报告中都有明确的分段和段落功能。每个段落围绕一个核心主题展开，紧密衔接，且内容层次清晰，有助于读者快速理解报告的重点。这种结构化表达不仅有助于增强报告的条理性，还使得信息传递更加清楚和有序。例如，在审计报告的"审计意见"段落中，审计师会就财务报表的整体公正性做出独立的评估，而"审计程序"段落则详细列出审计过程中采取的具体方法和程序，明确报告的具体依据。

在审计英语中，句子结构高度规范，通常遵循严格的语法规则，避免复杂的修辞或口语化的表达方式。这使得审计报告在表达上具有高度的清晰度和一致性，每个句子通常都采用简洁明了的结构，确保主语、谓语和宾语清晰可辨，避免出现冗长和不必要的复杂句子。每个句子中的核心信息往往集中，直接表达审计师的判断或审计活动的关键内容。审计报告通过合适的连接词和过渡语将不同的句子和段落连接起来，确保报告的连贯性和流畅性。例如，审计报告中的转折词如"however"（然而）、"therefore"（因此）、"in addition"（此外）等，能够有效地帮助作者引导读者理解各个部分之间的关系，使报告在逻辑上更加严谨。

审计英语语篇中，使用复杂句型（如定语从句、状语从句等）来精确描述审计依据和审计结果是常见的语言特征。这些复杂句型可以在一个句子中包含多个细节，使得报告

能够详细且精确地表达审计过程中的具体信息,而不会因表达过于简单而遗漏关键内容。例如,"The audit procedures, which were conducted in accordance with International Standards on Auditing (ISA), revealed several material misstatements."〔审计程序,依据国际审计准则(ISA)进行,揭示了若干重大错报。〕,这样的句型使得报告在描述复杂的审计程序时更加准确,避免了模糊的表述。此外,这种句型还能帮助审计师通过细节进一步阐述审计的依据或审计方法,确保报告内容的全面性和深度。

审计英语语篇的结构规范性和句子逻辑性不仅使得审计报告易于理解,还保证了审计信息的准确传递。这种语言规范性对于法律、财务和会计等领域尤为重要,因为任何信息的歧义或误解都可能引发法律纠纷或导致财务报告产生误导性结果。在跨国审计和国际会计环境中,标准化和清晰的语篇结构使得审计报告在全球范围内更容易被不同文化背景的读者理解和接受。尤其在涉及复杂的财务状况和法律问题时,这种逻辑严密、结构规范的表达方式更能够确保报告的公正性、权威性和法律效力。通过清晰的段落和句子结构,审计报告能够准确无误地传达审计师的专业判断,避免误解和歧义,从而提升报告的可信度和透明度。

(二) 常见语篇类型:审计报告、管理层声明、审计意见等

审计英语语篇的常见类型包括审计报告、管理层声明和审计意见等,这些文档在审计过程中各自承担着重要的功能和作用。每种语篇类型在结构和内容上具有高度的专业性和规范性,旨在确保审计过程的透明度、准确性、公正性以及与利益相关者的清晰沟通。这些类型的语篇不仅需要符合财务报告的要求,还必须符合相关法律和审计准则,以保障其可信度和法律效力。

1. 审计报告

审计报告是审计工作中最为核心和正式的文档之一,它由审计师在完成审计程序后出具,目的是总结审计过程、评估财务报表的准确性、真实性和合规性,并最终表达审计师对这些报表的独立意见。审计报告通常包括多个明确的部分,每个部分承担着不同的功能,如:

- 审计目标:明确审计的目的和范围,告诉读者审计的主要任务是什么。
- 审计范围:定义审计过程中涉及的领域和范围,包括审计的时间框架、审计对象、审计的方法等。
- 审计依据:列出审计师在进行审计工作时所依据的相关财务标准、法律法规及行业规范。
- 审计程序:描述审计师执行审计任务时所采用的具体方法和步骤。
- 审计结果和发现:总结审计过程中发现的重大问题或不合规事项,特别是财务报表中的错误或遗漏。
- 审计意见:这是审计报告的核心部分,审计师在此对财务报表做出结论性意见,决定是否认为财务报表公允地反映了公司的财务状况。

审计报告的语言要求高度规范、正式且准确,避免使用模糊或不明确的表达,以确保报告内容的严谨性和公正性。在审计过程中,审计师通常需要对任何可能影响财务报表公正性的事项做出详细的解释。例如,若发现重大错报,审计报告中会明确指出这些问题并说明其潜在的影响。

2. 管理层声明

管理层声明是审计过程中,审计单位管理层向审计师提供的一个正式文件,内容主要涉及管理层对财务报表的真实性和完整性的承诺。管理层声明的核心内容通常包括:管理层确认其已按照相关的会计准则和法律法规编制财务报表,保证所有必要的财务信息和文件已向审计师披露。管理层声明表明,管理层对审计过程中的数据和信息的完整性负责,并承诺所有相关资料的提供没有遗漏。

管理层声明在审计过程中起到非常重要的作用,它不仅是审计师获取信息和确认财务报表真实性的依据,也帮助审计师判断是否可以依赖管理层提供的资料和证据。管理层声明的语言通常较为正式,具有法律效力,并且与审计报告中的其他部分一起,确保审计工作中数据和结论的可靠性。

3. 审计意见

审计意见是审计报告中的关键部分,通常位于报告的末尾,是审计报告最直接反映审计师独立判断的地方。审计意见基于审计师对财务报表的审查结果,评估其是否公允地反映了企业的财务状况。审计意见通常有四种类型:

(1)无保留意见:这是最常见的审计意见,表示审计师认为财务报表在所有重大方面公允地反映了公司的财务状况,符合相关会计准则。

(2)保留意见:审计师认为财务报表中的某些方面存在问题,但这些问题并不会影响整体公允性。保留意见通常会对报告中的某些事项做出说明。

(3)否定意见:当审计师认为财务报表存在重大错报,且这些错报影响了报表的整体公允性时,审计师会给出否定意见,这通常意味着审计师认为报表不符合会计准则或存在重大不合规事项。

(4)无法表示意见:当审计师在审计过程中未能获得足够的审计证据,或存在无法解决的重大限制时,审计师可能无法对财务报表给出明确的审计意见。

审计意见对审计报告的可信度和权威性至关重要,它不仅影响着公司的财务声誉,也为投资者、监管机构和其他利益相关者提供了审计结论的可靠依据。尤其在国际审计环境下,审计意见的标准化和规范化至关重要,它关系到审计报告在不同国家和地区的法律效力和适用性。审计意见的语言需要特别精准,以确保其公正性和独立性,同时规避任何可能出现的法律争议。

总结

审计英语语篇的这些文档,如审计报告、管理层声明和审计意见,各自承担着不同的角色,确保审计过程的透明性、有效性和合规性。无论是审计报告中细致的审计过程描述,还是管理层声明中对财务报表责任的确认,又或是审计意见中对报表公允性的独立判断,它们都通过规范的结构、正式的语言和严格的法律要求,保证了审计工作能够准确无误地传递关键信息。为了确保审计信息的精确传达并符合全球财务和法律标准,所有这些语篇类型都必须严格遵循相关的语言规范和格式要求。

正式性

(一) 文风严谨、语气客观

审计英语语篇的文风严谨、语气客观不仅是审计工作的根本要求,也是审计报告能够在法律、财务和商业领域中具有公信力的基础。审计工作本身就是通过独立、客观的审视对被审计单位的财务状况进行评估,审计报告作为这一过程的最终产物,必须忠实地反映审计师的专业判断和结论。因此,在语言表达上,审计英语要求去除任何情感色彩和主观判断,严格遵循一种中立且专业的语言风格,以确保审计报告的可信度和公正性。

1. 文风严谨

审计英语的文风严谨,首先体现为语言的精准性。审计报告中每个细节的表述都需要避免模糊不清和可能引起歧义的表达。审计工作涉及大量复杂的财务数据、法规条文以及审计程序,这些内容都要求语言的准确传达。为了避免表达中的模糊性,审计英语通常倾向于使用规范化的术语,减少歧义。例如,"in our opinion"(我们认为)和"based on our audit procedures"(根据我们的审计程序)等句式,能够清晰地传达审计意见和审计依据,使读者明确理解审计师的专业判断和结论。

在审计报告中,每个部分的结构也是严谨且条理清晰的,从审计目标到审计范围、审计依据、审计程序、审计结果和审计意见,每个部分都具有明确的功能和目的。这种结构化的表达方式确保了审计报告能够清晰地呈现审计的全过程,帮助读者准确把握每个步骤的核心要点,避免在信息传递过程中出现任何信息丢失或误解。

此外,审计英语还强调语言的正式性,要求审计师使用标准化的表达方式,而不是采用口语化、随意或模糊的语言。这是为了确保审计报告在法律和财务上的严肃性和正式性,从而得到各方的信任和接受。在审计报告中,任何模糊、情感化或非专业的表述都会影响报告的公正性和专业性,因此审计英语必须严格遵循语言规范和专业标准。

2. 语气客观

审计英语的语气客观是确保审计工作的独立性和公正性的重要保障。在审计过程中,审计师必须尽可能去除个人情感、预设观点或外部压力对判断的影响。因此,审计报告的语言大多采用第三人称,避免了第一人称表达的主观色彩,突出了审计工作的独立性。

例如,在审计报告中,审计师常使用诸如"it is concluded that"(得出的结论是)或"the audit procedures have revealed"(审计程序揭示了)等结构。这些表达方式强调审计结果的客观性,并体现了审计师基于审计过程和证据做出的独立判断。避免使用如"we believe"(我们认为)或"we think"(我们认为)等主观性较强的词汇,这些词汇可能暗示审计师的个人看法或情感倾向,进而影响报告的公正性。

客观语气在审计报告中的应用还体现在审计结果的表述上。例如,在审计过程中,审计师若发现财务报表存在潜在的风险或不确定性,往往会使用诸如"may"或"could"来表达潜在问题的可能性,而不是做出过于绝对的结论。例如,"The financial statements may contain material misstatements."(财务报表可能包含重大错报。)这种表述表明审计师意识到存在不确定性,但并没有做出未充分证实的断言。这种方式既体现了审计师的客观性,也确保了审计结论的严谨性和审慎性。

此外,审计师在表达审计意见时,通常会使用诸如"we express an unmodified opinion"(我们表达无保留意见)或"we are unable to express an opinion"(我们无法发表意见)等明确的语句,避免使用带有任何情感或非专业色彩的语言。这种语气客观且明确,确保审计师的判断和意见是建立在客观事实和审计证据的基础上的。

3. 语法与结构的严格规范

审计英语不仅在词汇和语气上要求严格,语法和句子结构也必须严格遵循规范。例如,审计报告中常出现结构复杂的长句,然而其每个成分和结构都极为明晰。这是因为审计英语需要在复杂的背景下清晰表达审计过程中的每一个细节,这就要求审计报告的句子要符合高度的语法规范,避免模糊不清或过于复杂的表达,以确保信息传达的准确性。

总结

审计英语的文风严谨、语气客观是审计报告得以有效传递审计师独立判断、确保报告公正性和可信度的重要语言特征。严谨的语言表达不仅帮助审计师清晰地传递审计结论,还增强了审计报告在法律和财务领域的公信力和权威性。通过使用精准的术语、标准化的表达方式,以及客观、独立的语气,审计报告能够真实、全面地反映审计过程中的发现和结论,从而使审计师的专业判断能够被各方信任和采纳。在跨国审计和国际审计业务中,严格的文风和语气更是确保报告能够被全球范围内的利益相关者理解和接受的关键。

(二)常用第三人称、不带情感倾向的表达

审计英语语篇的一个显著特点是常用第三人称、不带情感倾向的表达。这种语言特点是为了确保审计报告的客观性、独立性和专业性,避免审计师的个人情感或偏见影响报告内容的公正性。审计作为一种高度专业化的工作,要求审计师能够对财务报表、内部控制等进行独立、公正的评估,并在报告中准确反映审计结果。因此,审计英语采用了严格的语言规范,特别是在人称的使用上,审计报告通常避免使用第一人称(如"我"或"我们")和第二人称(如"你"或"贵公司"),而是更倾向于使用第三人称表达。这种表达方式强化了报告的客观性和专业性,使其在法律和财务上具有更高的公信力。

1. 第三人称的使用

在审计英语中,使用第三人称而非第一人称或第二人称,能够确保语言的客观性与中立性。审计报告的目的是对财务报表的公正性和合规性进行评估,而不是表达审计师的个人观点。因此,报告中的主体通常是财务报表、审计程序或被审计单位,而非审计师或其他特定个体。例如,审计报告中常见的句子结构如"it is concluded that"(得出结论是)、"the audit procedures have revealed"(审计程序揭示了)或"the company's financial statements are prepared in accordance with generally accepted accounting principles"(公司的财务报表依据公认的会计原则编制)等,均使用了第三人称结构,避免了主观情感的表达。

使用第三人称的表述方式可以使审计报告更加正式且中立,从而避免将审计师的个人观点或情感倾向带入报告中。通过这种方式,审计师的个人意见被去除,审计结论的权威性和公信力得到了增强。审计报告中的每个部分都通过第三人称来描述审计程序、审计目标以及审计发现,确保了审计报告的结构化和条理清晰。

2. 不带情感倾向的表达

审计英语的另一个重要特点是语言表达不带情感倾向,即避免使用带有个人主观看法或感情色彩的词汇和句式。这一点尤其重要,因为审计报告的核心是对财务报表的客观评估,而不是对企业经营活动的主观评论或个人情感的表达。在审计英语中,审计师应尽可能通过事实和证据来支持其结论,而不是通过情感化的语言来影响读者的判断。

例如,在审计报告中,审计师通常会避免使用诸如"we feel that"(我们认为)或"we believe"(我们相信)这样的主观词汇,而是使用更加客观的表达方式,如"it is the opinion of the auditor"(审计师的意见是)或"based on the evidence obtained"(根据获得的证据)。这种表述方式能够确保报告内容的公正性,不会受到审计师个人情感或立场的影响,使得审计报告更加中立和权威。

此外,审计英语也会避免使用任何可能带有偏见或暗示性的词汇。例如,审计报告中不会出现"the company's fraudulent practices"这样的表述,因为这带有明显的贬低性和情感色彩。相反,审计报告会采用更加中性和客观的语言,例如"the company's financial records may not reflect true and fair value"(公司的财务记录可能未能真实公正地反映财务状况)。通过这种方式,审计师能够准确地传达发现的潜在问题或风险,但不会将个人情感或过度的情绪色彩加诸报告中。

3. 语言的专业性和精确性

审计英语中的不带情感倾向的表达还体现在其语言的专业性和精确性上。审计工作涉及大量复杂的财务数据、审计标准和法规要求,审计师必须通过精确的语言描述这些内容,以确保报告的清晰性和专业性。因此,审计报告中的每一部分都需要使用专业术语,并通过标准化的语言结构表达。例如,在表达审计结果时,审计师可能会使用"we express an unmodified opinion"来表述无保留意见,这种表述方式不仅符合审计准则要求,也避免了任何主观或情感化的判断。

此外,审计英语通常通过使用明确的术语和标准化表达,减少语言的歧义性和模糊性。这种做法有助于确保审计报告的逻辑性和严谨性,使报告能够被各方准确理解并做出相应决策。通过去除不必要的情感色彩和主观判断,审计报告能够更加集中地传达审计发现和结论。

总结

在审计英语的运用范畴中,频繁采用第三人称且秉持不带情感倾向的表达方式,有着极为重要的意义,其核心目的在于切实确保审计报告具备客观性、独立性与公正性。第三人称的运用,犹如一道坚实的屏障,有效阻隔了个人主观意识的无端介入,助力审计报告稳稳地站在中立立场之上。审计人员在撰写报告时,以"they""the company"等第三人称指代相关主体,使得整个报告的叙述视角超脱个体局限,纯粹聚焦于事实本身。与此同时,不带情感倾向的表达则像是一面明镜,能够精准无误地映照出审计师基于专业知识与严谨调查所做出的判断,杜绝任何情绪波澜或是偏见偏倚对报告内容的不良影响。无论是描述财务数据、审计流程还是分析问题成因,都采用平实、精准且毫无渲染的措辞,一切以数据和事实说话。正是这种独特的语言特征,如同为审计报告披上了一层严谨专业的外衣,使其在法律、财务以及商业等诸多领域都能昂首阔步,赢得广泛的认可与深厚的信任。一方面,它强化了审计师自身的独立性,让审计师以公正无私的姿态开展审计工作;另一方面,它极大地提升了审计报告的公信力,使得报告成为各方决策所倚重的权威依据,为行业的稳健发展奠定坚实基础。

第三节　审计英语语篇翻译的主要难点

一、专业术语的准确理解与表达

审计英语语篇翻译中的一个主要难点是专业术语的准确理解与表达。审计英语涉及大量的财务、会计、税务、法律等领域的专业术语,而这些术语不仅具有高度的专业性,还往往与普通语言有较大的差异。因此,翻译审计英语时,准确理解和转达这些术语的意义,成为确保翻译质量和准确性的关键因素。

首先,审计英语的专业术语往往与普通语言存在显著差异。许多审计术语在普通语言中没有直接对应的词汇或表达方式。例如,术语"material misstatement"(重大错报)在普通语言中可能会被误解为简单的错误或不准确之类的含义,但在审计语境中,它有着严格的法律和财务含义,指的是那些可能影响财务报表公正性的错误或遗漏。类似的术语,如"going concern"(持续经营)、"audit opinion"(审计意见)等,在审计领域具有明确的定义和应用,翻译时必须准确传达其在专业语境中的特定含义,而不能根据字面意思进行直译。

其次,术语的翻译需要考虑其在目标语言中的规范性和接受度。审计报告通常面向不同语言文化背景的受众,因此翻译时不仅要考虑术语的原意,还要考虑目标语言中是否存在等效的专业术语。在某些情况下,目标语言中可能没有直接对应的术语,这时翻译者需要选择合适的表达方式或使用解释性翻译。例如,英语中的"fair value"在汉语中通常被翻译为"公允价值",这是因为在财务会计领域,这一术语有着广泛的使用和认可。如果直接翻译为"公平价值",可能会造成误解。因此,翻译时需要确保目标语言中使用的术语符合当地行业标准,并且能够被专业人员准确理解。

术语的多义性也是翻译中的一大难点。在审计英语中,一些术语可能根据不同的语境和用途,具有不同的含义。比如,"audit evidence"(审计证据)在审计报告中通常指的是支持审计结论的数据、文件或其他信息,但在不同的语境下,它也可能指代不同类型的证据。因此,翻译者不仅需要理解术语的基本含义,还必须根据具体的上下文来选择最合适的翻译。翻译错误或不精确的理解,可能会导致审计结论的偏差,从而影响报告的公信力。

此外,审计英语中大量的缩略语和行业术语也是翻译中的一大挑战。例如,在翻译术语 GAAP(Generally Accepted Accounting Principles,公认会计原则)时,必须使用行业内认可的标准中文翻译,而不能随意改变。审计英语中还有很多国际通用的缩略语,如 IFRS(International Financial Reporting Standards,国际财务报告准则)、SEC(Securities and Exchange Commission,证券交易委员会)等。这些缩略语不仅在英文中有固定的意思,在翻译成其他语言时也应保持一致性和规范性。因此,翻译者需要掌握相关领域的专业知识,并且熟悉目标语言中常用的专业缩略语,以确保翻译的准确性。

总的来说,审计英语语篇翻译中的专业术语的准确理解与表达是一项复杂的任务,需要翻译者具备扎实的专业知识和较强的语言能力。翻译者不仅要了解审计和财务领域的基础概念,还要熟悉各类术语的法律含义及其在目标语言中的标准翻译。为了确保翻译质量,翻译者还需要进行充分的背景研究,了解审计英语的语言习惯、文化差异及相关法律法规,以便做出符合目标受众需求的准确翻译。在这个过程中,任何对术语理解的不准确,都可能对最终审计报告的传达效果和法律效力产生深远影响。

二、 文化差异对语篇语言表达的影响

审计英语语篇翻译的一个重要难点是文化差异对语篇语言表达的影响。审计报告不仅是专业领域的产物,同时也反映了不同文化和法律体系下的语言习惯、沟通方式以及价值观念,因此在翻译过程中,文化差异往往成为一个不可忽视的挑战。审计英语的语言表达方式、句法结构、术语选择等方面,深受源语言文化背景的影响,翻译时若不充分考虑文化差异,可能导致信息传递的失真,从而影响翻译的准确性和有效性。

首先,语言表达方式和交流习惯的差异是翻译中的一大难点。在英语中,尤其是在审计报告中,语言表达往往较为简洁、直接且客观。例如,审计英语通常使用简练的句子结构和标准化的术语,强调事实陈述而非个人情感或价值判断,旨在提供明确、无歧义的信息。然而,某些文化背景下的语言习惯可能更倾向于使用较为委婉、间接的表达方式。在中文或其他某些语言中,表述可能会更加含蓄或冗长,翻译者必须平衡源语言和目标语言之间的文化差异,以确保信息的准确传达。例如,审计报告中常见的"in our opinion"(我们认为)在英文中具有非常明确的审计语境,而在一些文化中,类似的表达可能会带有更多的主观看法或情感色彩,这时翻译者需要避免过度直译,确保目标语言的客观性。

其次,法律文化和审计实践的差异也对翻译产生深远影响。审计英语在表达审计意见时,往往会使用一些具有法律效力的术语,如"unqualified opinion"(无保留意见)、"qualified opinion"(保留意见)等。这些术语不仅是会计审计领域的专有名词,往往还涉及具体的法律规定和审计准则。在不同国家和地区,审计的法律框架和实践标准可能有所不同。例如,在某些国家,审计报告中的"qualified opinion"可能意味着财务报表存在某些未能解决的重大问题,而在另一些国家,这种意见的法律后果可能完全不同。翻译时,翻译者需要了解目标文化中的法律背景和审计行业规范,避免误解或错译,使翻译的内容在目标文化中具有同等的法律效力。

再次,文化背景下的价值观差异也会对审计英语翻译带来挑战。例如,某些审计报告中的表述可能会涉及特定的企业文化或社会规范,而这些文化背景在翻译时可能需要进行一定的调整。审计报告的对象通常是公司管理层、股东、投资者等多方利益相关者,而不同文化对这些利益相关者的沟通期望也可能有所不同。在西方文化中,审计报告强调独立性、公正性以及透明度,而在某些东方文化中,可能更注重对企业的整体形象和声誉的表达,这可能导致对审计结果的解读存在差异。翻译者在进行文化适配时,需要在忠实于原文的基础上,充分理解目标文化中对审计报告的期望,确保翻译的语言能够被目标文化的受众接受和理解。

此外,审计英语中的隐含信息和背景知识也是文化差异的重要体现。某些审计报告

中的内容可能假设读者具备一定的背景知识或对特定文化背景有基本了解。例如,报告中提到的某些财务标准或税务法规,可能在不同国家和地区有不同的适用规则。如果翻译者未能充分了解这些背景知识,可能会导致误译或遗漏,进而影响报告的完整性和准确性。为了应对这一挑战,翻译者需要具备跨文化的审计知识,并能够在翻译中适当地添加解释或注释,以确保目标读者能够正确理解。

总之,文化差异对审计英语语篇翻译的影响是一个复杂且多维的挑战。在翻译审计英语时,翻译者不仅需要处理专业术语和语言结构,还必须充分理解源语言和目标语言之间的文化差异,特别是在法律、审计规范、沟通方式等方面的差异。只有通过跨文化的深度理解,翻译者才能确保审计报告的准确传达,并保持报告在目标语言文化中的法律效力和公信力。因此,审计英语语篇的翻译不仅是语言的转换,更是跨文化交流的过程,要求翻译者具备高度的专业素养和跨文化敏感性。

三 避免过度直译导致的语义偏差

审计英语语篇翻译中的一个常见难点是避免因过度直译而产生语义偏差。直译是指将源语言的词汇、句型和结构直接转换为目标语言,而不考虑语境、文化差异以及语言习惯的不同。在审计英语的翻译过程中,过度直译容易导致语义上的偏差,影响审计报告的准确性和可理解性。审计报告作为专业文档,其语言既要精准传达审计结果,又要符合目标语言的表达习惯。如果翻译者仅仅依赖字面意思进行翻译,而忽视了语境和专业背景,可能会使翻译失去原文的精确性和权威性,甚至造成误解。

首先,审计术语的直译可能导致严重的语义偏差。审计英语中包含大量的专业术语,这些术语在源语言中往往具有严格的定义和使用范围。如果翻译者过度依赖直译,而忽略目标语言中的标准术语,可能会导致意思的模糊或误解。例如,英文中的"materiality"在审计中指的是"重要性",而不是"物质性"或"实质性"。如果将其直译为"物质性",不仅会让读者产生困惑,还可能误导他们对审计标准的理解。类似的情况在翻译其他术语时也时常发生,如"audit opinion"(审计意见)直接翻译为"审计观点"可能会降低其在审计领域的法律和专业效力。因此,翻译者需要避免将术语进行过度直译,而是应选择目标语言中通用的标准翻译,确保术语在目标文化中的准确传达。

其次,句法结构的直译也可能造成语义上的失真。审计英语的句法结构通常较为复杂,尤其是在表达审计意见、审计程序等内容时,常使用长句、复合句和被动语态等句型。直接将这种结构照搬到目标语言中,往往会导致句子不通顺或不符合目标语言的语法习惯。例如,"Based on the procedures performed, it was concluded that the financial statements give a true and fair view."直译成中文可能变成"基于执行的程序,得出结论财务报表提供了真实和公正的视图",这样翻译不仅结构复杂,而且语义不清晰。为了确保翻译流畅和精准,翻译者需要根据目标语言的句法习惯对长句进行拆分和重组,而不是简单地逐词翻译,从而确保语句既符合语法又能准确传达原意。

文化差异也是过度直译导致语义偏差的重要因素。在审计英语中,许多表述和用词反映了特定的文化背景和法律体系。直译时,如果没有充分考虑目标语言的文化和法律环境,可能会导致误解或不合适的表达。例如,英文中的"going concern"在审计领域是一个专有名词,指的是"持续经营",直接翻译为"去向关心"显然无法准确传达其在财务审计中的专业含义。因此,翻译者需要具备跨文化的理解,确保翻译过程中考虑到目标语言文化的背景和语境,避免直译引起的语义偏差。

另外,避免直译还需要关注语言的风格和语气。审计报告强调客观性、正式性和中立性,审计师通常通过使用被动语态、名词化等方式来表达专业性和公正性。直译可能会忽视这些语言风格上的细微差别,导致翻译后的语气失去其原有的权威感。例如,英文中的"the financial statements have been audited"直译成中文可能会变成"财务报表已经被审计",虽然字面上无误,但在中文中缺少了正式的语气和审计报告的权威感,可能会影响报告的专业性。因此,翻译者不仅要关注词汇的正确翻译,还要注重语气、风格以及语言的正式性,避免简单的直译导致审计报告缺乏应有的专业感和可信度。

综上所述,避免过度直译导致的语义偏差是审计英语语篇翻译中的一大挑战。为了确保翻译的准确性和专业性,翻译者不仅要熟悉审计领域的专业术语,还需要充分理解源语言和目标语言的文化、语法结构以及法律背景。通过合理调整句法结构、选择恰当的术语和表达方式,翻译者能够更好地传递审计报告的原意,同时保持其在目标语言文化中的合法性、权威性和可理解性。

第四节　审计英语语篇翻译策略

一、术语翻译策略

(一)等值翻译:遵循国际通行的翻译标准

在审计英语语篇翻译中,等值翻译是一种常见且有效的翻译策略,尤其在涉及审计报告、财务报表等专业文档时,遵循国际通行的翻译标准显得尤为重要。等值翻译不仅要求在语言上做到忠实传达,还要确保译文在目标语言中的意义与源语言一致。尤其是在审计领域,许多术语和表达都有着固定的行业标准和规范,因此翻译过程中需要保证目标语言的术语符合国际审计标准和惯用法,以确保审计报告的专业性、准确性和可理解性。

首先,等值翻译要求翻译者在理解源语言的基础上,选择目标语言中最能传达原意的表达方式。审计英语中有许多特定的术语和表达,如"audit opinion"(审计意见)、"material misstatement"(重大错报)等,这些术语在不同的语言中往往有对应的翻译,翻译者需要遵循国际通行的标准,选择最准确、最具通用性的译法,而不是根据字面意思进行直译。等值翻译不仅关注词汇层面的对等,还要关注术语的行业标准和翻译惯例,确保译文符合目标语言的专业表达习惯。

其次,等值翻译有助于避免语义偏差和文化误读。审计英语的许多表达在不同文化和语言环境中有着特定的法律和财务含义,直接翻译可能会导致语义上的失真。等值翻译能够有效避免这种情况,它要求翻译者根据源语言的具体语境,选择目标语言中最接近的等值表达,而不是机械地进行直译。等值翻译确保了翻译过程中对专业术语和行业标准的准确遵循,从而保持了审计报告的原有法律效力和专业性。

再次,等值翻译有助于提高翻译的流畅度和可读性。审计报告通常面向多方利益相关者,包括管理层、投资者、股东以及监管机构。因此,译文不仅要保证准确传达专业信息,还要易于理解。等值翻译通过选择目标语言中习惯的表达方式和行业术语,使得翻译后的报告更加符合目标语言受众的阅读习惯和理解逻辑,避免了由于不规范或过于复杂的翻译而导致的理解障碍。

此外,遵循国际通行的翻译标准是确保审计英语翻译质量的重要原则。审计领域有一套全球通用的术语体系和审计准则,翻译者需要遵循这些标准,确保翻译的术语和表达方式与国际审计准则保持一致。这不仅有助于保障翻译的准确性,还可以使审计报告在国际范围内得到广泛认可。例如,国际财务报告准则(IFRS)和国际审计准则(ISA)在全球范围内具有广泛的适用性,因此,翻译者在翻译过程中应遵循这些国际标准,以确保审计报告在不同文化和语言环境中的一致性和合法性。

综上所述,在审计英语语篇翻译这片复杂的领域里,等值翻译脱颖而出,成为一项不可或缺的重要策略。当翻译者投身于审计文本的翻译工作时,等值翻译宛如一把精准的标尺,助力他们忠实地还原源语言所蕴含的专业内容。凭借对源语言词汇、句法以及语篇逻辑的深入剖析,翻译者能够巧妙地在目标语言中寻觅与之对等的表达方式,从而有效规避语义偏差,确保译文如同复刻一般精准,兼具卓越的准确性与良好的可读性。置身于当今全球化进程加速推进的时代浪潮之中,国际间的审计交流合作愈发频繁。在审计英语翻译的实践过程中,严格遵循国际通行的翻译标准以及行业规范,意义非凡。这不仅为翻译质量的提升筑牢了坚实根基,使得译文经得起推敲与检验,更能够为审计报告在全球范围内赢得广泛认可。它有力保障了审计报告的公信力与法律效力不受地域、文化差异的干扰,使其在国际审计舞台上自信展现专业风采,畅行无阻地发挥其关键效能,推动全球审计事业蓬勃发展。

(二) 对于文化差异较大的术语进行解释性翻译

在审计英语语篇翻译中,对于文化差异较大的术语进行解释性翻译是解决翻译难题的一种有效策略。审计英语包含大量具有特定法律、财务和会计背景的术语,而这些术语往往在源语言和目标语言之间存在较大的文化差异。直接翻译这些术语可能导致语义不清晰,因此,翻译者常常需要通过解释性翻译来弥补文化差异,确保目标读者能够准确理解原文的含义。

首先,审计英语中的许多术语是基于特定国家或地区的法律和会计体系,这些术语在其他文化和法律环境中往往没有完全对应的表达。不同国家的审计制度、法律规定和财务报告标准各具特色,这使得某些审计术语在翻译时难以找到直接的等效词汇。例如,某些术语在一个法律体系中具有特定的法律效力或约束力,而在另一个体系下则可能并不存在类似的规定。为确保目标语言的读者能够正确理解这些术语,翻译者可以采用解释性翻译,通过对术语的附加说明来提供更多的法律和审计背景。这种方式可以帮助读者清晰地理解术语的实际含义及其在源语言中的法律或审计背景,而不仅仅是字面上的翻译。通过解释性翻译,翻译者能够在传递术语的基本含义的同时,确保读者理解术语背后的法律框架和审计实践,从而避免误解和不准确的解读。

其次,审计英语中的某些表达和术语深受特定文化的影响,在目标语言中可能没有直接的对应词汇。文化差异往往体现在审计方法、财务报告的格式、审计程序的实施等方面,这些文化因素会影响相关术语的翻译。在这种情况下,翻译者不仅需要理解术语的字面意义,还需要深入了解该术语在源语言文化中的作用和背后的审计逻辑。通过解释性翻译,翻译者可以确保目标语言的读者能够清楚理解该术语在审计报告中的重要性,并在一定程度上减少文化差异带来的翻译困扰。解释性翻译的应用能够帮助填补文化间的语言空白,使目标读者能够在其自身的文化框架内准确理解术语的实际应用,而不是局限于字面意义。

此外,解释性翻译有助于跨文化沟通的顺畅进行。在全球化的背景下,审计报告往往涉及不同国家和地区的跨文化审计事务。随着跨国公司和国际投资的增多,审计报告作为国际经济活动的沟通工具,越来越需要在多元文化之间架起沟通的桥梁。然而,由于不同国家和地区的法律体系、审计惯例、财务制度和文化背景各不相同,翻译审计报告时往往面临文化障碍,翻译者不仅要确保术语的准确翻译,还需要考虑文化差异对理解的影响。通过解释性翻译,翻译者能够提供更多背景信息,帮助目标语言的读者理解这些文化差异带来的影响,避免因为文化差异造成的理解偏差。这种翻译方式不仅有助于提升翻译的质量,还能促进不同文化背景之间的有效交流,确保审计报告在全球范围内顺利传播并被广泛接受。解释性翻译不仅解决了术语翻译中的语言障碍,还在跨文化交流中扮演了至关重要的角色。在全球化的审计环境中,翻译者通过解释性翻译能够有效弥合文化和法律差异,确保审计报告能够在多元文化背景下准确传达其核心信息。这种翻译方法有助于提高跨国审计报告的透明度和可理解性,进一步增强全球审计工作的有效性和国际合作的顺畅性。

再次,在处理具有法律效力的术语时,解释性翻译尤为重要。审计报告常常涉及重要的法律术语和程序,如"qualified opinion"(保留意见)、"unqualified opinion"(无保留意见)等,这些术语在不同法律体系下可能有不同的适用标准和解释。若直接翻译为字面意思,可能会导致目标语言读者对审计结果的法律后果产生误解。为了避免这种情况,翻译者可以在翻译时加入解释性注释,提供法律背景和适用的标准,以帮助目标读者全面理解。

综上所述,在审计英语语篇翻译的复杂实践里,针对那些文化差异颇为显著的术语,运用解释性翻译无疑是一项举足轻重的关键策略。当翻译者面对源语言和目标语言之间因文化根源不同而横亘的沟壑时,解释性翻译恰似一座沟通的桥梁,助力他们跨越障碍。凭借对术语背后文化内涵的深入挖掘与精准阐释,翻译者不仅能够巧妙化解两种语言之间的文化冲突,消弭因文化差异可能引发的理解误区,还能确保审计报告中承载的专业信息在目标文化语境中得以精确无误地传达。在当今全球化浪潮汹涌澎湃的大背景下,审计报告所面向的受众犹如来自五湖四海,他们所处的法律体系各不相同,浸润的文化环境千差万别。而这种解释性翻译策略,对于保障审计报告在如此多元复杂的跨文化背景下具备高度的可理解性以及坚实的法律效力起着中流砥柱的作用。它使得审计报告宛如一位精通各国语言文化的使者,无论走到哪里,都能被受众清晰领会,确保其权威性与专业性不受地域、文化的限制,畅通无阻地发挥其在国际审计交流中的关键效能。

语篇层面翻译策略

(一)保持逻辑严谨性与语篇连贯性

在审计英语语篇翻译中,保持逻辑严谨性与语篇连贯性是至关重要的翻译策略。审计报告不仅包含大量的专业术语和复杂的财务信息,还涉及严密的逻辑推理和流程。翻译者在转译时,必须确保原文的逻辑结构和语篇连贯性得以保留,从而避免信息的断裂或歧义,并确保译文能够清晰、流畅地传达审计过程和结论。这对于保证审计报告的准确性、可信度以及易读性至关重要,尤其是在跨文化和跨语言的环境中,逻辑性和连贯性更是评价翻译质量的核心标准。

首先,审计报告中的逻辑严谨性体现在审计过程、审计依据、审计结果等多个环节的有序展开。审计英语通常通过一系列递进的步骤和条理清晰的描述来展示审计工作。例如,在审计报告中,审计师会先概述审计的范围和依据,然后分析数据、执行审计程序,最后得出审计结论。翻译时,翻译者必须保持这些步骤的顺序和逻辑关系,确保每一个步骤和结论之间的联系不被打乱。任何逻辑关系的扭曲或顺序的改变都可能导致审计结论不准确,从而影响报告的可信度。例如,翻译"Based on the audit procedures performed, we have concluded that..."时，翻译者需要确保其中文译文中的因果关系和先后顺序清晰，如"根据执行的审计程序，我们得出结论……"，并保留其原有的逻辑结构。

其次，审计报告中的语篇连贯性是指文中不同部分之间的紧密连接和衔接。在审计英语中，段落之间、句子之间往往通过特定的衔接手段（如连接词、过渡词等）维持内在的逻辑流畅性。翻译者在进行翻译时，需要注意保持这些衔接手段的有效性，以确保目标语言读者能够流畅地跟随审计报告的思路。例如，英文中的"However, despite the results of the audit procedures, we found that..."在中文中可能需要通过"然而，尽管执行了审计程序，结果显示……"来表达。此时，翻译者需要通过适当的过渡词（如"然而"）来保证句子之间的衔接，避免突兀或断裂。语篇连贯性的保持，不仅是语言流畅的体现，更是信息传递的基础，能帮助目标读者更好地理解审计结论和相关的推理过程。

再次，审计英语语篇翻译中的逻辑严谨性与语篇连贯性的维护，还需要考虑到目标语言的语言习惯和句法结构。不同语言有不同的表达习惯，翻译时如果照搬源语言的句式和表达方式，可能会导致信息的混乱或不清晰。在中文翻译中，翻译者需要适当调整句子结构，使其符合中文的表达习惯，但同时又要保持原文的逻辑性和连贯性。例如，英文中的复杂长句在中文中可能需要拆分成短句，以提高可读性，但拆分时需要注意保持信息之间的逻辑联系，避免因句子断裂导致信息丢失。

最后，审计报告作为专业文献，其语言表达不仅要准确，还要简洁明了。逻辑严谨性和语篇连贯性是保证审计报告清晰、易懂的关键。翻译者需要确保每个段落的主题明确，每个句子的表达清楚，且段落间要有自然的衔接。在翻译过程中，翻译者不仅要传达审计报告中的专业内容，还要保证目标语言的结构清晰、层次分明，从而使审计报告在目标语言中依然能够呈现出源语言中的逻辑性和严谨性。

综上所述，在审计英语语篇翻译的实践进程中，保持逻辑严谨性与语篇连贯性堪称一项至关重要的策略。翻译者在着手翻译时，需以高度的专注与专业素养，紧密遵循原文的逻辑架构，深入剖析每一个段落、每一个句子之间的内在关联，就如同拆解精密仪器一般细致入微。与此同时，还应当依据目标语言的表达特性与习惯，巧妙且适度地对句子以及段落的衔接方式进行调整优化，宛如搭建桥梁一般，确保译文的过渡自然流畅。如此一来，翻译后的审计报告方能在目标语言环境中依然保持清晰明了、连贯自如的特质，原汁原味地忠实传达原文所蕴含的审计过程以及得出的结论。这不仅能够切实有效地提升翻译的整体质量，为审计报告的准确性保驾护航，使其精准无误地反映原文要义；而且还能从根源上杜绝因翻译失误或是结构混乱不清而引发的理解偏差问题，让审计报告在全球范围内都能彰显出其应有的专业性与公信力，稳固其在国际审计交流领域中的权威地位，为跨国审计事务的顺利开展提供坚实可靠的语言支撑。

（二）确保翻译的正式性与专业性

在审计英语语篇的翻译实践中，确保译文的正式性与专业性无疑是一项核心且关键的翻译策略,其重要性在涉及审计报告、财务审计文书、管理声明等重要文件的翻译时尤为凸显。审计报告作为一种极具权威性的正式法律和财务文书,对语言的精准度、客观性要求极高,并且必须严格依循行业既定标准以及法规条例的要求。因而,翻译者在翻译进程中,务必全力维系审计英语所特有的正式性与专业性,力求让翻译文本在跨越语言边界后,于目标语言环境中依然能够淋漓尽致地彰显出源语言所蕴含的权威性、专业性以及法律效力。翻译的正式性与专业性,对翻译者处理文化差异提出了严苛要求。在审计英语翻译领域,众多专业术语和特定表达方式背后,承载着特定的法律与文化背景。然而,这些背景在不同语言及文化体系下往往存在差异,并非完全契合。鉴于此,翻译者需要施展巧思,通过适度的文化调适与精准的注释手段,助力目标语言读者精准把握原文的要义,同时,又要小心翼翼地规避过度本土化的改动,以防削弱审计报告在不同文化情境下本应具备的法律效力与专业性。

确保翻译的正式性与专业性,是审计英语语篇翻译工作中不可或缺的关键环节。翻译者通过恪守目标语言的正式语言规范,严谨准确地运用专业术语,始终保持语言的规范性与复杂性,不仅能够切实保障审计报告在目标语言环境中的权威性与法律效力得到完整延续,还能确保其在国际审计领域中展现出高度的专业性与一致性。这对于维护审计报告的准确性、公信力以及法律效力起着举足轻重的作用,尤其是在跨国审计与国际审计事务蓬勃发展的当下,翻译的正式性和专业性更是直接左右着报告的可信度与合法性,关乎国际审计交流合作能否顺畅推进。

三、 文化适应策略

(一) 注意源语言与目标语言的文化差异

在审计英语语篇的翻译中,注意源语言与目标语言的文化差异是非常重要的文化适应翻译策略。审计报告不仅是专业性强的文献,也是文化产物,承载着源语言文化、法律体系、商业习惯等多方面的背景。因此,翻译者在将审计英语从一种语言转化为另一种语言时,必须深入理解源语言与目标语言之间的文化差异,确保翻译不仅在语言上准确,还能在文化背景上实现有效对接。

首先,审计英语语篇中存在大量与特定文化、法律体系和商业惯例相关的术语。例如,许多审计术语在源语言和目标语言的文化中可能没有直接对等的翻译。这些术语在英美等英语国家具有明确的法律意义,它们的法律效力和定义有所不同。在这种情况下,翻译者需要采取适应性翻译策略,通过对目标文化的背景进行说明,确保翻译后的术语能够准确传达原文的法律意义和专业性。

其次,审计报告中的很多表达方式和句法结构也与特定文化的表达习惯密切相关。不同语言的审计报告在表达方式上存在显著差异。例如,英语中的审计报告往往直接、简洁,强调事实和数据的呈现;而在一些文化中,审计报告可能会加入更多的解释性或礼貌性语言。翻译者需要根据目标文化的习惯对这些表达方式进行适应,以确保译文既符合目标语言的文化特点,又能够传递原文的核心内容。例如,英文中的"we have performed audit procedures to..."在中文中可能需要翻译为"我们已执行相关审计程序,以……"这种更加符合中文书面语表达习惯的表述方式,并能够传达出审计工作中的严谨性和正式性。

再次,审计英语的某些表达和审计准则具有文化特定性,某些会计方法、审计程序或评估标准可能在不同的国家或地区有所不同,这些文化特定性的内容在翻译时需要特别注意。例如,在美国,审计过程中的"internal control"(内部控制)可能有具体的定义和法规依据,而在其他国家,尽管也有类似概念,但其操作方式和法律约束力可能不同。在这种情况下,翻译者可能需要对目标文化中的内部控制概念进行补充说明,或者根据目标语言的法律体系进行适当调整,以确保译文的准确性和文化适应性。

最后,审计报告作为法律文件的性质要求翻译具有跨文化的准确性和法律效力。在不同的法律体系下,审计师的责任和审计报告的法律意义可能存在差异。例如,英美法系和大陆法系的审计责任划分不同,这可能会影响审计意见的表达方式。在翻译时,翻译者需要考虑到目标国家的法律体系,确保审计报告的法律含义得以正确传达,同时避免因文化差异而引起的误解或法律后果。

综上所述,注意源语言与目标语言的文化差异是审计英语语篇翻译中的重要策略。通过对文化差异的敏感把握,翻译者可以确保翻译后的审计报告在目标语言文化背景中不仅能准确传递专业内容,还能确保读者对报告的理解和接受。翻译者应根据源语言和目标语言的文化背景,适当调整术语、表达方式和句法结构,确保审计报告在跨文化环境中能够有效传达原文的法律、财务和审计信息,避免文化差异带来的理解偏差或法律问题。

(二) 翻译时保留和及时调整文化特征

在审计英语语篇翻译过程中,翻译时保留和及时调整文化特征是确保翻译准确性和文化适应性的关键策略。审计报告作为法律、财务和审计领域的专业文件,承载着特定的文化和法律背景,而不同语言和文化的表达方式往往存在显著差异。翻译者需要根据源语言和目标语言的文化差异,灵活调整翻译策略,在确保译文内容准确的同时,保持其文化适配性和可理解性。这种翻译策略要求翻译者不仅要准确传达审计报告的专业内容,还要考虑到文化背景的差异,决定哪些文化特征需要保留,哪些需要调整或解释。

首先,审计英语语篇中的许多术语和表达方式深深植根于源语言的法律、商业和会计文化中,这些文化特征在目标语言中可能没有直接的对应词汇或概念。因此,翻译者需要根据具体情况,判断哪些文化特征应当保留,哪些需要根据目标文化的理解进行适当的调整。例如,英文中的"audit trail"(审计追踪)是指审计过程中记录和验证所有交易的过程,在很多英语国家和地区具有明确的法律和操作定义。然而,在某些目标语言文化中,这一概念的直接翻译可能不为目标语言读者所熟悉。在这种情况下,翻译者可以采取解释性翻译的策略,除了给出准确的翻译"审计追踪",还可以添加括注说明或解释,帮助目标语言读者理解这一概念的具体含义和重要性。

其次,审计英语语篇的正式性和规范性要求翻译者在处理文化差异时,既要尊重源语言的专业文化特征,又要考虑目标语言的语言习惯。英语审计报告中常使用一些特定的表达方式,如"based on the procedures performed"或"in our opinion"。这些表达方式具有明确的法律含义,且通常不带有情感倾向,目的在于确保报告的客观性和权威性。在翻译时,翻译者需要保留这种正式和客观的语气,同时也要调整表达方式,使其符合目标语言的文化表达习惯。例如,英文中的"in our opinion"可以翻译为"我们认为",而不是"我们觉得",以确保语言的正式性和专业性得以保持。

在审计英语语篇翻译中,文化适应性也体现在如何处理源语言中所包含的法律和行业标准。例如,英文审计报告中的"Generally Accepted Auditing Standards"(GAAS)在美国具有特定的法律和会计准则,而在其他国家和地区,可能没有直接的对应体系。在翻译这类概念时,翻译者可以选择保留原文并进行解释,如翻译为"通常公认的审计准则(GAAS,指在美国审计工作中普遍遵循的标准)",或者根据目标语言的具体情况,选择使用目标语言中已认可的相似概念,以便读者能够理解该术语所代表的法律和行业标准。

此外,及时调整文化特征还体现在审计报告中的法律责任和业务惯例。在不同的法律体系中,审计师的责任和审计报告的法律效力有所不同。例如,英美法系中的审计报告通常明确指出审计师的责任和审计意见,而大陆法系国家的审计报告可能更侧重于审计程序的描述,且对审计师责任的表达不如英美法系那么突出。翻译时,翻译者需要根据目标国家的法律环境和文化背景,适时调整报告中的表达方式,使其符合目标语言读者的法律预期和文化理解。例如,在翻译英文审计报告中的"auditor's responsibility"时,翻译者可以根据目标语言文化和法律背景的不同,选择是否需要详细说明审计师的具体职责,以及是否需要增加对审计师责任范围的描述。

总体而言,在翻译工作中,保留并适时调整文化特征堪称一项既复杂棘手又不可或缺的关键策略,这一点在审计英语语篇的翻译实践里表现得尤为突出。翻译者务必深入透彻地理解源语言与目标语言背后潜藏的文化差异,以敏锐的洞察力捕捉到那些细微却可能影响语义传达的文化元素,并据此灵动巧妙地调整翻译策略。一方面,要毫不动摇地坚守专业性与准确性的底线,确保译文精准无误地反映原文的专业内涵,不使任何关键信息在跨文化传递的过程中失真走样;另一方面,还需全方位考量目标语言文化的表达习惯以及所处的法律背景环境,让翻译文本能够自然而然地融入目标文化语境之中,毫无违和感地被目标受众接纳。借助这种极具针对性的文化适应性翻译策略,翻译者得以巧妙避开因文化差异引发的冲突与误解,犹如在跨文化交流的险滩中精准导航,确保审计报告在目标文化的土壤里稳稳扎根,完整保留其法律效力、权威性以及专业性,使其能够在国际审计交流的舞台上发挥应有的关键作用,为审计领域的全球化协同发展提供坚实可靠的语言支撑。

第五节　　总结与实践建议

一、审计英语语篇翻译需兼顾准确性、专业性与文化适应性

在审计英语语篇翻译中,准确性、专业性与文化适应性是三大核心要素,翻译者必须在这三者之间取得平衡,确保审计报告能够在目标语言环境中准确传达原文的内容,同时遵循目标语言的文化和语言习惯。这种综合翻译策略不仅要求翻译者具备深厚的语言能力,还需要具备审计领域的专业知识,以及对目标文化的深入理解。

首先,准确性是审计英语翻译的基本要求。翻译者必须确保每个专业术语、审计流程、法律责任等信息都能够精确地传递。审计报告是重要的法律和财务文件,其中涉及的数据、结论和审计意见直接影响到公司的财务状况及其未来的决策,因此任何细微的误译都可能导致误解甚至法律后果。在翻译过程中,翻译者需要对源语言中的每个细节和术语有透彻的理解,确保没有遗漏、误解或扭曲。例如,英文中的"audit evidence"应翻译为"审计证据",而非"审计材料",后者可能给人以不准确的印象,忽略了审计证据在审计流程中的法律意义。

其次,专业性是审计英语翻译的另一项关键要求。审计报告充满了行业专有的术语和标准,这些术语和表达方式承载了严格的财务、法律和会计规则。翻译者在翻译时必须对审计领域的基本概念、审计标准和相关法规有深入的了解。翻译者必须确保此类术语在目标语言中得到准确的表达,并且保持其行业内部的一致性。此外,翻译者还应熟悉国际审计准则和本土法规,确保译文符合目标文化和目标语言所在国家的审计标准和法律规定。

最后,文化适应性是审计英语翻译中的一个复杂但不可忽视的方面。在不同语言和文化之间,某些审计术语、表达方式及法律含义可能存在显著差异。翻译者需要根据目标语言的文化背景和法律体系,对源语言中的文化特征进行适当的调整。翻译者应避免过度直译或死板地保留源语言的文化特征,而是要结合目标语言文化的理解习惯,对源语言中某些文化特定的内容进行适当的解释或调整。例如,在某些文化背景下,审计报告可能更加强调程序的透明性,而在其他文化中,则可能更侧重于审计结论的权威性。翻译者需要根据目标语言文化的不同需求进行适应性翻译。

综上所述,审计英语语篇翻译需兼顾准确性、专业性与文化适应性,这不仅仅是语言

转换的过程,更是跨文化交流和法律信息传递的复杂工作。翻译者不仅要深入理解审计行业的专业术语和规范,还要敏锐把握不同文化背景对翻译内容的影响。通过兼顾这三者,翻译者能够确保审计报告在目标语言环境中既具有高准确性和专业性,又能有效适应目标文化的需求,从而实现审计英语语篇翻译的最佳效果。这种翻译策略不仅能够帮助目标读者正确理解审计报告的核心内容,还能确保审计报告在国际化背景下的法律效力和文化可接受性。

实践建议

(一) 高度专业知识储备

在审计英语语篇翻译过程中,高度专业知识储备是确保翻译质量和准确性的基础。审计报告、审计意见书以及相关的财务文献都涉及大量专业术语和复杂的会计、财务及法律概念,翻译者必须具备足够的行业知识,才能在翻译时精确把握原文的含义,避免出现错误或误解。审计语言不仅仅是普通的技术语言,它涵盖了严谨的法律条文、审计准则和财务报告规则,这些都需要翻译者具备较高的专业素养。

首先,审计英语语篇充满了专业术语,如"materiality"(重要性)、"audit evidence"(审计证据)、"internal control"(内部控制)等,这些术语在会计、审计和财务管理领域有着特定的定义和应用。翻译者如果没有深入的行业知识,容易误解或错译这些术语,从而影响译文的准确性。举个例子,"audit trail"在审计中指的是审计记录和程序的可追溯性,翻译时如果不清楚这一概念的具体内涵,可能会将其错误地翻译为"审计轨迹"或"审计路径",而这些翻译都不能准确传达其原本的含义。翻译者必须了解审计过程的具体操作和规则,才能确保术语的精准转换。

其次,审计报告中常涉及的审计准则、会计政策以及法律责任在不同国家和地区有所不同,翻译者需要理解这些标准和政策的国际差异。例如,国际审计准则(ISA)与美国公认审计准则(GAAS)之间有很多细节上的不同,而这些差异会直接影响审计报告的表达方式和内容。翻译者若不了解这些差异,可能会误将适用于一种审计标准的术语或表述,直接套用到另一种标准中,导致翻译错误或不合规。因此,翻译者不仅需要熟悉目标语言的审计标准,还应具备国际审计准则与本土法规的相关知识,以确保翻译结果的专业性和合规性。

再次,审计报告通常是法律文件的一部分,翻译时不仅要保证语言的准确性,还要保持法律上的严谨性和正式性。审计报告中的每一项结论和审计意见都可能影响公司财务的合法性和透明度。因此,翻译者必须理解审计师的法律责任以及审计报告的法律效力。对法律条文的深入理解有助于翻译者在处理涉及审计师责任、审计意见等内容时,做到表达清晰、无歧义。

因此,为了确保审计英语语篇翻译的质量,翻译者必须拥有扎实的审计、会计、财务和法律专业知识。这种专业知识储备不仅仅是理解和翻译术语的基础,更是理解审计流程、审计目标和审计报告背后法律与财务原理的关键。通过不断学习和深入了解相关领域的最新发展,翻译者可以更准确地处理翻译过程中遇到的各种问题,确保译文不仅符合语言规范,还能够精准传达原文的专业内容和法律效力。

(二)熟练掌握翻译技巧与审计语言规范

在审计英语语篇翻译实践中,熟练掌握翻译技巧与审计语言规范是提高翻译质量和确保专业性的重要保障。审计英语语篇不仅要求语言的准确传递,还需要符合特定的行业标准和法律要求,因此,翻译者需要熟练掌握多种翻译技巧,并了解审计领域的语言规范和表达习惯,以确保翻译文本既能准确反映原文内容,又能符合目标语言的审计行业标准。

首先,审计英语语篇具有高度的专业性和法律性,翻译者需要灵活运用翻译技巧,如意译、直译、重组句子结构等,来处理复杂的术语和句法结构。在面对复杂句型时,翻译者可以采取拆分句子或重组语序的技巧,将长句或复合句拆解成简单句,保证信息传递清晰且不失原意。例如,审计报告中的"the company's internal controls were assessed in accordance with the relevant auditing standards"可以拆解为"根据相关审计准则,审计人员对公司的内部控制进行了评估",使得句子更加简洁明了,同时保留原文的法律与审计信息。通过这些翻译技巧,翻译者可以有效提升审计报告的可读性和可理解性,同时确保译文的准确性和专业性。

其次,审计语篇中存在大量行业术语和固定表达,翻译者必须严格遵循审计语言规范,确保术语和表达的一致性与准确性。审计英语语篇的特殊性要求翻译者不仅要了解常见的审计术语,如"audit evidence"(审计证据)、"material misstatement"(重大错报)等,还要熟悉行业的固定表达和写作模式。例如,审计报告中的"in our opinion"表示审计师的审计意见,翻译时应始终保持一致,而不是采用"我们认为"或"我们的观点",因为后者未能准确传达审计意见的法律性质。因此,翻译者需要不断积累和更新审计行业相关的语言知识,确保术语翻译的规范性和准确性,避免随意性和不一致性,确保翻译文本符合国际审计准则以及本地审计标准的要求。

此外,审计语篇翻译还需要注意正式性和客观性的要求。审计报告通常是面向公众、投资者或监管机构的重要法律文件,语言风格必须高度正式且没有情感色彩。翻译者要确保在翻译过程中避免使用口语化或模糊的表达,应采用更加正式和精确的语言,如将"we think"翻译为"我们认为"而非"我们觉得"。同时,审计英语强调客观性和中立性,翻译者应避免带有个人色彩或主观看法的语言,确保报告的内容仅反映审计过程和结论,不涉及审计师的个人意见或情感。

最后,审计语篇翻译不仅仅是语言的转换,还涉及跨文化的适应性。在不同的文化和法律环境中,审计报告的要求和写作习惯可能存在差异。因此,翻译者需要熟悉目标语言的法律体系和审计规范,确保翻译符合目标语言读者的理解习惯和审计实践。例如,英文审计报告中常使用"based on our procedures"来说明审计工作依据,翻译时需根据目标文化的习惯,确保表达既符合语言规范,又能为目标读者所理解。

总而言之,熟练掌握翻译技巧与审计语言规范是确保审计英语语篇翻译高质量的关键。翻译者需要通过灵活运用各种翻译技巧来处理复杂的语法结构和术语,同时严格遵守审计行业的语言规范,确保译文准确、专业并符合目标语言的文化和法律要求。通过这些实践建议,翻译者能够有效提升翻译质量,确保审计报告能够在不同语言和文化环境中准确、清晰地传递信息,满足法律、财务和审计领域的标准。

(三) 重视翻译的审校与反馈

在审计英语语篇翻译实践中,重视翻译的审校与反馈是确保翻译质量、准确性和专业性的关键环节。由于审计报告、财务文档及相关法律文件的语言具有高度的复杂性和专业性,任何细微的错误或不准确的翻译都可能导致信息误解或法律风险。因此,审校和反馈的过程不仅帮助识别并纠正翻译中的错误,还能提高翻译的精确度和流畅度,确保译文符合行业标准与目标读者的需求。

首先,审校是翻译过程中至关重要的一步。审计英语翻译往往涉及大量的技术术语、法律表达和复杂的句法结构,翻译者可能会在翻译过程中忽略某些细节或出现语义上的偏差。审校者需要对翻译文本进行全面审查,检查术语的一致性、句法结构的准确性以及信息传递的完整性。在审计英语翻译中,术语的准确性尤为重要,审校者需要核对每个专业术语是否符合审计行业的标准,如"internal control"(内部控制)和"audit evidence"(审计证据)等术语是否使用正确。审校过程不仅是对译文进行语言上的检查,还涉及对翻译是否符合目标语言文化背景和审计行业规范的评估。例如,审计报告中的"true and fair view"如果翻译为"真实和公正的视图"可能无法完整表达其在审计报告中的法律意义,因此需要特别注意审校过程中的法律和文化适应性。

其次,审校不仅仅是翻译者自我检查的过程,还应包括外部反馈。外部反馈可以来自领域专家、审计人员或其他具有相关专业知识的人员,他们能够从专业角度提供宝贵的意见和建议,帮助识别和修正潜在的误译或不准确表达。审计报告作为一种正式且法律效力强的文件,错误可能会影响到报告的可信度和公信力,因此获取相关领域专家的反馈至关重要。通过外部审校,翻译者可以进一步验证翻译内容的准确性和适应性,确保其符合法律要求和审计标准。与此同时,审校者也能帮助翻译者发现一些可能被忽视的细节或歧义,避免因语言不严谨而引发的翻译问题。

另外,审校与反馈的互动性对于提升翻译质量至关重要。翻译者与审校者之间的沟通和反馈是提升翻译效果的重要环节。在审校过程中,审校者可能会对某些表达提出修改建议,翻译者应积极与审校者进行讨论,了解修改建议背后的逻辑和审计标准。通过这种互动,翻译者可以深化对审计英语语篇的理解,避免未来翻译中出现类似问题。这种双向反馈机制能够有效提升翻译者的专业水平,并确保最终的翻译结果达到高质量和高专业性。

总之,重视翻译的审校与反馈是确保审计英语语篇翻译高质量的一个关键环节。通过严谨的审校过程和专家反馈,翻译者能够发现并修正潜在的翻译错误,确保术语的准确性和翻译的合规性,同时提高翻译的专业性和流畅度。审校与反馈不仅帮助提升翻译质量,也是保证审计报告、财务文档等专业文献准确传递信息、符合法律和行业要求的有效手段。在实践中,翻译者应与审校者保持紧密的合作,不断完善翻译内容,确保最终译文达到最佳的质量标准。

总结

综上所述,审计英语语篇着实展现出别具一格的词汇、句法以及语篇特性。于翻译实践进程而言,译者不但要精准洞悉这些独有的特点,更需巧妙运用与之适配的翻译策略。诸如在专业术语的翻译上追求精益求精,确保术语译文精准无误,能够精准反映原文内涵;面对结构复杂、冗长晦涩的长难句时,灵活施展拆分技巧,化繁为简,使译文条理清晰、易于理解;针对英语中频繁出现的被动语态,依据中文表达习惯与语境需求灵活转换、妥善处理,让译文读起来通顺自然;同时,对语篇内在的逻辑关系要有敏锐的感知与精准的把握,确保译文逻辑连贯、层次分明。唯有如此,方能切实提升审计英语翻译的质量,为审计信息在国际舞台上的畅通无阻搭建稳固桥梁,有力推动审计领域的国际交流与合作迈向新高度。与此同时,译者自身的成长与提升亦不可或缺。一方面,应持之以恒地深耕审计专业知识领域,不断更新知识储备,紧跟审计行业发展动态,深入了解前沿理论与实践操作要点;另一方面,持续强化英语语言知识学习,提升语言运用能力,包括词汇拓展、语法精通、修辞运用等多个维度。通过全方位磨砺自身综合素质,译者方能以更加从容自信的姿态迎接审计英语翻译途中纷至沓来的各种挑战,在翻译实践中披荆斩棘,产出高质量译文,为审计行业的国际化发展贡献卓越力量。

第五章

审计英语翻译的挑战及未来方向

第一节　审计英语翻译面临的挑战

一　技术变革带来的新挑战

（一）大数据与审计英语翻译

在当今数字化时代,大数据浪潮正以前所未有的速度席卷全球各个领域,审计行业也不例外。随着信息技术的飞速发展,企业的业务规模不断扩大,运营模式日益复杂,这使得审计数据量呈现出爆炸式增长的态势。在这种背景下,审计英语翻译面临着诸多严峻挑战。

首先,海量的审计文本数据需要在短时间内进行高效、准确的处理。这些文本不仅包括各类财务报表、审计报告、合同协议等传统审计文件,还涵盖了来自社交媒体、电子邮件、电子交易记录等新兴数据源的大量非结构化数据。例如,一家跨国企业集团的年度审计可能涉及分布在全球各地的子公司的财务数据、业务流程文档以及与供应商和客户的往来邮件等,这些数据以多种语言形式存在,且数据量极其庞大。对于审计英语翻译人员来说,如何快速筛选出关键信息,并准确地将其翻译成目标语言,成为亟待解决的问题。传统的人工翻译方式显然无法满足这种大规模数据处理的需求,而现有的计算机辅助翻译工具在处理如此海量、复杂的数据时,也面临着效率和准确性方面的瓶颈,如翻译速度慢、术语匹配不准确、上下文理解偏差等问题。

其次,数据安全与隐私保护在审计英语翻译中愈发关键。审计数据往往涉及企业的核心商业机密、财务状况、客户信息等敏感内容,在翻译过程中,这些数据可能会面临被泄露、篡改或滥用的风险。尤其是在将数据传输给外部翻译服务提供商或使用基于云计算的翻译平台时,数据的安全性更是受到严峻考验。例如,某些翻译软件可能会收集用户的翻译文本数据用于语料库建设或机器学习,若这些数据未得到妥善的加密和保护,就有可能被不法分子窃取,从而给企业带来巨大的经济损失和声誉损害。因此,在大数据环境下,如何确保审计数据在翻译过程中的安全性和隐私性,成为审计英语翻译领域面临的重要挑战之一。

此外,大数据技术为审计英语翻译带来挑战的同时,也提供了新的机遇和发展方向。

利用大数据分析技术,可以对海量的审计文本进行深度挖掘和分析,提取出高频词汇、常用句式、术语搭配等语言特征,从而辅助翻译记忆库和术语库的更新与优化。例如,通过对大量同类审计报告的数据分析,可以发现特定行业或领域中审计术语的最新用法和趋势,及时将这些新术语和表达方式纳入翻译记忆库和术语库中,可以提高翻译的准确性和时效性。同时,大数据技术还可以帮助翻译人员更好地理解文本的背景信息和语义关系,通过对相关数据的关联分析,为翻译决策提供更多的参考依据,从而提升翻译质量。然而,如何充分利用大数据技术的优势,克服其带来的挑战,实现审计英语翻译的高效、准确和安全,仍然是一个需要深入研究和探索的课题。

(二) 人工智能翻译技术的冲击与机遇

随着人工智能技术的迅猛发展,机器翻译在审计英语翻译领域的应用日益广泛,尤其是神经网络机器翻译的出现,为审计英语翻译带来了新的机遇和挑战。

机器翻译在处理审计英语文本时,展现出了一定的优势。在术语识别方面,基于强大的语料库和机器学习算法,机器翻译能够快速准确地识别审计英语中的专业术语,并给出相应的译文。例如,对于"material weakness"(重大缺陷)、"internal control over financial reporting"(财务报告内部控制)等常见审计术语,机器翻译可以迅速从其庞大的术语库中匹配出对应的翻译,大大提高了翻译效率,减少了人工查找术语的时间和精力。在句子结构分析上,机器翻译能够运用先进的自然语言处理技术,对审计英语中的复杂句式进行快速解析,确定句子的主谓宾、定状补等成分,从而生成较为合理的译文结构。例如,对于"The auditor should perform audit procedures to obtain sufficient appropriate audit evidence that the financial statements are free from material misstatement which could affect the economic decisions of users."这样的复杂句子,机器翻译能够准确地识别出各个从句的修饰关系,并按照正确的语序将其翻译为"审计师应执行审计程序,以获取充分、适当的审计证据,证明财务报表不存在可能影响使用者经济决策的重大错报"。对于一些结构较为规整的审计语句,机器翻译能够提供较为准确的翻译结果,为翻译人员提供一定的参考和辅助。

然而,机器翻译在审计英语翻译中也存在明显的局限性。在语义理解方面,审计英语中的许多词汇和句子具有特定的审计专业含义,需要结合上下文和专业背景知识进行深入理解,这对于机器翻译来说是一个巨大的挑战。例如,"going concern"这一术语,在普通英语中的含义为"持续经营",但在审计语境中,它还涉及对企业未来持续经营能力的评估和判断,包含了丰富的专业内涵。机器翻译往往难以准确把握这种语义的细微差别,可能只是简单地将其译为"持续经营",而无法传达其在审计报告中的特定含义,容易导致读者对审计信息的误解。

语境适应能力也是机器翻译的一个短板。审计英语文本的翻译需要充分考虑文本所处的具体审计环境、业务背景以及目标受众等因素,而机器翻译目前还无法像人类译者那样灵活地根据不同的语境调整译文的表达方式和措辞。例如,在一份面向专业审计人员的审计报告中,对于某些审计发现的描述可以使用较为专业、简洁的语言;而在一份面向企业管理层或非审计专业投资者的审计报告摘要中,相同的内容则需要用更加通俗易懂、解释性强的语言进行表达,以确保读者能够准确理解报告的核心内容。机器翻译在面对这种语境差异时,往往无法做出合适的调整,生成的译文可能会显得生硬、晦涩,不符合目标受众的阅读习惯和信息需求。

在语言风格把握上,审计英语具有严谨、规范、客观的风格特点,同时不同类型的审计文本(如审计报告、审计法规、审计学术论文等)在语言风格上也存在一定的差异。机器翻译很难完全模拟人类译者的语言感知能力和风格驾驭能力,可能会出现译文风格与原文不一致的情况。例如,在翻译审计法规条文时,原文的语言风格通常庄重、严谨,具有很强的法律约束力,而机器翻译的结果可能会因为过于追求字面意思的对应,而忽略了法律语言的规范性和严肃性,导致译文在语言风格上不够准确,影响了审计法规的权威性和严肃性。

尽管机器翻译存在诸多局限性,但它也为审计英语翻译人员带来了新的机遇。译者可以将机器翻译作为一种辅助工具,利用其快速处理文本和提供初步译文的能力,节省时间和精力,将更多的时间和精力投入到对译文的质量审核、语义优化、风格调整以及文化适应性等方面的工作中。例如,翻译人员可以在机器翻译的基础上,对译文进行仔细的校对和修改,重点关注机器翻译在语义理解、语境适应和风格把握等方面的不足之处。通过补充专业知识、调整词汇和句式结构、优化语言表达等方式,翻译人员可以有效提高译文的质量,使其更符合审计英语翻译的质量要求。同时,翻译人员还可以与机器翻译进行协作,通过对机器翻译结果的分析和学习,不断积累经验,提高自身的翻译能力和专业素养,从而更好地应对人工智能时代审计英语翻译所面临的挑战和机遇。

(三) 云计算在审计翻译中的应用与安全问题

云计算技术的出现为审计英语翻译带来了诸多便利,尤其是在提供远程协作和资源共享平台方面,具有显著优势。通过云计算平台,分布在不同地区的审计人员、翻译人员以及相关专业人士可以实时共享审计资料、翻译记忆库、术语库等资源,打破了时间和空间的限制,实现了高效的远程协作翻译模式。例如,在跨国审计项目中,位于不同国家的审计团队可以将需要翻译的审计文件上传至云端平台,翻译人员可以随时随地登录平台获取文件并进行翻译工作,翻译完成后的译文也可以即时共享给其他团队成员进行审核和修改,大大提高了翻译工作的效率和协同性。同时,云计算平台还可以根据用户的需求灵活分配计算资源,确保在处理大量审计英语翻译任务时,系统能够保持稳定的运行速度和性能,满足用户对翻译效率的要求。

然而,云计算在审计英语翻译中的应用也引发了一系列安全问题,其中数据存储在云端的安全风险尤为突出。审计数据通常包含企业的敏感信息,如财务数据、商业机密、客户资料等,一旦这些数据在云端存储过程中发生泄露或篡改,将给企业带来不可估量的损失。例如,黑客可能通过攻击云计算平台的漏洞,获取存储在云端的审计翻译数据,从而窃取企业的商业机密,或者对数据进行恶意篡改,使翻译后的审计报告出现错误信息,误导企业管理层和投资者的决策,严重影响企业的声誉和经济利益。此外,云计算服务提供商的可靠性和安全性也是一个重要的考量因素。如果服务提供商的安全措施不到位,如数据加密技术不完善、访问控制机制不严格、安全漏洞修复不及时等,都可能导致审计翻译数据面临安全威胁。

为了建立安全可靠的云计算翻译环境,需要采取一系列有效的措施。首先,加强数据加密技术的应用,对存储在云端的审计翻译数据进行加密处理,确保数据在传输和存储过程中的机密性。采用先进的加密算法,如高级加密标准(AES)、非对称加密算法(RSA)等,对数据进行加密,只有拥有正确解密密钥的授权用户才能访问和使用数据,有效防止数据被窃取和篡改。其次,完善访问控制机制,通过设置严格的用户身份验证和权限管理系统,限制只有经过授权的人员才能访问特定的审计翻译数据和资源。采用多因素身份验证方式,如密码、短信验证码、指纹识别等,提高用户身份验证的安全性,防止非法用户登录平台获取数据。此外,云计算服务提供商应加强安全监控和漏洞管理,定期对平台进行安全检查和漏洞扫描,及时发现并修复潜在的安全漏洞,确保平台的安全性和稳定性。同时,企业和用户在选择云计算服务提供商时,应充分评估其安全资质和信誉,选择具有良好安全记录和专业安全团队的提供商,降低数据安全风险。

总之,云计算技术在审计英语翻译中的应用为行业发展带来了新的机遇,但同时也面临着数据安全等方面的挑战。只有通过采取有效的安全措施,加强技术创新和管理,才能充分发挥云计算在审计英语翻译中的优势,实现安全、高效的翻译工作模式,推动审计英语翻译行业的健康发展。

二、 全球经济一体化下的跨文化交际挑战

(一) 不同审计文化差异对翻译的影响

在全球经济一体化进程中,不同国家和地区的审计文化存在显著差异,这对审计英语翻译提出了更高的要求。以英美法系和大陆法系为例,二者在审计文化上的差异在审计英语翻译中有着具体体现,对审计信息的准确传达产生着重要影响。

英美法系下的审计文化强调审计师的独立性和职业判断,审计报告通常更注重对审计过程和所获取证据的详细阐述,以证明审计师的独立性和工作的充分性。例如,英国审计报告中常出现的"true and fair view"这一表述,不仅仅是字面意义上的"真实和公允的观点",它蕴含着英国审计文化中对财务报表真实性和可靠性的独特判断标准,以及审计师在遵循职业道德和专业准则基础上所做出的独立评价,强调财务报表应在所有重大方面符合相关法规和会计准则的要求,且能够真实地反映被审计单位的财务状况、经营

成果和现金流量,使使用者能够基于这些信息做出合理的决策。

而美国审计报告虽然也重视审计的独立性,但在表述上与英国有所不同,可能更侧重于对审计标准的遵循和对内部控制的评价,语言风格相对简洁明了,注重信息的实用性和效率。例如,美国审计报告可能会更多地提及美国公认审计准则(GAAS)的具体条款和要求,以及对内部控制有效性的评估结论,以向使用者传达审计工作是在严格遵循专业标准的框架下进行的,为财务报表的可靠性提供合理保证。

在翻译涉及这些文化差异的审计文本时,如果译者未能深入理解两种法系下审计文化的内涵,只是简单地进行字面翻译,就很可能导致译文读者对审计报告的理解产生偏差。因此,译者在进行审计英语翻译时,必须充分考虑不同法系下审计文化的差异,深入研究相关文化背景知识,采取适当的翻译策略,如加注解释、意译等,以确保译文能够准确、完整地传达原文的审计文化内涵,避免因文化误读而导致的翻译偏差,促进国际审计交流的顺畅进行。

(二)跨国审计业务中的语言文化障碍

随着中国企业"走出去"步伐的加快,海外审计项目日益增多,在多语言环境下,语言沟通不畅和文化习俗冲突等问题对审计英语翻译产生了显著影响,为审计工作的顺利开展带来了诸多挑战。

在语言沟通方面,中国审计团队与当地企业或机构进行交流时,由于英语并非双方的母语,可能会出现口音、词汇理解、语法运用等方面的差异,从而导致信息传递的不准确或误解。例如,当地审计人员使用的一些具有地方特色的英语词汇或行业俚语,可能不为中国审计人员所熟悉,进而影响双方在审计程序、证据收集等方面的沟通效率和准确性。在审计访谈中,当地人员提及"boodle"一词,其在美国俚语中有"贿赂"的意思,但中国审计人员可能因不了解这一词汇的特殊含义,而误解其表达的意图,从而影响对被审计单位潜在舞弊风险的判断。

文化习俗冲突也是一个不容忽视的问题。不同国家和地区有着独特的商业文化和审计惯例,这些文化元素在审计英语翻译中需要得到准确的表达和解释,否则可能引发文化误解,影响审计工作的顺利进行。例如,在一些中东国家,商业活动中注重人际关系和家族荣誉,在审计过程中,对于涉及企业内部家族成员利益的交易事项,其审计方式和披露要求可能与中国或西方国家有所不同。如果译者不了解这种文化背景,在翻译相关审计文件或与当地人员沟通时,可能无法准确传达中国审计团队的意图,也难以理解当地审计惯例背后的文化逻辑,从而导致审计工作陷入困境,甚至可能影响中国企业在当地的商业合作关系和声誉。

再如,在某些亚洲国家,企业内部存在着较为严格的层级制度,决策过程相对缓慢,在审计资料的获取和审批环节,可能需要遵循特定的文化礼仪和程序。如果中国审计人员不了解这些文化习俗,在翻译和沟通中没有考虑到这些因素,可能会因急于获取资料而与当地人员产生冲突,阻碍审计工作的推进。因此,在跨国审计业务中,审计英语翻译人员不仅要具备扎实的语言功底,还需深入了解当地的语言文化习俗和审计惯例,通过灵活运用翻译技巧和文化调适策略,克服语言文化障碍,确保审计信息的准确传递和审计工作的有效开展。

(三) 文化适应性翻译策略探讨

在审计英语翻译中,遵循文化适应性原则至关重要,这有助于跨越文化差异的鸿沟,使译文既能精准地保留原文的审计信息,又能贴合目标语文化背景,从而促进审计文化的交流与融合,提升审计英语翻译的质量和效果。

注释法是一种有效的文化适应性翻译策略。对于审计英语中蕴含特定文化内涵的词汇或概念,如"audit committee"(审计委员会),在翻译时可以添加注释,解释其在西方企业治理结构中的职责、组成方式以及运作机制等,帮助读者更好地理解其在西方审计文化中的独特地位和作用。例如,"The audit committee, which is composed of independent directors and is responsible for overseeing the company's financial reporting process and internal control system, plays a crucial role in corporate governance."(审计委员会由独立董事组成,负责监督公司的财务报告流程和内部控制系统,在公司治理中起着关键作用。)。通过这样的注释,中国读者能够更深入地理解"audit committee"这一概念在西方审计文化中的含义,避免因文化差异而产生的误解,使译文更具文化适应性。

意译法也是常用的策略之一。当审计英语中的某些表达按照字面意思直译难以被目标语读者理解时,可以采用意译的方式,根据目标语文化的习惯和逻辑,重新组织语言表达原文的含义。例如,若将"going concern assumption"直译为"持续经营假设",可能对于一些非专业读者来说略显晦涩,意译为"企业在可预见的未来将持续正常经营的假定",则更能清晰地传达其含义,使译文更符合中国读者的阅读习惯和思维方式,增强了译文的文化适应性和可读性。

替换法同样能够提升译文的文化适应性。在不影响原文审计信息的前提下,对于一些可能引起文化误解或不符合目标语文化习惯的词汇或表达,可以用目标语文化中相对应的、更易被接受的词汇或表达进行替换。例如,在翻译西方审计报告中关于风险评估的部分,如果原文使用了"aggressive accounting practices"(激进的会计做法)这样带有一定文化色彩且可能在中国文化中不太容易被准确理解的词汇,译者可以根据具体语境,将其替换为"存在较高风险的会计处理方式"。这样的译文更能准确地传达原文的含义,同时也更符合中国读者的文化认知和表达习惯,有助于提高审计信息在跨文化传播中的效果。

在实际的审计英语翻译过程中,译者应根据具体情况灵活运用这些文化适应性翻译策略,充分考虑源语和目标语的文化差异,对译文进行适当的调整和优化,使译文在语言和文化两个层面都能更好地满足目标语读者的需求,促进审计英语翻译在全球经济一体化背景下的有效交流与沟通,推动国际审计事业的协同发展。

三 行业发展与法规政策变化带来的挑战

(一)审计行业新准则、新规范的频繁更新

在当今风云变幻的全球经济格局之下,随着国际经济形势的跌宕起伏,以及审计理论与实践的持续蓬勃发展,整个审计领域都处于高速变革的浪潮之中。国际审计准则,以具有广泛影响力的 ISA 为例,为了顺应复杂多变的经济环境,不断与时俱进,处于动态修订的过程。与此同时,国内审计法规也紧密贴合国情与国际趋势,持续更新完善,力求构建更加严谨科学的审计规范体系。在此背景下,新术语、新要求如潮水般不断涌现,这无疑给审计英语翻译工作带来了前所未有的巨大挑战。就拿"going concern assumption"(持续经营假设)这一经典的审计术语来说,在全新的准则体系下,其内涵经历了一场深刻的蜕变,得到了进一步丰富与细化。以往,它主要聚焦于企业在可预见的未来继续经营的这一基本假设前提,而如今,其范畴大幅拓展,深度也显著增加。它全方位涵盖了对企业持续经营能力评估的诸多具体要求以及繁杂的考量因素。从企业内部来看,深入涉及对企业财务状况的精细剖析,像资产负债的结构合理性、偿债能力的动态变化等;经营成果方面,不仅关注盈利的多寡,更涉及利润的质量、收入的稳定性等深层次指标;现金流量更是重中之重,包括经营、投资、筹资三大活动现金流的协同性、可持续性等关键要点。从企业外部而言,宏观的外部经营环境也被纳入考量范围,诸如行业竞争的激烈程度、政策法规的导向变化、宏观经济周期的波动影响等因素,都与企业持续经营能力紧密相连。

当译者着手翻译涉及这一术语的相关审计文本时,所肩负的责任重大无比。必须以极度严谨的治学态度,精准把握这些内涵变化,绝不容许丝毫偏差。一旦翻译出现哪怕细微的不准确,都极有可能引发审计信息的严重误读或误解。设想一下,如果译文缺失关键信息,审计人员在进行审计程序、出具审计意见时,可能会依据错误信息做出偏离正轨的决策,导致审计质量大打折扣;其他使用者,如投资者依据不准确的翻译来判断企业价值,也可能陷入错误的投资决策泥潭。唯有译者凭借深厚的专业功底与高度的责任心,产出精准译文,才能使各方使用者能够依据准确无误的翻译信息,做出契合新准则下的审计要求与规范的正确决策,保障审计工作在全球经济的新航道上的顺利开展。

(二)企业可持续发展与社会责任审计的翻译需求

身处当下这个时代,全球社会对于环境保护、人文关怀等诸多关键议题的聚焦热度始终居高不下,在此大环境的有力推动之下,企业界对可持续发展以及社会责任的着重程度,已然迈向了一个前所未有的全新高度。受这般宏观趋势的强劲驱动,环境审计、社会责任审计等一系列全新的审计领域顺势而生,它们恰似一波波活力满满的新生浪潮,强有力地重塑着审计行业原本的格局版图;与此同时,也给审计英语翻译这项工作抛出

了诸多极具挑战性的难题。

不妨以"carbon footprint audit"（碳足迹审计）作为典型示例，这一术语在新兴的审计领域中迅速崭露头角，大放异彩，然而，正是因其蕴含着丰富且极为专业的内涵要义，使得译者在翻译过程中需要反复斟酌、颇费苦心。单从表象来看，它直截了当地指向对企业日常运营进程中所遗留的"碳足迹"展开审查与核算工作，可实际上，其深层次的意义远远超越了这一简单范畴。一方面，针对企业直接产生以及间接引发的碳排放进行精准量化核算，无疑是碳足迹审计工作的核心要点之一，这便迫切要求译者务必熟稔各类碳排放源所对应的专业英文术语，不管是源自企业生产线上那些庞然大物般的大型耗能设备所产生的直接碳排放具体数据，还是隐匿于原材料采购环节、产品运输配送流程等诸多环节背后所滋生出的间接碳排放数值，译者都必须以零差错的高标准实现精准翻译。另一方面，它还深度渗透到对企业碳排放管理策略的精细剖析层面，诸如企业精心制定的长期减排宏伟目标、按阶段推进的碳配额精细分配计划，以及为切实达成这些目标而匠心搭建的内部管理组织架构等内容；节能减排相关举措同样不可小觑，细微之处，像企业办公区域内有条不紊地更换节能灯具、大力倡导无纸化办公模式，往宏大方向看，生产线大刀阔斧地引入前沿先进的低碳技术、全方位优化能源利用流程，诸如此类的具体实践作为都被妥妥地涵盖在碳足迹审计范畴之内，并且亟待译者运用准确且恰当的英语术语将其完美呈现。除此之外，对环境影响展开全面综合的评估更是重中之重的关键任务，这不仅意味着要严谨考量碳排放对当下所处局部生态环境所造成的即时性改变，像是周边空气质量的细微波动、水体酸碱度的悄然变化，更要具备高瞻远瞩的战略眼光，前瞻性地预估碳排放对全球气候变化走向、生态系统整体平衡状态所可能引发的潜在连锁反应。

当译者着手翻译这一专业词汇及其紧密关联的文本资料时，其所肩负的责任既艰巨又意义非凡。一方面，必须精准无误地传达其字面直观意义，也就是"碳足迹审计"，以便让读者在第一眼接触时就能迅速抓住关键核心主题；另一方面，还要凭借巧妙灵活的加注手段，抑或是展开进一步详细深入的解释说明方式，全方位、无死角地展现其具体涵盖的审计范围以及行之有效的操作方法。以"Carbon footprint audit refers to the process of quantifying and evaluating an enterprise's direct and indirect carbon emissions, as well as its carbon emission management strategies and energy conservation and emission reduction measures."（碳足迹审计是指对企业直接和间接碳排放进行量化评估，以及对其碳排放管理策略和节能减排措施进行评价的过程。）为例，通过这般精心处理，不但能够助力专业的审计人员在实际开展审计工作时，紧密依据准确无误的翻译成果精准高效地执行各项任务，而且还能让企业管理层、投资者、环保组织等来自不同领域、具有不同背景知识的广大读者全面透彻、精准无误地理解这一新兴审计领域的专业术语内涵。如此双管齐下，方能为企业平稳顺利地开展碳足迹审计工作筑牢坚实可靠的语言根基，大力促进相关信息在国内外广阔市场中的无障碍顺畅交流与广泛深入传播，切实有效地满足企业在追求可持续发展以及践行社会责任方面与日俱增的信息披露与交流需求,为企业在绿色发展的康庄大道上一路高歌、扬帆远航提供强有力的语言支撑保障。

(三)合规性与保密性要求对翻译的严格约束

在当今全球化的商业环境下,审计英语翻译扮演着举足轻重的角色,而确保译文符合法律法规的保密要求、避免敏感信息泄露以及遵循行业的合规性标准更是重中之重。以极具代表性的上市公司审计报告翻译工作为例,其中所涵盖的敏感信息可谓错综复杂、包罗万象。一方面,大量的敏感财务信息暗藏其中,像企业详细的成本核算明细、精准的利润分布状况,这些数据一旦泄露,极有可能影响企业在资本市场的股价走势以及投资者信心。另一方面,商业机密更是企业的核心命脉,诸如尚未公开的研发投入,这关系到企业未来的创新竞争力,潜在的并购计划则涉及企业的战略布局与扩张方向,还有那些珍贵的重要客户信息,它是企业维系市场份额、保障稳定营收的关键所在,一旦这些信息被不当披露,企业将在激烈的市场竞争中陷入极为被动的境地。面对如此繁杂且关键的敏感信息,译者肩负着重大责任。在翻译过程中,必须一丝不苟地严格遵守相关法律法规。例如,《中华人民共和国证券法》全方位规范了证券发行、交易以及上市公司信息披露等诸多环节,译者要确保翻译内容不触犯其中关于信息保密的条款;此外,《上市公司信息披露管理办法》详细规定了上市公司应披露信息的范畴与标准,译者需依据此精准判断哪些信息在翻译时需特殊处理。对于这些敏感信息,要进行妥善且严谨的处理,不容丝毫懈怠,确保其在翻译后的文本中不会被不当披露。

与此同时,恪守审计行业的职业道德和规范同样不可或缺。保持独立性,意味着译者不能受外界利益诱惑或干扰因素影响,要客观公正地对原文进行翻译,如实反映审计报告内容;秉持客观性,杜绝主观臆断、添油加醋,以原文事实为依据;严守保密性,将所接触到的敏感信息视若珍宝,绝不外传,并且要采用一系列适当的翻译技巧和方法助力保密工作。比如模糊化处理,当遇到一些具体的关键数据,像企业内部极为机密的预算分配比例、独家技术的研发进度百分比等,应采用相对模糊的表述,这样既能让读者了解大致情况,又巧妙避开了敏感细节。再如概括性翻译,对于一些涉及复杂商业运作流程但又不宜公开的信息,可以提炼其核心要点进行翻译。例如,对于复杂的供应链金融合作项目细节,可译为"a complex cooperation project in supply chain finance"(一个供应链金融领域的复杂合作项目),而不深入涉及具体操作环节。对于某些涉及具体金额但不宜公开的商业交易,若直白地翻译出金额数字,可能会被竞争对手利用,从而抢占市场先机或扰乱企业布局。此时,译者明智的做法是将其译为"a significant amount of business transaction"(一笔重大的商业交易),这种处理方式在满足审计报告基本信息传达需求的同时,如同给企业的商业秘密和敏感信息披上了一层坚固的铠甲,有效保护企业的商业秘密和敏感信息,切实维护企业的合法权益,稳固企业在市场中的地位,进而保障整个市场的稳定有序运行。唯有如此,才能确保审计英语翻译在合规性和保密性方面达到高标准、严要求,助力企业在国际经济舞台上稳健前行。

第二节　审计英语翻译的未来方向探索

一、技术驱动下的翻译模式创新

(一) 智能化翻译平台的构建与应用

随着信息技术的飞速发展,构建智能化审计英语翻译平台已成为未来翻译领域的重要趋势。该平台将整合人工智能、大数据、云计算等前沿技术,实现从文本预处理、术语提取、翻译引擎选择到译文质量评估的全流程自动化,大幅提升翻译效率和一致性,为审计英语翻译带来全新的变革。

在文本预处理阶段,平台将运用自然语言处理技术对输入的审计英语文本进行清洗、分词、词性标注和句法分析等操作,去除文本中的噪声和无关信息,将文本转化为计算机能够理解和处理的结构化数据,为后续的翻译工作奠定基础。例如,对于一份包含大量格式标记和特殊符号的审计报告,平台能够自动识别并清理这些无关元素,提取出纯文本内容,并对其中的专业术语、数字、日期等关键信息进行标注,以便在翻译过程中进行特殊处理,确保这些关键信息的准确翻译。

术语提取是智能化翻译平台的关键环节之一。通过大数据分析和机器学习算法,平台能够对海量的审计英语文本进行深度挖掘,提取出其中的专业术语及其对应的译文,并建立动态更新的术语库。例如,平台可以从历年的国际审计准则、知名审计机构的报告以及各类专业审计文献中收集术语,利用术语提取工具识别出诸如"material misstatement"(重大错报)、"internal control"(内部控制)等术语,并根据其在不同语境中的用法和翻译实例,为每个术语确定准确、规范的译文。同时,平台还能实时监测审计领域的新术语和术语的语义变化,如随着新兴技术在审计中的应用,"blockchain audit"(区块链审计)等新术语不断涌现,平台能够及时捕捉到这些变化,并将新术语及其翻译纳入术语库,确保翻译的时效性和准确性。

翻译引擎选择是智能化翻译平台的核心功能之一。平台将集成多种先进的机器翻译引擎,如基于神经网络的机器翻译引擎、统计机器翻译引擎等,并根据审计英语的语言特点和翻译需求,智能选择最适合的翻译引擎或组合多个引擎进行翻译。例如,对于一些结构较为规范、术语较为常见的审计语句,平台可能选择基于规则的机器翻译引擎,利用其快速准确的术语匹配和句子结构转换能力,生成初步译文;而对于一些语义复杂、语境依赖较强的文本,平台则会调用神经网络机器翻译引擎,借助其强大的语义理解和语言生成能力,对译文进行优化和完善。在翻译过程中,平台还会根据文本的领域、体裁、难度等因素,动态调整翻译引擎的参数和策略,以提高翻译质量。

译文质量评估是确保翻译准确性和可靠性的重要保障。智能化翻译平台将采用多种评估指标和方法,对机器翻译生成的译文进行全面、客观地评估。例如,利用 BLEU (Bilingual Evaluation Understudy)、ROUGE(Recall-Oriented Understudy for Gisting Evaluation)等自动评估指标,从词汇、句法、语义等多个层面衡量译文与参考译文的相似度和准确性;同时,结合人工评估的方式,邀请专业的审计翻译人员对译文的专业性、逻辑性、流畅性等方面进行打分和评价,及时发现和纠正机器翻译中存在的错误和不足。通过不断收集和分析译文质量评估数据,平台能够进一步优化翻译模型和算法,提高翻译质量和性能。

以机器学习算法优化术语推荐功能为例,平台可以利用协同过滤算法,根据用户的历史翻译记录和术语使用习惯,为用户推荐相关的术语和译文。当翻译人员在翻译一份关于财务审计的文本时,平台会自动分析其之前的翻译行为,识别出其在财务审计领域常用的术语和翻译风格,并结合其他具有相似翻译需求的用户的经验,为其推荐如"substantive procedures"(实质性程序)、"audit sampling"(审计抽样)等可能在当前文本中出现的术语及其准确译文,帮助翻译人员提高翻译效率和准确性,减少因术语不熟悉而导致的误译和翻译延迟。

此外,智能化翻译平台还将具备良好的用户交互界面,支持用户对翻译结果进行实时编辑、修改和反馈,平台能够根据用户的反馈信息不断学习和改进,实现与用户的协同进化,为审计英语翻译人员提供更加智能、高效、便捷的翻译工具,推动审计英语翻译行业的快速发展。

(二)计算机辅助翻译工具的深度开发与定制化

针对审计英语的专业性和独特性,未来计算机辅助翻译(CAT)工具的深度开发与定制化将成为提升审计英语翻译质量和效率的关键路径。CAT 工具将充分结合审计领域的专业知识图谱、智能联想、自动纠错等功能,为译者提供更加精准、高效的翻译支持,满足审计英语翻译的特殊需求。

专业领域知识图谱的构建是定制化 CAT 工具的核心任务之一。通过整合审计学、会计学、经济学、法学等多学科知识,知识图谱将审计领域的概念、术语、法规、流程等元素以结构化的方式呈现出来,形成一个庞大而有序的知识网络。例如,在审计流程方面,知识图谱详细展示了从审计计划制订、风险评估、审计证据收集、审计报告撰写到后续审计的全过程,以及每个阶段所涉及的关键任务、文档、人员和技术方法;在术语关系上,不仅明确了"materiality"(重要性)与"financial statements"(财务报表)、"audit risk"(审计风险)等术语之间的语义关联,还展示了其在不同审计准则和法规中的具体应用和解释。当译者在翻译过程中遇到"materiality threshold"(重要性水平)这一术语时,借助知识图谱,CAT 工具能够迅速提供其准确的定义、在审计流程中的作用以及相关的案例和参考译文,帮助译者更好地理解和翻译该术语,确保译文的专业性和准确性。

智能联想功能将极大地提高翻译效率。CAT 工具将根据译者输入的词汇或短语,结合知识图谱和语料库数据,自动联想出可能的后续词汇、短语、句子以及相关的翻译建议。例如,当译者输入"internal control"时,工具会联想出"system"(系统)、"assessment"(评估)、"weakness"(缺陷)等相关词汇,并提供如"internal control system"(内部控制系统)、"assessment of internal control"(内部控制评估)、"internal control weakness"(内部控制缺陷)等常见短语的翻译,同时还能根据上下文语境,推荐合适的句子结构和翻译表达方式。这种智能联想功能能够帮助译者快速构建准确、流畅的译文,减少翻译过程中的停顿和思考时间,提高翻译速度和流畅性。

自动纠错功能是确保译文质量的重要保障。CAT 工具将利用语法检查、拼写检查、术语一致性检查等技术,实时监测译者的输入内容,自动发现并纠正翻译过程中出现的语法错误、拼写错误、术语不一致等问题。例如,当译者将"audit evidence"误译为"auditing evidence"时,工具会立即提示错误,并给出正确的译文;当在同一份审计报告中,译者对"material misstatement"的翻译出现前后不一致的情况时,工具也会及时提醒译者进行统一修正,确保术语翻译的一致性和准确性。此外,自动纠错功能还能对译文的语法结构进行分析和优化,如检查句子的主谓一致、时态一致、语态使用是否正确等,帮助译者避免因语法错误而导致的译文质量下降,提高译文的规范性和可读性。

为了更好地满足审计英语翻译的需求,CAT 工具还将支持多种文件格式的导入和导出,方便译者处理不同类型的审计文档,如审计报告、审计准则、审计合同等;同时,具备团队协作功能,允许多个译者同时在线协作翻译,共享翻译记忆库、术语库和项目资源,实时交流翻译心得和经验,提高团队整体的翻译效率和质量。通过这些深度开发和定制化的功能,CAT 工具将成为审计英语翻译人员不可或缺的得力助手,有力地推动审计英语翻译行业的发展和进步。

(三) 区块链技术在审计翻译中的潜在应用前景

区块链技术凭借其去中心化、不可篡改、可追溯等特性,在审计英语翻译领域展现出广阔的潜在应用前景,有望为审计翻译数据的真实性、可靠性和安全性提供强有力的保障,为跨国审计业务的顺利开展提供坚实的支持。

在审计翻译中,数据的真实性和完整性至关重要。区块链技术的分布式账本结构能够确保翻译过程中的每一个操作和数据变更都被记录在多个节点上,形成一个不可篡改的账本。例如,当一份审计报告被翻译成多种语言时,每一个翻译版本的创建、修改、审核等操作信息,包括翻译人员的身份、操作时间、修改内容等,都将被加密记录在区块链上。这些记录不仅无法被单个节点随意篡改,而且所有的操作历史都清晰可查,从而保证了翻译数据的真实性和完整性,有效规避了数据被恶意篡改或伪造的风险,为审计信息的准确传播和使用提供了可靠的基础。

区块链技术的可追溯性为审计翻译流程的监控和管理提供了便利。通过区块链上的时间戳和哈希指针,每一个翻译环节都能够被精确追溯,从原文的上传、术语提取、翻译执行到译文的审核和发布,整个过程形成一条完整的、可追溯的链条。例如,在跨国审计项目中,一旦发现某个翻译版本存在问题,借助区块链技术,能迅速追溯到问题出现的具体环节和责任人。无论是翻译人员的误译、审核人员的疏漏还是数据传输过程中产生的错误,都能够被精准定位,并查明原因。如此一来,便能及时采取有效的纠正措施,提高审计翻译的质量,提高管理效率,降低审计风险。

基于区块链技术构建的审计翻译档案具有极高的可信度和权威性。该档案可以存储所有经过验证的审计翻译文本、相关的元数据以及翻译过程中的操作记录等信息,这些信息在区块链的加密保护下,具有不可篡改和可追溯的特性,能够为审计业务提供可靠的历史数据参考和证据支持。例如,在国际审计合作中,不同国家的审计机构可以共享基于区块链的审计翻译档案,各方能够放心地引用其中的翻译数据和信息,因为这些数据的真实性和可靠性得到了区块链技术的有效保障,无须担心数据被篡改或信息不准确的问题,从而促进了国际审计交流与合作的顺利进行,提高了全球审计行业的协同效率和信任水平。

此外,区块链技术还可以与智能合约相结合,实现审计翻译业务的自动化执行和管理。例如,在翻译费用支付方面,可以通过智能合约设定翻译任务的完成标准和支付条件,当翻译工作按照约定的质量和时间要求完成后,智能合约将自动触发支付流程,确保翻译人员能够及时获得报酬,同时也提高了支付过程的透明度和安全性,减少了因人为因素导致的纠纷和风险,为审计英语翻译行业的健康发展提供了有力的技术支撑和保障机制。

二 跨学科融合的翻译人才培养

(一) 审计专业知识与英语语言能力的并重培养

在审计英语翻译领域,培养既具备深厚审计专业知识,又精通英语语言技能的复合型人才是未来发展的关键。为此,应设计一套融合审计学原理、财务会计、审计法规与英语语言技能(听说读写译)的综合性课程体系,以满足这一需求。

在课程设置上,应确保审计专业课程与英语课程的有机结合,避免二者的脱节。例如,开设"审计英语专业词汇与术语"课程,专门讲解审计领域中常见的专业词汇、术语及其英语表达方式,通过大量的实例分析和练习,让学生熟练掌握这些专业词汇的准确含义和用法,并能够在实际翻译中灵活运用。同时,设置"审计英语翻译技巧与实践"课程,将审计学原理、财务会计知识与英语翻译技巧相结合,通过分析审计报告、审计法规等真实文本的翻译案例,让学生掌握如何在翻译中准确传达审计专业信息,类似如何处理复杂的财务数据、审计程序描述以及专业术语的语境适应性等问题。

实践教学环节对于培养学生的实际翻译能力至关重要。可以通过案例教学、模拟审计项目等方式,让学生在实际操作中提升审计英语翻译水平。例如,在案例教学中,选取一些具有代表性的国际审计案例,要求学生对其中的审计报告、审计工作底稿、审计函证等文件进行翻译,并针对翻译过程中遇到的问题进行讨论和分析,教师给予及时的指导和反馈,帮助学生加深对审计专业知识和英语翻译技巧的理解和应用。模拟审计项目则可以让学生分组扮演审计人员和翻译人员,按照实际审计流程进行操作,从审计计划的制订、审计证据的收集到审计报告的撰写和翻译,让学生在模拟的真实环境中锻炼审计英语翻译能力,培养团队协作精神和解决实际问题的能力。

在审计报告撰写与翻译课程中,设置真实案例演练环节。选取不同行业、不同类型的企业审计报告,让学生先进行审计报告的撰写,然后将其翻译成英语,最后再将英语译文翻译回中文,通过对比原文和回译后的文本,分析翻译过程中出现的问题和偏差,如词汇选择是否准确、句子结构是否合理、专业术语的翻译是否一致等,从而让学生深刻认识到审计英语翻译的难点和重点,提高翻译的准确性和专业性。通过这样的课程体系和实践教学环节,能够培养出具备扎实审计专业知识和高超英语语言能力的复合型翻译人才,满足审计行业国际化发展对人才的需求。

(二) 引入计算机科学与技术、数学等学科知识

随着信息技术在审计领域的广泛应用,审计英语翻译人才需要具备跨学科知识背景,以应对技术变革带来的挑战。在翻译人才培养中纳入计算机编程、数据库管理、数理统计等知识模块具有重要的现实意义和必要性。

计算机编程知识能够使译者更好地利用各种翻译工具和技术,提高翻译效率和质量。例如,掌握 Python 编程语言可以帮助译者进行文本数据处理和分析,如编写脚本程序自动提取审计英语文本中的术语、统计词汇频率、分析句子结构等,为翻译工作提供有力的数据支持和技术辅助。通过对大量审计英语文本的数据分析,译者可以发现一些常用的术语搭配、句式结构和语言规律,从而更好地理解原文的语义和逻辑,提高翻译的准确性和流畅性。同时,了解数据库管理知识有助于译者有效地管理和利用翻译记忆库、术语库等资源,提高翻译的一致性和复用性。例如,学会使用 SQL 语言对术语库进行查询、更新和维护,能够确保在翻译过程中快速准确地获取术语的标准译法,避免术语翻译的不一致问题,提高翻译效率。

数理统计知识在审计英语翻译中也具有重要作用。在处理审计数据和分析文本特征时,数理统计方法可以提供科学的依据和方法。例如,利用统计分析方法对审计英语文本中的词汇分布、句子长度、语法结构等进行量化分析,译者可以更好地了解文本的难

度和特点,从而合理安排翻译时间和精力,选择合适的翻译策略。在翻译审计报告中的财务数据和统计信息时,数理统计知识能够帮助译者准确理解数据的含义和关系,确保数据翻译的精确性和可靠性。例如,对于涉及数据分析和统计推断的审计内容,译者需要理解相关的数理统计概念和方法,如均值、标准差、相关性分析等。只有这样,才能准确地将其翻译成目标语言,使读者能够正确理解审计报告中的数据信息和分析结论。

在翻译人才培养过程中,可以开设"计算机辅助审计英语翻译技术""审计数据的数理统计分析与翻译"等相关课程,系统地教授学生这些跨学科知识和技能,并通过实际案例和项目实践,让学生将所学知识应用到审计英语翻译中,培养其综合运用多学科知识解决实际问题的能力,使译者能够更好地适应技术变革带来的挑战,提升审计英语翻译的质量和效率,满足审计行业日益增长的技术化和信息化需求。

(三) 跨文化交际能力与国际视野的拓展

在全球经济一体化的背景下,审计英语翻译人才的跨文化交际能力和国际视野的拓展显得尤为重要。为了培养译者的跨文化交际意识和能力,使其熟悉不同国家和地区的审计文化、商业习俗,能够在翻译中进行有效的文化调适,应采取多种方式和途径。

国际交流项目是提升学生跨文化交际能力的重要途径之一。通过与国外高校、审计机构或企业的合作,开展学生交换生项目、短期访学项目或实习项目,让学生亲身融入到不同的文化环境中,直接体验和感受国外的审计文化和商业氛围。例如,学生在国外的审计机构实习期间,可以参与当地的审计项目,与当地的审计人员和客户进行密切的沟通和交流,了解他们的工作方式、思维模式、价值观念以及在审计过程中的文化差异和习惯做法,从而增强对不同文化的敏感度和适应能力,提高跨文化交际能力。在与国外客户沟通审计报告中的风险评估部分时,学生能够根据当地文化习惯,采用合适的表达方式和沟通技巧,准确地传达审计信息,避免因文化差异而导致的误解或沟通障碍。

跨文化培训课程也是必不可少的。这些课程可以系统地介绍不同国家和地区的文化背景知识、审计文化特点、商业礼仪和沟通技巧等内容,帮助学生深入了解文化差异对审计英语翻译的影响,并掌握相应的应对策略。例如,在课程中讲解英美法系和大陆法系下审计文化的差异,以及这些差异在审计报告、审计法规和审计程序中的具体体现,让学生明白在翻译相关文本时应如何进行文化调适和术语转换,以确保译文的准确性和文化适应性。同时,通过案例分析、角色扮演等教学方法,让学生在模拟的跨文化交际场景中练习和运用所学的知识和技能,提高其实际应对能力。

组织学生参与国际审计学术交流会议的翻译实践,是将理论知识与实践相结合的有效方式。在这些会议中,学生可以接触到来自世界各地的审计专家和学者,聆听他们的最新研究成果和观点,同时担任会议的翻译志愿者,为参会者提供翻译服务。在这个过程中,学生不仅能够锻炼自己的翻译能力,还能拓宽国际视野,了解国际审计领域的前沿动态和发展趋势,增强对全球审计文化的认知和理解,从而更好地为审计英语翻译工作服务,促进国际审计领域的交流与合作。

此外,鼓励学生参与国际审计标准制定机构的翻译志愿者活动,也是提升其国际视野和跨文化交际能力的重要途径。学生可以通过翻译国际审计标准和相关文件,深入了解国际审计准则的制定背景、目的和原则,同时与国际审计界的专业人士进行沟通和交流,学习他们的先进理念和实践经验,为推动中国审计行业的国际化发展贡献自己的力量,也为自身的职业发展打下坚实的基础。通过以上多种方式的综合运用,可以有效地培养出具有跨文化交际能力和国际视野的审计英语翻译人才,满足审计行业国际化发展的需求。

三、 面向特定领域与新兴业务的专业化翻译服务

(一)金融审计、内部审计等特定领域的深度专业化

随着经济的发展和金融市场的日益复杂,金融审计在维护金融市场稳定、保障投资者利益等方面发挥着关键作用。针对金融审计中的细分领域,如银行审计、证券审计等,建立专业术语库和翻译规范迫在眉睫。在银行审计中,"loan loss reserve"(贷款损失准备)、"Basel Accord"(巴塞尔协议)等术语具有特定的含义和用法,需要准确无误地进行翻译,以确保国内外金融机构和监管部门之间的有效沟通。

对于证券审计,"insider trading"(内幕交易)、"securities underwriting"(证券承销)等术语的翻译质量直接影响对证券市场违规行为的监管和信息披露的准确性。通过深入研究各金融细分领域的审计流程、风险点和报告特点,译者能够更好地理解原文的语境和意图,从而提供精准、专业的翻译服务。例如,在翻译一份关于银行信贷业务审计的报告时,译者需要熟悉银行信贷审批流程、风险评估模型以及相关的监管要求,准确翻译诸如"credit rating"(信用评级)、"collateral valuation"(抵押品估值)等术语,并根据中文的表达习惯,清晰地呈现审计发现的问题和建议,如"经审计发现,该银行部分贷款的信用评级存在高估现象,抵押品估值方法不符合行业标准,建议重新评估信用评级体系和抵押品估值方法,以降低信贷风险"。

内部审计作为企业内部控制的重要组成部分,对于企业的风险管理和合规运营具有重要意义。在内部审计翻译中,涉及企业的内部管理流程、风险控制措施、绩效评估指标等方面的内容,需要译者深入了解企业的运营模式和内部审计的重点。例如,"internal control self-assessment"(内部控制自我评价)、"risk-based internal audit"(基于风险的内部审计)等术语的翻译,应准确反映其在企业内部审计中的特定含义和作用。同时,对于企业内部制定的审计制度、工作底稿和审计报告等文件的翻译,译者需要遵循企业内部的术语使用习惯和格式要求,确保译文能够在企业内部有效传达审计信息,为企业管理层提供准确的决策依据,如"本次内部审计发现,公司的采购流程存在内部控制缺陷,部分采购订单未经过严格的审批程序,建议加强采购流程的内部控制,完善审批制度,以提

高采购效率和降低采购风险"。

通过对金融审计和内部审计等特定领域的深度专业化研究和翻译实践,能够提高审计英语翻译的针对性和专业性,满足不同领域对审计信息准确传递的需求,促进金融市场和企业的健康发展,为国际经济合作和交流提供有力的语言支持。

(二) 数字化审计、区块链审计等新兴业务的翻译跟进

在当今数字化浪潮的推动下,审计行业正经历着深刻的变革,数字化审计工具的广泛应用和区块链技术在审计中的逐步渗透,为审计工作带来了新的机遇和挑战,也对审计英语翻译提出了更高的要求。

数字化审计借助先进的数据分析软件、人工智能算法和自动化审计平台,实现了对海量数据的快速处理和精准分析,大大提高了审计效率和准确性。在这个过程中,涌现出了许多新的审计术语和概念,如"data analytics in auditing"(审计中的数据分析)、"automated audit procedures"(自动化审计程序)、"digital audit trail"(数字化审计轨迹)等。这些术语的翻译需要译者紧跟技术发展的步伐,及时了解其在审计实践中的应用场景和技术原理,确保译文能够准确传达其含义。例如,"digital audit trail"指的是通过数字化技术记录和跟踪审计过程中产生的所有数据和操作痕迹,以便于审计人员进行追溯和验证。在翻译时,译者应将其译为"数字化审计轨迹",并可适当加注解释其在数字化审计中的作用和重要性,如"数字化审计轨迹"(通过数字化手段记录审计过程中的数据和操作记录,为审计的追溯和验证提供依据),使读者能够更好地理解这一新兴概念。

区块链技术以其去中心化、不可篡改、可追溯等特性,为审计的真实性、可靠性和安全性提供了有力保障,逐渐在审计领域得到应用和推广,"blockchain audit"(区块链审计)、"smart contract audit"(智能合约审计)等新术语应运而生。翻译这些术语时,译者不仅要准确翻译其字面意思,还需深入研究区块链技术在审计中的具体应用方式和特点,以便在译文中准确传达其技术内涵。例如,"smart contract audit"涉及对基于区块链的智能合约代码进行审查,以确保其符合法律法规、业务逻辑和安全标准。译者在翻译时,可译为"智能合约审计"(对区块链上的智能合约代码进行审查,以保障其合法性、逻辑性和安全性)。通过这样的翻译和注释,帮助读者理解智能合约审计的关键要点和技术背景,促进区块链审计技术在国际范围内的交流与合作。

为了更好地跟进新兴审计业务的发展,译者应积极关注国际审计领域的前沿动态和技术创新成果,加强与行业专家、技术人员的交流与合作,深入学习数字化审计和区块链审计等新兴技术的原理、应用和发展趋势,不断更新自己的知识体系,提高对新兴审计术语和概念的翻译能力,为新兴审计业务的国际交流与合作搭建畅通的语言桥梁,推动审计行业在数字化时代的创新发展。

第三节　应对审计英语翻译挑战的策略与建议

一、加强翻译技术研发与安全保障

（一）产学研合作推动翻译技术创新

在当今全球化和数字化的时代背景下，审计英语翻译技术的创新发展对于提升审计工作的效率和质量、促进国际审计交流与合作具有至关重要的意义。为了加速这一领域的技术进步，倡导高校、科研机构与翻译企业加强产学研合作是关键举措。

高校作为知识创新和人才培养的重要基地，拥有丰富的学术资源和科研实力。例如，国内顶尖的外语院校和综合性大学的语言学、计算机科学等相关专业，可以开展针对审计英语语言特点的深入研究，从词汇、句法、语篇等多个层面剖析其独特的语言结构和语义表达，为翻译技术的算法优化提供坚实的理论基础。同时，高校还能培养出既具备扎实的英语语言功底和翻译技能，又掌握计算机技术和审计专业知识的复合型人才，为翻译技术的研发和应用注入新鲜血液。

科研机构则在前沿技术探索和应用研究方面具有独特优势。例如，专业的人工智能研究院所可以专注于开发更先进的机器翻译算法，针对审计英语中复杂的专业术语和句式结构，通过深度学习和自然语言处理技术，提高机器翻译的准确性和语义理解能力。它们还可以研究如何利用大数据分析技术，对海量的审计英语文本进行挖掘和分析，提取出有价值的语言模式和翻译规律，为翻译记忆库和术语库的优化提供数据支持，从而进一步提升翻译效率和质量。

翻译企业作为市场的直接参与者，对实际翻译需求有着敏锐的洞察力和丰富的实践经验。它们能够将高校和科研机构的研究成果与市场需求紧密结合，通过实际项目的应用和反馈，推动技术的不断改进和完善。例如，知名的翻译企业可以与高校、科研机构合作，建立联合研发实验室，共同开展翻译技术的应用研究和产品开发。在合作过程中，企业可以提供真实的审计英语翻译项目案例，让研究人员深入了解实际翻译工作中的痛点和难点问题，从而有针对性地进行技术研发和创新。同时，企业还可以利用自身的市场渠道和客户资源，对研发出的翻译技术产品进行推广和应用，加速技术成果的转化和落地，实现产学研三方的互利共赢，共同推动审计英语翻译技术的创新发展，为审计行业的国际化发展提供有力的技术支撑。

（二）建立健全翻译技术安全标准与监管机制

随着审计英语翻译技术的广泛应用，尤其是在云计算、大数据等技术环境下，数据的安全与隐私保护成为至关重要的问题。为了确保审计英语翻译过程中的数据安全,建立健全严格的翻译技术安全标准和规范,并加强对翻译技术服务提供商的监管是必不可少的措施。

在数据加密方面,应采用先进的加密算法,如 AES、RSA 等,对审计英语翻译过程中涉及的所有数据进行加密处理,包括原文、译文、术语库、翻译记忆库等。无论是在数据传输过程中,还是在云端存储或本地存储时,都要确保数据处于加密状态,防止数据被窃取或篡改。例如,当企业将审计报告提交给翻译服务提供商进行翻译时,数据在网络传输过程中应通过安全套接层/传输层安全(SSL/TLS)协议进行加密,确保数据的机密性和完整性,防止黑客在传输途中截获并窃取敏感信息。

访问控制是保障数据安全的重要环节。翻译技术服务提供商应建立完善的用户身份验证和权限管理系统,采用多因素身份验证方式,如密码、短信验证码、指纹识别等,确保只有经过授权的人员才能访问特定的审计英语翻译数据和资源。根据用户的角色和职责,分配不同的权限级别。例如,翻译人员只能访问和编辑与自己负责的翻译任务相关的数据,而管理人员则具有更高的权限,可以查看和管理整个项目的翻译数据,但不能随意修改翻译人员已经完成的译文,以防止数据被误操作或恶意篡改。

漏洞检测也是保障翻译技术安全的关键措施之一。翻译技术服务提供商应定期对其系统进行安全漏洞扫描和检测,及时发现并修复潜在的安全隐患,如软件漏洞、网络漏洞、系统配置错误等。例如,每月进行一次全面的漏洞扫描,使用专业的漏洞扫描工具,对服务器、操作系统、应用程序等进行全面检测,及时发现并修复可能存在的安全漏洞,确保系统的安全性和稳定性。同时,要密切关注国内外安全机构发布的安全漏洞信息,及时更新系统的安全补丁,防止黑客利用已知漏洞进行攻击。

为了加强对翻译技术服务提供商的监管,政府相关部门应制定严格的行业准入标准和监管制度,对提供商的技术实力、安全措施、人员资质等进行全面审查和评估。只有符合安全标准的提供商才能获得从事审计英语翻译服务的资格,并且在运营过程中,要定期接受监管部门的检查和监督,确保其持续遵守安全标准和规范。对于违反安全规定的提供商,应给予严厉的处罚,如罚款、暂停或吊销营业执照等。通过这些措施,促使其加强数据安全管理,保障审计英语翻译过程中的数据安全和隐私保护,防范技术风险,从而为审计行业的健康发展提供可靠的技术环境。

二、 促进跨文化交流与合作

(一)国际审计组织与翻译行业协会的协同合作

在全球审计领域日益融合的背景下,推动国际审计组织(如 IFAC)与翻译行业协会(如 FIT)建立常态化的合作机制具有重要意义。通过这种合作,可以汇聚双方的专业资源和优势,共同开展一系列旨在提升审计英语翻译质量和标准化水平的工作。

在国际审计英语翻译标准制定方面,双方可以联合成立专家委员会,邀请审计领域的专业人士和资深翻译专家共同参与,深入研究审计英语的语言特点、专业术语的准确译法以及不同文化背景下的翻译规范。例如,对于"materiality"这一关键术语,在充分考虑其在审计学中的专业内涵以及在不同国家和地区的理解差异后,制定出统一、准确且具有权威性的译法,并将其纳入国际审计英语翻译标准中,为全球范围内的审计英语翻译提供明确的指导,避免因术语翻译不一致而导致的沟通障碍和误解。

术语统一工作也是合作的重点之一。国际审计组织和翻译行业协会可以共同建立一个涵盖广泛、更新及时的审计英语术语库,收集和整理全球范围内的审计专业术语及其多种语言的对应译文。通过定期的交流和协商,对术语库中的内容进行审核和优化,确保术语的翻译在不同地区和文化背景下保持一致。例如,对于新兴的审计技术和概念,如"blockchain audit"(区块链审计),及时确定其标准译法,并在术语库中进行更新和推广,使全球的审计人员和翻译人员都能使用统一的术语,提高审计信息的传播效率和准确性。

翻译人才认证是保障审计英语翻译质量的重要环节。双方可以合作制定审计英语翻译人才认证体系,明确认证的标准、流程和考核内容。通过设立专门的认证考试,对翻译人员的审计专业知识、英语语言能力、翻译技巧以及跨文化交际能力等进行全面评估,为通过认证的人员颁发具有国际认可度的审计英语翻译资格证书。这不仅有助于提高审计英语翻译人员的专业水平和职业素养,还能为企业和机构在选择翻译服务时提供可靠的参考依据,促进审计英语翻译市场的规范化和专业化发展,推动全球审计英语翻译行业的整体进步。

(二)文化交流活动在审计翻译中的积极作用

文化交流活动在审计英语翻译领域具有重要的积极作用,能够为审计人员和翻译人员提供宝贵的交流互动平台,有效增进他们对不同文化背景下审计理念和语言表达的理解,从而显著提升跨文化交际能力,优化审计英语翻译效果。

国际审计文化交流活动可以采取多种形式,如举办国际审计论坛、研讨会、学术讲座等,邀请来自不同国家和地区的审计专家、学者、从业人员以及翻译人员共同参与。在这些活动中,参与者可以分享各自国家和地区的审计文化特点、实践经验以及语言习惯等方面的信息,促进相互之间的了解和学习。例如,在国际审计论坛上,一位来自美国的审计专家可以介绍美国审计文化中对内部控制的高度重视以及在审计报告中对内部控制评价的独特表达方式,而一位中国的翻译人员则可以借此机会深入了解美国审计文化背景下这些专业概念和表达方式的内涵,从而在翻译涉及美国审计报告的相关内容时,能够更加准确地传达原文的意思,避免因文化差异而导致的误译。

翻译工作坊也是一种非常有效的文化交流形式。在翻译工作坊中,审计人员和翻译人员可以共同参与实际的审计文本翻译项目,针对翻译过程中遇到的文化难点和语言问题进行深入讨论和交流。例如,在翻译一份英国企业的审计报告时,工作坊的参与者可能会对"true and fair view"这一具有英国审计文化特色的术语产生疑问,此时,具有英国审计背景的专业人士可以详细解释该术语在英国审计准则中的具体含义、应用场景以及所蕴含的审计理念,翻译人员则可以根据这些解释,结合中文的表达习惯,探讨出最恰当的译文,并在交流过程中学习到如何处理类似具有文化内涵的术语,提高自身的跨文化翻译能力。

通过这些文化交流活动,审计人员和翻译人员能够拓宽视野,增强对不同文化背景下审计理念和语言表达的敏感度,在翻译过程中更加注重文化因素的考量,灵活运用各种翻译策略,如注释法、意译法、替换法等,使译文更加准确、流畅、自然,符合目标语读者的文化习惯和阅读需求,从而有效提升审计英语翻译的质量和效果,促进国际审计业务的顺利开展和审计文化的交流与融合。

(三)完善翻译人才培养体系与继续教育机制

1. 优化高校翻译专业课程设置与教学方法

高校作为审计英语翻译人才培养的重要阵地,应紧密结合审计英语翻译的实际需求,对翻译专业课程设置进行优化,并积极探索创新教学方法,以培养出适应市场需求的高素质翻译人才。

在课程设置方面,应增加审计专业课程的比重,使学生在掌握英语语言技能的同时,深入学习审计学原理、财务会计、审计法规等专业知识。例如,开设"审计学基础"课程,系统讲解审计的基本概念、目标、流程和方法,让学生了解审计工作的整体框架和核心要点;设置"财务会计与审计英语"课程,将财务会计知识与英语翻译相结合,重点教授财务报表、会计凭证、账簿等审计对象的英语表达方式和翻译技巧,使学生能够准确翻译各类财务数据和会计信息;开设"审计法规与职业道德"课程,介绍国内外审计法规的主要内容和审计人员的职业道德规范,培养学生的法律意识和职业操守,确保在翻译审计法规文件时能够准确传达法律条文的含义和要求。

为了提高学生的实践能力和创新思维,高校应采用多样化的创新教学方法。项目驱动式教学是一种有效的方式,教师可以组织学生参与真实的审计项目翻译实习,将学生分成小组,每个小组负责一个具体的审计项目翻译任务,如翻译一家企业的年度审计报告或审计工作底稿。在项目实施过程中,学生需要运用所学的审计专业知识和英语翻译技能,完成从术语翻译、句子结构分析到语篇逻辑梳理的全过程,教师则在一旁给予指导和监督,及时解答学生遇到的问题。通过这种方式,学生能够在实际操作中提升翻译能力,积累审计英语翻译经验,培养团队协作精神和解决实际问题的能力。

沉浸式教学也是一种值得推广的教学方法。高校可以创建模拟审计工作环境的语言实验室,在实验室中摆放审计报告、审计法规文件、财务报表等真实的审计资料,营造出浓厚的审计工作氛围。教师在教学过程中,引导学生在这种环境中进行审计英语的听说读写译训练,让学生仿佛置身于真实的审计工作场景中,增强学生对审计英语的语感和实际运用能力。例如,教师可以模拟审计会议的场景,让学生扮演审计人员和翻译人员,进行审计业务的讨论和翻译,使学生在实践中提高审计英语的交流和翻译能力,更好地适应未来的工作需求。

2. 构建翻译从业人员的继续教育与职业发展平台

对于翻译从业人员而言,继续教育和职业发展至关重要。行业协会和企业应紧密合作,共同搭建翻译从业人员的继续教育平台,为其提供丰富多样的学习机会和职业发展支持,以适应审计英语翻译领域不断变化的市场需求和技术发展趋势。

行业协会和企业应定期举办审计英语翻译培训课程,邀请行业内的资深专家、学者和经验丰富的翻译人员担任讲师,针对审计英语翻译中的热点难点问题、新技术应用、新法规解读等内容进行深入讲解和培训。例如,开设"大数据时代的审计英语翻译技巧与策略"培训课程,介绍如何利用大数据分析工具处理海量审计文本数据,提高翻译效率和准确性;举办"区块链技术在审计翻译中的应用"研讨会,探讨区块链技术的原理、特点以及对审计翻译数据安全和真实性的保障作用,帮助翻译人员掌握新兴技术在审计英语翻译中的应用方法和技巧。

学术讲座也是继续教育平台的重要组成部分。邀请国内外知名的审计专家和翻译学者举办学术讲座,分享最新的审计理论与实践成果、翻译研究动态以及跨文化交际在审计英语翻译中的应用等前沿知识,拓宽翻译人员的学术视野和思维方式。例如,邀请国际知名审计机构的专家介绍国际审计准则的最新变化和发展趋势,以及这些变化对审计英语翻译的影响,使翻译人员能够及时了解行业动态,更新知识储备,为准确翻译国际审计文件提供有力支持。

为了满足翻译人员的不同学习需求和时间安排,继续教育平台应开展线上线下相结合的培训模式。线上培训可以利用网络平台,提供丰富的学习资源,如在线课程、电子书籍、翻译论坛等,方便翻译人员随时随地进行学习和交流。线下培训则可以通过举办集中授课、工作坊、案例分析等活动,为翻译人员提供面对面的交流和实践机会,增强学习效果。例如,开展线上的审计英语翻译术语打卡学习活动,每天推送一定数量的专业术语及其翻译示例,供翻译人员学习和记忆;定期组织线下的审计英语翻译工作坊,选取具有代表性的审计翻译案例,让翻译人员分组进行讨论和翻译实践,然后由专家进行点评和指导,提高翻译人员的实际操作能力和问题解决能力。

此外,行业协会和企业还应建立翻译人员的职业发展档案,记录其参加继续教育的情况和职业成长轨迹,为其职业晋升和资质认证提供依据和支持。通过完善的继续教育与职业发展平台,翻译从业人员能够不断提升自身的专业素养和综合能力,在审计英语翻译领域实现自身的职业价值和发展目标,为审计行业的国际化发展提供坚实的人才保障。

第四节　结论与展望

一　研究结论总结

本研究对审计英语翻译的未来方向及挑战进行了全面、深入的探讨,得出以下重要结论:

在技术层面,大数据、人工智能、云计算和区块链等技术的迅猛发展给审计英语翻译带来了前所未有的机遇与挑战。一方面,这些技术为翻译效率和质量的提升提供了强大的工具和手段,如智能化翻译平台的构建、计算机辅助翻译工具的深度开发以及区块链技术对翻译数据真实性和安全性的保障;另一方面,也引发了诸如数据处理能力不足、语义理解不准确、语境适应困难以及数据安全风险等新问题,要求翻译人员不断提升自身的技术素养和应对能力,同时也需要加强技术研发与安全保障措施的制定和实施。

从文化角度来看,全球经济一体化背景下,不同国家和地区的审计文化差异显著,语言文化障碍在跨国审计业务中频繁出现,给审计英语翻译带来了巨大挑战。译者需要充分认识到文化因素在审计英语翻译中的重要性,深入了解不同审计文化的内涵和特点,灵活运用文化适应性翻译策略,如注释法、意译法、替换法等,以确保译文能够准确传达原文的审计信息,避免因文化误读而导致的翻译偏差,促进国际审计交流与合作的顺利进行。

随着审计行业的不断发展以及法规政策的持续变化,审计英语翻译也面临着诸多新的挑战。审计行业新准则、新规范的频繁更新,对翻译的时效性和准确性提出了更高要求;企业可持续发展与社会责任审计的兴起,带来了一系列新的专业术语和概念,增加了翻译的难度;合规性与保密性要求的严格约束,要求译者在翻译过程中必须严格遵守法律法规和行业规范,确保敏感信息的安全和保密。

为应对这些挑战,本研究提出了一系列针对性的策略和建议。在技术研发方面,应加强产学研合作,推动翻译技术的创新发展,同时建立健全翻译技术安全标准与监管机制,确保翻译数据的安全与隐私保护。在跨文化交流与合作方面,国际审计组织与翻译行业协会应协同合作,共同制定审计英语翻译标准和规范,统一术语,开展翻译人才认证工作;积极举办文化交流活动,如国际审计论坛、翻译工作坊等,为审计人员和翻译人员提供交流互动的平台,增进对不同文化背景下审计理念和语言表达的理解,提升跨文化交际能力,优化审计英语翻译效果。在翻译人才培养体系与继续教育机制方面,高校应优化翻译专业课程设置,增加审计专业课程比重,采用多样化的创新教学方法,如项目驱动式教学、沉浸式教学等,培养既具备扎实英语语言功底和翻译技能,又掌握审计专业知识的复合型人才;行业协会和企业应共同构建翻译从业人员的继续教育与职业发展平台,通过定期举办培训课程、学术讲座,开展线上线下相结合的培训模式,建立职业发展档案等措施,为翻译人员提供持续学习和职业晋升的机会,使其能够不断适应审计英语翻译领域的发展变化,提升专业素养和综合能力。

展望未来,审计英语翻译将朝着更加智能化、专业化、跨文化融合的方向发展。随着技术的不断进步,智能化翻译平台将不断完善,计算机辅助翻译工具将更加精准和高效,区块链技术将在保障翻译数据真实性和安全性方面发挥更大作用,为审计英语翻译提供更加可靠的技术支持。跨学科融合的翻译人才培养模式将逐渐成熟,培养出更多具备审计专业知识、英语语言能力、计算机技术和跨文化交际能力的复合型人才,满足审计行业日益增长的国际化需求。同时,面向特定领域和新兴业务的专业化翻译服务将不断深化,如金融审计、内部审计、数字化审计、区块链审计等领域的翻译将更加精准和专业,为审计行业的创新发展提供有力的语言保障。此外,国际间的审计英语翻译合作将更加紧密,通过共同制定翻译标准、开展文化交流活动等方式,促进全球审计文化的交流与融合,推动国际审计事业的协同发展。

总之,审计英语翻译在未来的发展中机遇与挑战并存,需要翻译人员、行业机构、高校以及科研机构等各方共同努力,积极应对挑战,把握发展机遇,不断提升审计英语翻译的质量和水平,为全球审计事业的发展做出更大贡献。

二、 对未来研究的展望

随着审计英语翻译领域的不断发展,未来仍有诸多值得深入探究的方向。一方面,新兴技术在翻译实践中的深度融合与应用将持续成为研究热点。例如,如何进一步优化人工智能翻译算法,使其能够更精准地理解和处理审计英语中的复杂语义和专业语境,减少对人工后编辑的依赖;如何利用大数据分析技术挖掘更多隐藏在海量审计文本中的语言规律和翻译模式,为翻译决策提供更智能、更科学的支持;以及如何拓展区块链技术在审计翻译中的应用场景,不仅局限于数据安全和可追溯性方面,还可探索其在翻译流程自动化、版权保护等领域的创新应用,这些都是未来研究的重要课题。

另一方面,跨文化翻译理论在审计领域的创新发展亟待加强。深入研究不同文化背景下审计理念、方法和术语的差异及其对翻译的影响,构建更加系统、完善的跨文化审计英语翻译理论体系,为译者提供更具针对性和指导性的理论框架。例如,如何在翻译中更好地处理文化负载词、文化隐喻以及具有地域特色的审计概念,如何通过翻译促进不同审计文化之间的交流与融合,这些问题需要进一步的理论探索和实证研究。

此外,翻译质量评估体系的完善也是未来研究的关键方向之一。目前的翻译质量评估方法在审计英语这一专业领域的适用性和有效性仍有待提高,未来的研究可致力于开发更加科学、全面、符合审计行业特点的翻译质量评估指标和模型,综合考虑语言准确性、专业性、逻辑性、文化适应性以及与审计准则和法规的符合性等多个维度,实现对审计英语翻译质量的客观、准确评估,从而为翻译实践的改进和翻译人才的培养提供有力的依据和指导。

相信随着这些研究方向的不断深入和拓展,审计英语翻译将在理论和实践上取得更大的突破和发展,为全球审计行业的交流与合作提供更加坚实的语言支撑,推动审计事业在国际化进程中不断前行。

附　录

审计英语常用术语对照表

以下是一些常见的审计英语术语及其中文对照，帮助理解审计翻译中的专业术语。此对照表涵盖了审计领域的核心概念，包含财务审计、内部控制、审计报告等内容。

一、 财务审计（Financial Audit）

英文术语	中文对照
Financial Statement	财务报表
Balance Sheet	资产负债表
Income Statement	损益表
Cash Flow Statement	现金流量表
Audit Opinion	审计意见
Audit Report	审计报告
Audit Evidence	审计证据
Material Misstatement	重大错报
Financial Reporting	财务报告
Audit Risk	审计风险
Audit Procedure	审计程序
Analytical Procedure	分析程序
Sampling	抽样审计
Test of Control	控制测试

二、 内部控制（Internal Control）

英文术语	中文对照
Internal Control	内部控制
Control Environment	控制环境
Segregation of Duties	职责分离
Control Activities	控制活动
Risk Assessment	风险评估

英文术语	中文对照
Monitoring of Controls	控制监控
Control Deficiency	控制缺陷
Control Risk	控制风险
Design of Controls	控制设计
Implementation of Controls	控制实施
Preventive Controls	预防性控制
Detective Controls	侦测性控制
Corrective Controls	更正性控制
Automated Controls	自动化控制

三、审计报告（Audit Report）

英文术语	中文对照
Unqualified Opinion	无保留意见（无异议意见）
Qualified Opinion	保留意见
Adverse Opinion	否定意见
Disclaimer of Opinion	无法表示意见
Management's Responsibility	管理层责任
Auditor's Responsibility	审计师责任
Scope of Audit	审计范围
Audit Conclusion	审计结论
Opinion Paragraph	意见段落
Emphasis of Matter Paragraph	事项强调段落
Auditor's Signature	审计师签名

四、审计程序与方法（Audit Procedures and Methods）

英文术语	中文对照
Substantive Procedures	实质性程序
Test of Transactions	交易测试

续表

英文术语	中文对照
Compliance Testing	合规性测试
Control Testing	控制测试
Inquiry	询问
Inspection	检查
Observation	观察
Confirmation	确认
Recalculation	重新计算
Reperformance	重新执行
Analytical Procedures	分析程序

五、 审计风险与证据（Audit Risk and Evidence）

英文术语	中文对照
Audit Risk	审计风险
Inherent Risk	固有风险
Control Risk	控制风险
Detection Risk	发现风险
Sufficient and Appropriate Evidence	足够和适当的证据
Evidence Gathering	证据收集
Reliability of Evidence	证据的可靠性
External Confirmation	外部确认
Audit Sampling	审计抽样

六、 审计管理（Audit Management）

英文术语	中文对照
Audit Plan	审计计划
Audit Strategy	审计策略
Audit Program	审计方案
Engagement Letter	委托函

英文术语	中文对照
Risk-Based Approach	基于风险的方法
Materiality	重要性
Audit Team	审计团队
Audit Schedule	审计进度表
Follow-up	后续跟进
Audit Documentation	审计文件

七、其他常用术语（Other Common Terms）

英文术语	中文对照
Going Concern	持续经营
Audit Opinion Types	审计意见类型
Internal Audit	内部审计
External Audit	外部审计
Auditor's Independence	审计师独立性
Financial Fraud	财务欺诈
Audit Working Paper	审计工作底稿
Board of Directors	董事会
Audit Committee	审计委员会
Financial Audit	财务审计
Risk of Material Misstatement	重大错报风险
Audit Objective	审计目标
Audit Period	审计周期
Pre-Audit	预审计
Post-Audit	后续审计
Audit Findings	审计发现
Internal Audit Report	内部审计报告
External Audit Report	外部审计报告
Audit Program Design	审计程序设计
Audit Confirmation	审计确认函
Audit Adjustment	审计调整

英文术语	中文对照
Verification	核实
Compliance Audit	合规性审计
Performance Audit	性能审计
Risk Management	风险管理
Subsidiary	子公司
Parent Company	母公司
Related Party Transaction	关联方交易
Financial Reporting Framework	财务报告编制
Capitalization	资本化
Accrual Basis	权责发生制
Audit Methodology	审计方法
Contract Audit	合同审计
Tax Audit	税务审计
Tax Planning	税收筹划
Contract Performance	合同履行
Valuation	估值
Audit Test	审计抽查
Financial Control	财务控制
Expected Loss	预期损失
Audit Deficiency	审计缺陷
Supervisory Management	监督管理
Statutory Audit	法定审计
Fraud	非法行为
Accounting Standards	会计准则
Generally Accepted Accounting Principles(GAAP)	美国公认会计准则
Account Examination	账目审查
Fund Management	资金管理
Disclosure of Audit Opinion	审计意见披露
Independence	独立性
Accounting Policies	会计政策
Financial Audit Compliance	财务审计合规性
Accounting Statement Audit	会计报表审计

英文术语	中文对照
Accept-Reject Testing	受-拒测试
Acceptance & Continuance ("FRISK") or ("A&C")	业务承接与续约
Accounting Adjustment	会计调整
Accounting Estimate	会计估计
Accounting Policies	会计政策
Adjusting Journal Entry	调整分录
Alternative Procedure	替代程序
Application Control	应用控制
Assurance Risk Management (ARM)	鉴证风险管理
Audit Comfort Cycle (ACC)	审计信赖循环
Audit Comfort Matrix (ACM)	审计信赖矩阵
Audit Response	审计应对（措施）
Authorisation，Completeness，Appropriateness，Accuracy，Validation，Validity	授权、完整性、适当性、准确性、确证性、有效性
Authorization	授权
Business Analysis Framework	业务分析框架
Business Objective	经营目标
Business Performance Review	业绩复核
Business Process	业务流程
Business Rationale	商业理由
Business Risk	经营风险
Business Unit	经营单位
Cash Flow Forecast	现金流量预测
Compensating Control	补偿性控制
Completeness，Accuracy，Occurrence/Existence，Cut-off，Valuation/Allocation，Rights and Obligation，Classification	完整性、准确性、发生/存在、截止、计价/分摊、权利和义务、分类
Completeness，Accuracy，Validity and Restricted Access (CAVR)	完整性、准确性、有效性、权限限制
Complex System	复杂系统
Computer-Assisted Auditing Techniques	计算机辅助审计技术
Confirmation	函证
Consolidation	合并

英文术语	中文对照
Contingent Liabilities	或有负债
Critical Matter / Significant Matter	关键事项 / 重大事项
Cross Reference	交叉索引
Cumulative Audit Knowledge and Experience (CAKE)	审计知识和经验积累
Cycle Count	循环盘点
Direction，Supervision and Review	指导、监督与复核
Disclosure Checklist	披露事项核对表
Element of Unpredictability	不可预见性因素
Engagement Leader	项目负责人
Enquiry	询问
Estimated Misstatement	估计误差
Examination	检查
Exception	偏差/例外
Expectation	预期（值）
Fair Value	公允价值
Final Analytical Procedure	总体分析程序
Financial Statement Assertion	财务报表认定
Flowchart	流程图
Fraud Risk	舞弊风险
Fraudulent Financial Reporting	虚假财务报告列报
General Ledger	总账
Group Audit Instruction	集团审计指令
Information and Communication	信息系统与沟通
Information Processing Objective	信息处理目标
Information Technology General Control	信息技术一般控制
Initial Audit Engagement	首次接受审计委托
Initiate，Process，Record and Report	生成、处理、记录和报告
Inspection of Records and Documents	检查记录或文件
Inspection of Tangible Assets	检查实物资产
Integrity of Management	管理层的诚信
Journal Entries	分录
Key Control	关键控制

英文术语	中文对照
Key Risk	特别风险
Kick off Meeting	审计项目启动会议
Laws and Regulations	法律法规
Lead Schedule	科目主要明细表
Level of Assurance	保证程度
Listed Entities	上市企业/单位/公司
Management Override of Controls	管理层凌驾于控制之上
Management Report	管理层报告
Management Representation	管理层声明
Management Unit	经营管理单位
Material Weakness	重大缺陷
Misappropriation of Assets	侵占资产
Mobilisation	启动
Notes to the Financial Statements	财务报表附注
Observation of Stock Take	存货监盘
Opening Balance	期初余额
Operating Effectiveness of Controls	控制运行的有效性
Organisational Matrix	结构矩阵
Overall Materiality，Planning Materiality	总体重要性水平，计划设定的重要性水平
Population	（样本）总体
Predecessor Auditor (Previous Auditor)	前任审计师
Preliminary Analytical Procedure	初步分析程序
Professional Judgement	职业判断
Professional Scepticism	职业怀疑态度
Profit Management	利润操纵
Programmes and Control	程序及控制
Project Plan	项目计划
Project Manager	项目经理
Projected Misstatement	推断误差
Provision	准备
Public Interest Entities	公众利益企业（单位）
PwC Audit Guide	普华永道审计指南

续表

英文术语	中文对照
Quality Review Partner	质量审核合伙人
Reasonable Assurance	合理保证
Recalculation / Re-computation	重新计算
Reconciliation	调节（表）
Related Party	关联方
Re-performance	重新执行
Required Step	必须执行步骤
Revenue Recognition	收入确认
Rotation	轮换
Sample Size	样本规模
Sampling Method	抽样方法
Sampling Risk	抽样风险
Sampling Unit	抽样单元
Scope Limitation (Limitation on Scope)	审计范围受限制
Statement of Permitted Services(SOPS)	允许提供的服务范围表
Scoping，Understanding，Evaluating and Validating	确定范围、了解、评估、验证
Segregation of Duties	职责分离
Service Organisation	服务机构
Show Me Meeting	（审计)取证会议
Specialist	专家
Standing Data	常备数据
Statistical Sampling / Non-statistical Sampling	统计抽样 / 非统计抽样
Stratification	分层
Subsequent Event	期后事项
Substantive Analytical Procedure	实质性分析程序
Substantive Test	实质性测试
Successor Auditor	后任审计师
Sufficient and Appropriate Audit Evidence	充分适当的审计证据
Summary of Comfort	审计信赖汇总（表)
Summary of Unadjusted Differences	未更正差错汇总
Supporting Engagement Team	项目支援小组
Systems and Process Assurance (SPA)	系统与流程管理

英文术语	中文对照
Taking Stock / Progress Meeting	审计进展小结会
Targeted Testing	针对性测试
Team Manager	项目经理
Test of Details	细节测试
Testing of Accounts	对账户的测试
Those Charged with Governance	治理层
Tolerable Misstatement	可容忍误差
Transactions，Balances and Disclosure	交易、账户余额和列报
Walk Through	穿行测试
Working Paper	工作底稿

  这些术语涵盖了审计工作中的重要概念和过程,适用于财务审计、内部控制评估、审计报告的撰写等多个领域。理解和掌握这些术语对于从事审计工作的人员,尤其是在进行审计英语翻译时,具有重要的参考价值。

主要参考文献

[1] 黄丽娜. 审计英语词汇与术语[M]. 北京：经济科学出版社，2015.

[2] 高飞. 审计翻译实务与技巧[M]. 北京：外语教学与研究出版社，2012.

[3] 李娜. 翻译理论与审计英语应用[M]. 北京：清华大学出版社，2018.

[4] 周建民，刘涛. 审计英语:理论与实践[M]. 北京：人民邮电出版社，2017.

[5] 李小光. 国际审计准则与翻译技巧[M]. 北京：中国财政经济出版社，2014.

[6] 钱华，张琳. 审计与会计英语词典[M]. 上海：上海译文出版社，2016.

[7] 王晓玲. 审计报告英语写作与翻译[M]. 北京：北京大学出版社，2019.

[8] 中国注册会计师协会. 审计英语手册[M]. 北京：中国财政经济出版社，2011.

[9] 王庆，朱丽. 会计与审计英语翻译实务[M]. 上海：复旦大学出版社，2020.

[10] 孙鹏. 英语翻译与审计实务[M]. 北京：经济管理出版社，2014.

[11] 朱绍华. 翻译学概论[M]. 上海：上海外语教育出版社，2011.

[12] 刘金星. 国际财务报告准则(IFRS)与审计准则[M]. 北京：中国财政经济出版社，2013.

[13] 张宏国. 审计英语的语言特点及翻译策略[J]. 铜陵职业技术学院学报，2015,14(3):47-50.

[14] 孙艳. 审计英语的语言特征与翻译策略[J]. 劳动保障世界，2016(6):70-71.

[15] 沈传海. 审计英语的语言特点及其汉译策略[J]. 淮北职业技术学院学报，2015(2):55-58.

[16] 陈金中. 审计英语语言特点及翻译策略[J]. 江西金融职工大学学报，2014(4):38-40.

[17] 吴小敏. 商务英语写作教学中运用多媒体计算机的探讨[J]. 湖南医科大学学报(社会科学版)，2010,12(2):201-202.

[18] 唐恒. 商务英语中的委婉表达分析[J]. 现代商贸工业，2010,22(9):214-215.

[19] 毕鹏，田丽开. 会计专业英语[M]. 哈尔滨:哈尔滨工业大学出版社，2014.

[20] 陈伟，居江宁. 基于大数据可视化技术的审计线索特征挖掘方法研究[J]. 审计研究，2018(1):16-21.

[21] 李学军. 英语姓名译名手册[M]. 北京：商务印书馆，2018.

[22] 刘世林. 审计学基础[M]. 南京:南京大学出版社，2018.

[23] 刘卫红，蒋乐平. 会计审计专业英语[M]. 南京：南京大学出版社，2020.

[24] 迈克尔·纳普. 审计案例[M]. 池国华，等译. 沈阳:东北财经大学出版社，2020.

［25］索柏民，王天崇. 组织行为学［M］. 北京：北京理工大学出版社，2017.

［26］余珍. 会计学原理［M］. 北京：人民邮电出版社，2012.

［27］中国注册会计师协会. 中国注册会计师执业准则 2010［M］. 北京：经济科学出版社，2010.

［28］中国注册会计师协会. 中国注册会计师执业准则应用指南 2010［M］. 北京：经济科学出版社，2010.

［29］中国注册会计师协会. 审计［M］. 北京：经济科学出版社，2010.

［30］胡中艾. 审计［M］. 大连：东北财经大学出版社，2007.

［31］高翠莲. 基础审计［M］. 3 版. 北京：高等教育出版社，2009.

［32］傅秉潇. 审计实务［M］. 北京：机械工业出版社，2010.

［33］财政部会计司编写组. 企业会计准则讲解 2010［M］. 北京：人民出版社，2010.

［34］中华会计网校，http：//www. chinaacc. com.

［35］中国注册会计师协会网，http：//www. cicpa. org. cn.

［36］财考网，http：//www. ck100. com.

［37］CNUCED. International accounting and reporting issues：2016 review［M］. New York：United Nations Publications，2017.

［38］MICHAEL C K. Contemporary auditing：Real issues and cases［M］. Boulder：Cengage South-Western Press，2012.

［39］RALPH W A. Strategic performance management：Accounting for organizational control ［M］. New York：Taylor and Francis Press，2018.